Erfolgreiche Geschäfte im östlichen Mitteleuropa

Springer-Verlag Berlin Heidelberg GmbH

Monika Mochtarova

Erfolgreiche Geschäfte im östlichen Mitteleuropa

Polen, Tschechien, Ungarn

 Springer

Monika Mochtarova
Marienburger Straße 15
53119 Bonn
E-mail: *zauber@ipf-online.de*

ISBN 978-3-540-67211-1

Die Deutsche Bibliothek - CIP-Einheitsaufnahme
Mochtarova, Monika: Erfolgreiche Geschäfte im östlichen Mitteleuropa: Polen, Tschechien, Ungarn /
Monika Mochtarova. - Berlin; Heidelberg; New York; Barcelona; Hongkong; London; Mailand; Paris;
Singapur; Tokio: Springer 2000
ISBN 978-3-540-67211-1   ISBN 978-3-642-57299-9 (eBook)
DOI 10.1007/978-3-642-57299-9
Dieses Werk ist urheberrechtlich geschützt. Die dadurch begründeten Rechte, insbesondere die der
Übersetzung, des Nachdrucks, des Vortrags, der Entnahme von Abbildungen und Tabellen, der Funksendung, der Mikroverfilmung oder der Vervielfältigung auf anderen Wegen und der Speicherung in
Datenverarbeitungsanlagen, bleiben, auch bei nur auszugsweiser Verwertung, vorbehalten. Eine Vervielfältigung dieses Werkes oder von Teilen dieses Werkes ist auch im Einzelfall nur in den Grenzen
der gesetzlichen Bestimmungen des Urheberrechtsgesetzes der Bundesrepublik Deutschland vom 9. September 1965 in der jeweils geltenden Fassung zulässig. Sie ist grundsätzlich vergütungspflichtig. Zuwiderhandlungen unterliegen den Strafbestimmungen des Urheberrechtsgesetzes.

Die Wiedergabe von Gebrauchsnamen, Handelsnamen, Warenbezeichnungen usw. in diesem Werk berechtigt auch ohne besondere Kennzeichnung nicht zu der Annahme, daß solche Namen im Sinne der
Warenzeichen- und Markenschutz-Gesetzgebung als frei zu betrachten wären und daher von jedermann benutzt werden dürften.

© Springer-Verlag Berlin Heidelberg 2000
Ursprünglich erschienen bei Springer-Verlag Berlin Heidelberg New York 2000

Umschlaggestaltung: de'blik, Berlin
Satz: Reproduktionsfertige Vorlage von Uwe Peschka

SPIN: 10698350   30/3130/xz   -   5 4 3 2 1 0   -   Gedruckt auf säurefreiem Papier

Für Ugi

Danksagung

An dieser Stelle möchte ich mich zuerst bei meiner Familie bedanken, die ein Jahr lang teilweise auf meine ‚Dienste' verzichten mußte.

Herzlich bedanken möchte ich mich bei den Managern und Managerinnen sowohl aus dem westlichen als auch aus dem östlichen Mitteleuropa für Anregungen, zahlreiche Gespräche und Diskussionen.

Viel zu verdanken habe ich nicht nur Frau Gisela Gerlings, Frau Zsofia Mautner, Frau Konstanze Schön, Herrn Ulrich Nägele, Herrn Dr. Martin Wohlfarth-Bottermann und Frau Zander durch ihre Unterstützung, sondern insbesondere auch dem erfahrenen Manager Peter Haller, PMH Business Development GmbH, aus der Schweiz.

Mein Dank gilt auch Herrn Dr. R. J. Kaus.

Vorwort

Wir, die Menschen im westlichen und östlichen Mitteleuropa, sind einander so nah und doch mitunter Welten voneinander entfernt. Die Völker Europas brauchen sich nicht kennenzulernen, denn sie kennen sich längst.

In der eigenen Kultur zu verharren, bedeutet, keine Vergleichsmöglichkeiten zu haben. Kulturen nebeneinanderzustellen und zu betrachten heißt, sich selbst zu reflektieren. Es bleibt immer ein schwieriges Unterfangen, über andere Kulturen zu schreiben und dabei verallgemeinern zu müssen, denn einerseits ist niemand frei von Vorurteilen, andererseits lassen sich die Menschen nicht in Schubladen einordnen.

Es gibt bestimmte Merkmale und Charaktereigenschaften, die gehäuft sichtbar werden, aufgrund derer sich bestimmte Länder und Volksgruppen teilweise generalisieren lassen. In diesem Sinn erlaube auch ich mir, zu verallgemeinern und von den Polen, den Ungarn und den Tschechen, aber auch von den Deutschen zu sprechen.

Die Unterscheidung von „West" und „Ost" ist politisch bedingt. Sie setzte sich auf der ganzen Welt im Denken der Menschen fest. Diese Aufteilung, die noch heute nicht selten vorgenommen wird, trennt mehr, als daß sie zusammenführt. Ich ziehe es vor, den Begriff „östliches Mitteleuropa" zu benutzen. Denn er umfaßt nicht nur die geographische Lage von Polen, Tschechien und Ungarn, sondern schließt auch das gemeinsame historische und kulturelle Erbe ein.

Über Jahrzehnte wurden diese Länder, wie auch die anderen des ehemaligen Ostblocks, vom übrigen Europa in jeglicher Form isoliert. Die Grenzen, die sie innerlich und äußerlich umgaben, waren unüberwindlich. Diese Länder hatten die Hoffnung auf eine neue, andere Epoche ihrer Geschichte nahezu aufgegeben – bis zu dem Zeitpunkt, da Gorbatschow an die Macht kam. Die Länder des ehemaligen Ostblocks nutzten den Augenblick, als den sowjetischen Machthabern die politischen Fäden der Entwicklung aus den Fingern glitten: Ein Land nach dem anderen, jedes auf seine Art und nach seinen Möglichkeiten, entzog sich der sowjetischen Vorherrschaft. Seit der Wende wachsen Polen, Tschechien und Ungarn mit den westlichen Nachbarn langsam und sicher zusammen. Keines von ihnen denkt an eine Rückkehr in den vorherigen Zustand.

Wenn wir von mitteleuropäischen Kulturen sprechen, müssen wir uns zugleich die geschichtlichen und politischen Ereignisse der letzten Jahrzehnte und ihren soziokulturellen und wirtschaftlichen Rahmen vergegenwärtigen. Aus dieser Makroperspektive wird die Blickrichtung in die Mikroperspektive geführt. Diese hilft, die einzelnen Elemente und Aspekte der verschiedenen Kulturen zu betrachten. Sie wird sich ansatzweise mit der Gegenüberstellung der deutschen Kultur in den Alten Bundesländern und der Kulturen Polens, Tschechiens und Ungarns befassen.

Monika Mochtarova

Inhaltsverzeichnis

1	**Einleitung**	1
2	**Der politische Rahmen**	5
2.1	Ein ereignisvolles Jahrhundert	5
3	**Soziale und interkulturelle Kompetenz**	9
3.1	Soziale Kompetenz	9
3.2	Interkulturelle Kompetenz	10
3.3	Verständnis für eine fremde Kultur	10
4	**Der Kulturschock**	13
4.1	Der Kulturschock liegt auf der Lauer	13
	4.1.1 Die Einreise	15
	4.1.2 Der Kulturschock	15
	4.1.3 Die Anpassung	16
	4.1.4 Die Heimkehr	16
4.2	Durch Vergleich von Kulturen Gemeinsamkeiten feststellen	17
4.3	Das sollten Sie beachten	18
5	**Deutschlands Weltbild aus östlicher Sicht**	19
5.1	Vorbemerkung	19
5.2	Die deutsche Gesellschaft	19
5.3	Die Gesellschaft in den Alten Bundesländern	20
	5.3.1 Die östlichen, kritischen Stimmen	20
	5.3.2 Das Bedürfnis nach Sicherheit oder die Angst vor Unsicherheit	21
5.4	Der Fall der Mauer – Betrachtungen zum Umbruch in Deutschland	21
5.5	Die Gesellschaftsordnung	23
	5.5.1 Hierarchie	23
	5.5.2 Die Familie	24
	5.5.3 Die Sozialisation	24
	5.5.4 Der Individualismus und das ‚Ich'	25
	5.5.5 Das Alter und alt sein	26

	5.5.6	Die Emanzipation	26
	5.5.7	Fremde Einflüsse – die „Amerikanisierung" der Gesellschaft	28
5.6	Die Bedeutung von Zeit		29
5.7	Schule und Bildung, Ausbildung und Leistung		30
5.8	Wirtschaft, Verwaltung und Bürokratie		30
	5.8.1	Wirtschaft und Verwaltung	30
	5.8.2	Bürokratie in den Verwaltungen	31
5.9	Arbeit		32
	5.9.1	Leistung	32
	5.9.2	Dienstleistungen	32
	5.9.3	Arbeitsstellen und Arbeitsplatz	33
	5.9.4	Führungsstil	33
	5.9.5	Produkte und Konsum	34
5.10	Freizeit		34
5.11	Privilegien, Statussymbole und Bescheidenheit		35
	5.11.1	Privilegien	35
	5.11.2	Statussymbole	35
	5.11.3	Bescheidenheit	35
5.12	Recht und Gesetz		36
	5.12.1	„Der Mensch und sein materieller und geistiger Besitz sind unantastbar"	36
	5.12.2	Datenschutz	37
5.13	Der gesellschaftliche Umgang		38
	5.13.1	Knapp und bündig	38
	5.13.2	Das Leben ist hart und anstrengend	38
	5.13.3	Jovialität und Distanziertheit	39
	5.13.4	Kompromißbereitschaft	39
	5.13.5	Meinungen, Kritik und Konflikte	40
5.14	Fremde im In- und Ausland		40
	5.14.1	Westliche Vorurteile und der Umgang mit Menschen aus dem östlichen Mitteleuropa	41
	5.14.2	Merkmale des Deutschlandbildes aus östlicher Sicht	42
6	**Zusammenfassung**		**45**
7	**Das Weltbild des östlichen Mitteleuropa**		**47**
7.1	Vorbemerkung		47
7.2	Polen, Tschechien und Ungarn		47
	7.2.1	Wie sind sie?	47
	7.2.2	Kulturschock und Identitätskrise nach der Wende	49
	7.2.3	Unterwegs zu einer konsumorientierten Gesellschaft	50
	7.2.4	Die Erfahrung des Umbruchs – Angst vor Enttäuschung	50
7.3	Die Gesellschaftsordnung		51
	7.3.1	Sicherheitsbedürfnis und Sicherheitsängste	51
	7.3.2	Die Ungarn sind ‚anders' und ‚alleine'	52

	7.3.3	Hierarchie	54
	7.3.4	Sozialisation im Sozialismus	55
	7.3.5	Familie	55
	7.3.6	Alter und alt sein	56
	7.3.7	‚Wir' und der Individualismus	57
	7.3.8	Persönliches versus Sachliches	58
	7.3.9	Die Emanzipation hat sich noch nicht herumgesprochen	60
	7.3.10	Die Spuren des Sozialismus	62
7.4	Zeit		63
	7.4.1	Zeit ist nicht immer Geld	64
	7.4.2	Termine und Zeit	65
7.5	Schule und Ausbildung		66
	7.5.1	Schule	66
	7.5.2	Ausbildung	66
7.6	Wirtschaft und Verwaltung		67
	7.6.1	Ein Spiegelbild der Familie	67
	7.6.2	Bürokratie und Entbürokratisierung der Gesellschaft	67
	7.6.3	Zur Medienstruktur – Telefonieren und Faxen	70
7.7	Arbeit, Leistung und Produktion		71
	7.7.1	Der König, der früher Untertan war	71
	7.7.2	Arbeitsstellen und Arbeitsplatz	72
	7.7.3	Teamarbeit und gegenseitige Hilfe	73
	7.7.4	Produkte	73
	7.7.5	Die Sehnsucht nach einheimischen Produkten	74
7.8	Recht und Gesetz		74
	7.8.1	Recht, Gesetz und die Gewohnheit, in Unsicherheit zu leben	74
	7.8.2	Der Umgang mit dem Datenschutz	75
	7.8.3	Kriminalität erlangte die Freiheit	76
7.9	Privilegien, Statussymbole und ‚materielle' Bescheidenheit		76
	7.9.1	Privilegien	76
	7.9.2	Statussymbole	77
	7.9.3	‚Materielle' Bescheidenheit	77
	7.9.4	‚Geistige' Bescheidenheit statt Souveränität	78
	7.9.5	Freizeit meint nicht immer freie Zeit	78
7.10	Der Blick auf das Ausland		79
	7.10.1	Assoziationen im östlichen Mitteleuropa	79
	7.10.2	Volksgruppen	79
	7.10.3	Fremde	80
	7.10.4	Das Bild von Deutschland im östlichen Mitteleuropa – bekannte Fremde	80
7.11	Der Umgang miteinander		82
	7.11.1	Kritik und Meinungen	82
	7.11.2	Konflikte, Konfliktaustragung und Kompromißbereitschaft	82
7.12	Das sollten Sie beachten		83

8	**Umgangsformen im östlichen Mitteleuropa**		85
8.1	Die Begegnung		85
	8.1.1	Begrüßung und Anredeformen	85
	8.1.2	Begrüßung und Anredeformen in Polen	85
	8.1.3	Begrüßung und Anredeformen in Tschechien	85
	8.1.4	Begrüßung und Anredeformen auf Ungarisch – mit kleinen Unterschieden	86
8.2	Der Gast		88
	8.2.1	Einladung in die Wohnung	88
	8.2.2	Der König ohne Schuhe	89
8.3	Geschäftliche Einladungen		89
	8.3.1	Geschäftsessen	90
	8.3.2	Essen, Trinken und Geschäfte	90
	8.3.3	Kleider machen Leute	90
8.4	Geschenke		91
	8.4.1	Geschenke bei Privatbesuchen	91
	8.4.2	Geschenke sind die beste Werbung	91
8.5	Das sollten Sie beachten		92
9	**Sprache als Ausdrucksmittel der Kultur**		93
9.1	Sprache ist verräterisch		93
9.2	Die slawischen und finnougrischen Sprachen		93
	9.2.1	Polnisch und Tschechisch – eine slawische Sprachfamilie	93
	9.2.2	Die russische Sprache	94
	9.2.3	Das Ungarische, eine finnougrische Sprache	95
	9.2.4	Wenn Sie beschließen, Polnisch, Tschechisch oder Ungarisch zu lernen	95
9.3	Die Verständigung in deutscher Sprache		96
	9.3.1	Die Bereicherung der östlichen Sprachen durch die deutsche Sprache	96
	9.3.2	Das ‚verlorene' deutsche Verb	97
	9.3.3	Die ‚Kettenwörter' im Deutschen und die Nöte des Dolmetschers	97
	9.3.4	Sagen Sie das, was Sie tatsächlich sagen möchten?	97
	9.3.5	Umgangssprache, Dialekte und Anglizismen	98
	9.3.6	Einheimische Namen – ein wenig Mühe investieren	98
	9.3.7	Das sollten Sie unterlassen	99
	9.3.8	Fachbegriffe – der Multiplikator als Zuchttier	99
	9.3.9	Witze und Vergleiche	99
	9.3.10	Sprechen Sie dieselbe Sprache?	100
9.4	Das sollten Sie beachten		100
10	**Ausdrucksformen im östlichen Mitteleuropa**		103
10.1	Eine Mischung aus Vergangenheit und Gegenwart		103

	10.1.1	Vorsondieren statt direkter Fragen	103
	10.1.2	Ja oder Nein?	104
	10.1.3	Humor	104
	10.1.4	Versteckspiele hinter dem ‚Wir'	105
	10.1.5	Notlügen im Privatbereich	105
	10.1.6	Notlügen im Geschäftsleben	105
	10.1.7	Ein Beispiel nonverbaler Kommunikation	106
10.2	Siezen oder duzen?		106
	10.2.1	Polen und Tschechien	107
	10.2.2	Die Unterschiede in Ungarn	107
	10.2.3	Das kumpelhafte Du unter Männern	107
10.3	Das sollten Sie beachten		107

11 Zwei unterschiedliche Weltbilder ... 109

12 Die Entsendung des Managers ... 113

12.1	Die ‚Mutterrolle' von Firmen und Institutionen		113
12.2	Mehrjährige Auslandsaufenthalte		113
12.3	Der Auslandseinsatz – die Vorbereitung in Deutschland		114
	12.3.1	Die Auswahl – Wer soll fahren, wer nicht?	115
	12.3.2	Die Aufgabe von Mutterunternehmen und -institution	115
	12.3.3	Familienangehörige, und was nun?	116
	12.3.4	Interkulturelle Seminare	116
12.4	Die Einarbeitung des Nachfolgers		117
	12.4.1	„Vertrauen ist gut, Kontrolle ist besser!"	118
	12.4.2	Die Anpassung des Mitarbeiters vor Ort	119
	12.4.3	Die Rückkehr zum Mutterunternehmen	119
12.5	Auslandsreisen von Führungskräften		119
	12.5.1	Nur ein paar Tage	119

13 Das Unternehmen vor Ort ... 121

13.1	Ansichten einheimischer Mitarbeiter		121
13.2	Ausländische Consultingfirmen – Erfahrungen der Ostmitteleuropäer		121
13.3	Einheimische Bewerber		122
	13.3.1	Die Einstellung eines einheimischen Mitarbeiters	122
	13.3.2	Die Auswahl eines einheimischen Mitarbeiters	122
	13.3.3	Das Bewerbungsgespräch mit einem einheimischen Mitarbeiter	122
13.4	Strukturen im Unternehmen vor Ort		123
	13.4.1	Die Pyramide	123
	13.4.2	Die Unternehmenskultur	123
	13.4.3	Die Unternehmenskultur als Visitenkarte	124
	13.4.4	Die Identifizierung mit dem Unternehmen	125
	13.4.5	Die Unternehmensstruktur als organische Einheit	125

13.5	Der Vorgesetzte	126
13.6	Die Macht der Sekretärin	127
13.7	Der Umgang mit Mitarbeitern aus dem östlichen Mitteleuropa	128
	13.7.1 Die Kommunikation im einheimischen Unternehmen	128
	13.7.2 Konflikte und Konfliktlösung	129
13.8	Der Kunde, der kein „Untertan" mehr ist	129
	13.8.1 Die Kundenorientierung des einheimischen Mitarbeiters	129
	13.8.2 Die Kunden	130
13.9	Frauen als Geschäftspartnerinnen	130
13.10	Das sollten Sie beachten	131

14 Geschäfte im östlichen Mitteleuropa 133

14.1	Was schätzen die einheimischen Arbeitnehmer an deutschen Kollegen?	133
14.2	Perspektiven und Verhaltensweisen westlicher Manager	133
	14.2.1 Die typischen Fehler	133
	14.2.1 Die Win-Win-Strategie	134
	14.2.2 Die Win-Lost-Strategie	135

15 Verhandlungen mit ausländischen Partnern 137

15.1	Vorbereitungen	137
	15.1.1 Verhaltensweisen	138
	15.1.2 Verhandlungsziele und Verhandlungsspielraum	139
	15.1.3 Die Präsentation Ihres Geschäftsvorhabens	139
	15.1.4 Der Wert persönlicher Beziehungen	140
	15.1.5 Die Unkenntnis des ausländischen Partners	140
	15.1.6 Die Wahrnehmung	141
15.2	Die Dauer von Verhandlungen	141
15.3	Selbst- und Fremdbestimmung	142
	15.3.1 Lassen Sie Ihren Partner selbst entscheiden!	142
	15.3.2 Die Überforderung des Partners	143
15.4	Schwierigkeiten und Probleme bei Verhandlungen	144
	15.4.1 Probleme mit Zielvorgaben	144
	15.4.2 Was für Bedürfnisse hat Ihr Partner?	145
15.5	Verhandlungssprache und Verhandlungsort	146
	15.5.1 Die Auswahl der Sprache	146
	15.5.2 Der Verhandlungsort	146
	15.5.3 Wo sitzt der Hauptverhandlungspartner?	147
	15.5.4 Gute Manieren sind gefragt	147
15.6	Die Verhandlungen und das Rahmenprogramm	147
	15.6.1 Das Kulturprogramm	148
15.7	Das sollten Sie beachten	148

16 Verhandlungsstrategien 151

16.1	Machtfunktionen	151

16.2	Die Persönlichkeit der Verhandlungspartner	152
	16.2.1 Bewußte und unbewußte Verhaltensweisen	152
	16.2.2 Der Verhandlungspartner	154
16.3	Verhandlungsstrategien und Verhaltensweisen	154
	16.3.1 Unsachlichkeit – die Vermischung der Ebenen	154
	16.3.2 Vorwände	155
	16.3.3 Der Verhandlungsstil der Entrüstung – eine Strategie	156
	16.3.4 Lügen	157
	16.3.5 Suggestive Fragen	157
	16.3.6 Kompromisse und Zugeständnisse	157
	16.3.7 Gegenseitige Hilfe	158
16.4	Die eigene Persönlichkeit	159
16.5	Das sollten Sie beachten	161
16.6	Zusammenfassung	161

17 Die Weiterbildung ... 163

17.1	Die Weiterbildung in Polen, Tschechien und Ungarn nach der Wende	163
	17.1.1 Die erste Phase	163
	17.1.2 Die zweite Phase	164
	17.1.3 Die dritte Phase	164
	17.1.4 Die vierte Phase	164
17.2	Das Managementtraining	165
	17.2.1 Die Weiterbildung der einheimischen Mitarbeiter im östlichen Mitteleuropa	165
	17.2.2 Wer sollte weitergebildet werden?	166
	17.2.3 Wer sollte die Weiterbildung durchführen?	166
17.3	Das sollten Sie beachten	167

18 Es gibt nicht nur eine Wahrheit ... 169

18.1	Die Globalisierung als interkulturelle Herausforderung	171
18.2	Deutschland versus östliches Mitteleuropa	172
	18.2.1 Deutschland	172
	18.2.2 Das östliche Mitteleuropa	175
18.3	Die Bedeutung gegenseitigen Respekts	177
18.4	Know-how und was noch wichtig ist	178
18.5	Rezepte für kulturgerechtes Management	178
18.6	Das Paradies existiert nirgendwo auf dieser Welt	179

Geschichtliche Chronik im Überblick ... 181

Die wichtigsten Institutionen ... 185

Literaturhinweise ... 189

Index ... 191

Einleitung

Die kulturellen Unterschiede zwischen den Ländern des östlichen Mitteleuropa werden häufig unterschätzt. Das Klischee vom „Osteuropäer" (Rückständigkeit, Schlendrian) wirkt im Westen immer noch nach. Die Vorstellung einer prinzipiellen Gleichartigkeit aller Länder des ehemaligen Ostblocks nach sowjetischem Muster ist vielerorts vorhanden.

Auf den ersten Blick scheint in diesen Ländern vieles tatsächlich sehr ähnlich zu sein. Sie verwenden dieselbe lateinische Schrift, haben die gleiche Religion, gemeinsame kulturelle Wurzeln und eine gemeinsame Geschichte. Aber dieser erste Blick täuscht. Kulturelle Unterschiede sind durchaus vorhanden, aber von subtilerer Art, als man vermutet.

Unmittelbar nach der Wende wurde der Markt des östlichen Mitteleuropa entdeckt. Seitdem faßten dort viele internationale Unternehmen Fuß. Nicht selten jedoch scheiterten Geschäfte gerade dort, wo die kulturellen Unterschiede so subtil sind, daß sie kaum wahrnehmbar sind. Außerdem wurde übersehen, daß die Konkurrenz auch im östlichen Mitteleuropa selbst groß ist. Obwohl die Menschen, die dort leben, sich zunehmend am Westen und an westlichen Verhaltensweisen orientieren und somit eine Angleichung stattfindet, ist es unerläßlich, deren kulturelle Spezifika, Lebensweisen und Traditionen vor allem in geschäftlichen Vorhaben zu berücksichtigen.

Es genügt für geschäftlichen Erfolg nicht mehr, den Menschen die Produkte aus dem Westen einfach zu präsentieren. In den einheimischen Märkten Ostmitteleuropas sind schon lange Produkte aus der ganzen Welt verbreitet. Die Auswahl ist bereits groß, Marken und Unternehmen sind bekannt. Es geht in Zukunft darum, im großen internationalen Wettbewerb zu bestehen.

Nur wer die Landeskultur und die dort üblichen Geschäftspraktiken kennt und beherrscht, und wem es gelingt, eine Vertrauensbasis zu den einheimischen Partnern aufzubauen, wird Erfolg haben. Dazu sind Verständnis und Geduld erforderlich, schließlich geht es nicht nur um Geschäfte, sondern auch um Gewinn und Wohlergehen für beide Seiten. Wenn es Europa gut gehen soll, dann muß es allen Europäern gut gehen. Fehler kann man sich nicht mehr leisten, schließlich bezahlen wir alle dafür, wie der Zusammenbruch der sozialistischen Systeme überdeutlich gezeigt hat.

Für die vorliegende Betrachtung wurden Polen, Tschechien und Ungarn ausgewählt, weil es sich um die ersten Länder in Ostmitteleuropa handelt, die aufgrund ihrer fortgeschrittenen Entwicklung die nächsten Anwärter für eine EU-Mitgliedschaft sind. Trotz aller Unterschiede zwischen diesen Länder weisen sie mannigfache Gemeinsamkeiten auf: Ihre politischen Regime sind mehr oder weniger stabil; sie durchlaufen eine ähnliche wirtschaftliche, soziale und kulturelle Entwicklung; durch ihre geographische Lage zählen sie zum östlichen Mitteleuropa. Sie sind (Ungarn und die ehemalige Tschechoslowakei waren) unmittelbare Nachbarn. Nicht zuletzt haben sie teilweise eine gemeinsame Geschichte und vor allem ihre sozialistische Vergangenheit.

Deutschland – sowohl West- als auch Ost- – ist ihnen nicht fremd, da es in der Vergangenheit viele Berührungspunkte gab. Deshalb ist die Kenntnis der deutschen Sprache in diesen Ländern weit verbreitet.

Diese Länder haben zudem untereinander und mit den anderen Ländern des europäischen Kontinents viele gemeinsame Wurzeln – aufgrund ihrer Traditionen und Bräuche, ihrer Religion und vielfältiger geschichtlicher Verflechtungen. Polen, Tschechien und Ungarn werden wirtschaftlich zunehmend selbständiger. Die Bevölkerung dieser Länder ist trotz Höhen und Tiefen auf dem besten Weg, die in der Vergangenheit entstandenen Lücken zu schließen und Defizite im Vergleich zu ihren westlichen Nachbarn auszugleichen.

Miteinander ins Geschäft zu kommen, miteinander erfolgreich zu verhandeln und Handel zu betreiben, erfordert Achtung vor der Kultur des anderen. Interkulturelle Verständigung sollte deshalb auf beiden Seiten selbstverständlich sein. In der Vergangenheit war dies leider nicht immer der Fall.

Dieses Buch kann keine Gebrauchsanweisung für westliche Manager nach einem einfachen ‚Wenn-dann'-Muster liefern. Eine allgemein gültige Gebrauchsanweisung wird es nie geben, denn jede einzelne fremde Gesellschaft unterscheidet sich in besonderer Weise von der eigenen.

Hier soll es vielmehr darum gehen, kulturelle Unterschiede aufzuzeigen, um Normen und Werte zu verdeutlichen und begreiflich zu machen. Nur so kann man interkulturelle Mißverständnisse und wirtschaftliche Mißerfolge zu vermeiden suchen. Die Beantwortung der Frage: *Warum reagieren die Einheimischen auf bestimmte Inhalte anders?* kann zum eigenen Verständnis einer anderen Kultur beitragen und hemmende Ängste vor dem Fremdartigen abbauen.

Wenn Sie sich als Manager im östlichen Mitteleuropa betätigen oder dies beabsichtigen, müssen Sie die Kultur der Einheimischen selbstverständlich nicht annehmen. Sie sollten jedoch lernen, sie zu verstehen, zu akzeptieren und damit umgehen zu können. Und Sie müssen darauf vorbereitet werden, denn die aus falschen Einschätzungen oder Unkenntnis entstandenen Mißverständnisse oder gar die Mißachtung einer fremden Kultur werden langfristig Einbußen in wirtschaftlicher Hinsicht nach sich ziehen.

Mit dem westlichen Teil Mitteleuropas ist in diesem Buch Deutschland, vor allem aber dessen Alte Bundesländer, gemeint, denn in den Neuen Bundesländern finden sich noch ähnliche Verhaltensmuster vor wie im übrigen östlichen Mitteleuropa.

Das Buch richtet sich an deutschsprachige und andere westliche Manager, Entsandte und Führungskräfte, die sich im östlichen Mitteleuropa bereits betätigen oder betätigen möchten. Führungskräfte aus sozialen und kulturellen Bereichen können in ihrer Arbeit von den hier beschriebenen Erkenntnissen über Polen, Tschechien und Ungarn ebenfalls profitieren.

Anhand von Beispielen werden jene stets wiederkehrenden Situationen und Ansichten dargestellt, mit denen sich westliche Manager vor Ort konfrontiert sehen könnten. Die angeführten, praxisbezogenen Beispiele stammen aus Begegnungen und Gesprächen mit Managern sowohl aus Deutschland (vorwiegend den Alten Bundesländern) als auch aus dem östlichen Mitteleuropa. In den meisten Beispielen wird dabei allgemein von den Menschen aus dieser Region gesprochen, um Polen, Tschechen und Ungarn nicht zu nahe zu treten. Deren Aussagen und Ansichten decken sich in hohem Maß: Sie könnten aus jedem dieser Länder stammen. Sollten Sie sich fragen, woher die deutschen Beispiele stammen, kann ich Ihnen ebenfalls versichern – aus der Praxis!

KAPITEL 2

Der politische Rahmen

2.1
Ein ereignisvolles Jahrhundert

Aus der Makroperspektive betrachtet, lebten wir in einem ereignisvollen 20. Jahrhundert, das durch zwei Weltkriege gekennzeichnet war. Diese haben die Weltgeschichte, das Leben vieler Völker und Staaten in jeder Hinsicht zutiefst beeinflußt, verändert und die Völker schließlich in die beiden politischen Blöcke gespalten. Die dritte bedeutende Phase der Geschichte des 20. Jahrhunderts, die in unsere Gegenwart nachwirkt, ist durch den Sturz der Diktaturen in Europa gekennzeichnet, die wie eine Kettenreaktion ablief. In den meisten Ländern hat sich der Umbruch ohne Blutvergießen vollzogen.

Ohne die Gorbatschowsche Perestrojka, ohne Solidarnosc und die Umwälzungen in Polen, ohne die Einsicht Ungarns, die Grenzen zu Österreich zu öffnen, wäre der Umbruch auch in der ehemaligen Tschechoslowakei nicht denkbar und möglich gewesen.

Euphorisch wurde diese ‚Befreiung' gefeiert. Die Folge der Wende und des gesellschaftlichen Umbruchs im östlichen Mitteleuropa jedoch war, daß gesellschaftliche Systeme und Strukturen in kürzester Zeit ihre Gültigkeit verloren, so daß die Menschen über Nacht in eine unsichere ‚Schwerelosigkeit' gerieten, mit der sie vorher kaum gerechnet hatten, und auf die sie überhaupt nicht vorbereitet waren. Aber nicht nur der Osten erlitt einen Kulturschock, sondern auch der Westen. Dieser zeigte sich vollkommen unvorbereitet auf die Umwälzungen in Europa. Am Anfang erweckte der Westen den Eindruck, lediglich Zuschauer zu sein, der sich kaum der gravierenden Veränderungen im gesamten Europa bewußt wurde. Der Satz von den „blühenden Landschaften", die innerhalb kürzester Zeit entstehen sollten, zeigt dies sehr deutlich. Entweder hatte der Westen den Gedanken an die grundlegenden Veränderungen verdrängt oder sich selbst überschätzt, als ob er sich nicht klar darüber werden wollte, was genau sich mit dem gesellschaftlichen Umbruch im Osten vollzog und in Bewegung gesetzt wurde. Erst als die vielfältigen Auswirkungen und Probleme nicht nur im ehemaligen Osteuropa bemerkbar wurden, sondern zunehmend auch die westlichen Konsumgesellschaften erreichten, drang die Veränderung der Lebensverhältnisse in das Bewußtsein des Westens ein.

Durch die Auflösung der Blöcke und Öffnung der Grenzen wurden sowohl im Westen als auch im Osten neue Ängste virulent: Der Ostblock verschwand, und die ehemaligen Osteuropäer verlangten plötzlich ganz selbstverständlich nach ihrem Platz in der europäischen Mitte, der sie sich zugehörig fühlten, dort, wo ihre gemeinsame Geschichte gewaltsam unterbrochen worden war. Sie wollten wieder zu Europa gehören, in die NATO und in die EU aufgenommen und von den westlichen Nachbarländern als vollwertige Mitglieder anerkannt werden.

Die diplomatischen Diskussionen und schließlich die Lösungen zum Beitritt dieser Länder in die NATO haben deutlich gezeigt, welchen Respekt der Westen vor der Großmacht im Osten hatte und nach wie vor hat. Diese ‚kleinen' Länder fürchteten, erneut der Geschichte und den wirtschaftlichen Interessen der ‚Großen' zum Opfer zu fallen, wiederum ihre Eigenständigkeit und ihr Recht auf Gleichberechtigung unter den Ländern Europas einzubüßen und in alte Abhängigkeiten und Bedeutungslosigkeit zurückzufallen. Nun ist es aber Realität, daß Polen, Tschechien und Ungarn im fünfzigsten Jahre des Bestehens der NATO deren Mitglieder wurden. Dadurch dehnte sich die NATO bis an die Grenze der ehemaligen Sowjetunion aus, was dort mit Mißtrauen beobachtet wurde. Die neuen Mitglieder jedoch verbanden damit Genugtuung und Hoffnung.

Die Forderung des östlichen Mitteleuropa – Polen, Tschechien und Ungarn – nach der Mitgliedschaft in der EU warf die Frage auf, wer eigentlich zu Europa gehört. Außerdem wurde man mit Tatsachen konfrontiert, mit denen man noch vor einigen Jahren nie hatte rechnen müssen. Die EU war auf einen großen Zuwachs an Mitgliedern in keiner Weise, weder technisch noch praktisch, vorbereitet. Sie wurde plötzlich mit Problemen konfrontiert, die sie in dieser Form zuvor nie erlebt hatte. Denn dieser Zuwachs, vor allem aus dem östlichen europäischen Raum, brachte neue sicherheitspolitische, wirtschaftliche und soziale Fragen und Probleme mit sich.

Die Etablierung von demokratischen Ordnungen im östlichen Mitteleuropa ist ein langwieriger Prozeß, der noch Jahrzehnte andauern und von Höhen, Tiefen und Rückschlägen begleitet werden wird. Es ist undenkbar, daß sich nach fast fünfzig Jahren destruktiver Entwicklung der gesamtgesellschaftliche Wandel innerhalb nur einer Generation vollziehen wird.

Neue Strukturen werden dort geschaffen. Es entstehen neue Institutionen, und neue Gesetze werden fast täglich verabschiedet. Es geht aber nicht nur um die ‚Installierung' eines demokratischen Systems, sondern vor allem um seine Verinnerlichung auf allen gesellschaftlichen Ebenen, in allen wirtschaftlichen, sozialen und kulturellen Bereichen, sowohl auf Makro- als auch Mikroebene. Die Menschen im östlichen Mitteleuropa, ihre Verhaltensweisen und Denkmuster sind durch den Sozialismus und die jüngere Generation geprägt. Diese Vergangenheit und ihre Spuren gehören zu ihrer Lebensgeschichte. Sie wird die Menschen noch eine Weile begleiten. Eine tiefergehende Veränderung wird sich erst nach dem Generationenwechsel vollziehen. Mit der Transformation in diesen Ländern (und an dieser Stelle möchte ich auch die Neuen Bundesländer einbeziehen) steigen in bis dahin unbekanntem Maß nicht nur die Kosten, sondern auch die Anforderungen an die Lern- und Handlungsfähigkeit, die psychische Belastbarkeit der Menschen wachsen erheblich. Desorientierung und Kulturschocks angesichts sich schlagartig wandelnder Gesellschaftsformen sowie des neuen Kontakts zum Westen und zu

2.1 · Ein ereignisvolles Jahrhundert

anderen Kulturen waren die Folgen. Aufgrund dessen wurden im östlichen Mitteleuropa westliche Denkmodelle und Verhaltensweisen zumeist übernommen, ohne diese tatsächlich zu kennen oder zu verstehen, ohne sie zu reflektieren, ohne sich mit ihnen je auseinanderzusetzen, ohne sie einmal erklärt zu bekommen. So mischt sich Tradiertes mit Neuem.

Die Menschen dort beklagen die schwindende Solidarität untereinander und den sich ausbreitenden Egoismus und die Betonung materieller Werte. Für die wirtschaftlichen Mißerfolge wird häufig der Staat verantwortlich gemacht, weil die Erwartungen der Bevölkerung durch die frühere sozialistische Fürsorge, nach der man im östlichen Mitteleuropa ab und zu noch verlangt, geprägt sind.

Die neue politische Führung wird im Unterschied zu jener, die zunächst die alte sozialistische Führung ersetzt hatte, mit Skepsis betrachtet. Diese hatte sich aus den akademischen Schichten gebildet, die zwar über keinerlei politische Erfahrung verfügte, aber vor allem humanistische Ziele verfolgte. Ein gutes Beispiel dafür ist Präsident Vaclav Havel, der zu Beginn als ‚Ikone‘, als Symbol für Gerechtigkeit, Moral und höchste ethische Normen verehrt wurde. Und wie rasch versucht man nun seine Verdienste zu vergessen!

Immer weniger Politiker stammen aus den Bürgerrechtsbewegungen. An der Macht sind heute neu aufgestiegene Politiker, die sich weniger an den Problemen der Bevölkerung orientieren, als vielmehr eigene Interessen in den Mittelpunkt stellen. Von Skandalen, Korruption und Kriminalität berichten die Medien des östlichen Mitteleuropa tagtäglich. Enttäuschung und Resignation werden deutlich, und die Bevölkerung zeigt wenig Interesse an politischem Engagement. Ermüdung wird fühlbar.

Die neuen sozialen Unterschiede, die man während des Sozialismus in dieser Form nicht kannte, tragen dazu bei, daß das Selbstwertgefühl der Menschen wenig gestärkt wird, so daß sie sich erneut ins Private zurückzuziehen scheinen.

Dennoch sehnt sich niemand nach der Vergangenheit. Die letzten zehn Jahre brachten neue Lebensformen, höheren Lebensstandard und Lebensqualität, neue Möglichkeiten, Erfahrungen und Freiheiten, auf die man auf keinen Fall wieder verzichten möchte. Trotz ihrer Erfahrungen mit der Geschichte, in der sie Enttäuschungen hinnehmen mußten und sich vom Westen ‚im Stich gelassen‘ fühlten, versuchen sie einerseits dazuzugehören, sich aber andererseits zugleich in ihren nationalen Identitäten vom Westen abzugrenzen. Sie machen mit Hilfe des Westens ihre eigenen Erfahrungen und durchlaufen eine eigene Entwicklung. Diese ist zwar von Erfolgen und Rückschlägen begleitet, die zur Entfaltung einer bestimmten Reife gehören; positiv ist, daß sie die Freiheit haben, dies aus eigener Kraft zu schaffen, wodurch das Selbstwertgefühl wiederum gestärkt wird.

Wenn geschäftliche Beziehungen mit Polen, Tschechien und Ungarn unterhalten werden sollen, sollte man sich auch dieses Hintergrunds der gesellschaftlichen Aspekte bewußt werden, um die Rahmenbedingungen, das Verhalten und die Reaktionen der Geschäftspartner besser verstehen zu können.

KAPITEL 3

Soziale und interkulturelle Kompetenz

Was haben wir aus der Geschichte gelernt, wenn Krieg, Mord und Vertreibung bis heute an der Tagesordnung sind? Rassismus, Antisemitismus und Diskriminierung bestehen fort in der irrigen Annahme, daß eine Lebensweise besser ist als irgendeine andere!

Das beste Beispiel dafür bieten die Kolonialisierung und Missionierung fremder Völker. Eigene gesellschaftliche Normen und Werte wurden anderen Völkern meist gewaltsam aufgezwungen, in der Überzeugung, daß nur die eigenen Werte die ‚wahren' und richtigen seien. Man erachtete die einheimische Kultur als die von „Wilden, Primitiven und Ungläubigen". Bis heute sind die Folgen vor allem in wirtschaftlichen und sozialen Bereichen spürbar. Kriege und Umweltschäden sind auf allen Kontinenten die Ergebnisse, und wir bezahlen alle dafür. Ein Ende ist nicht abzusehen.

Kriege, Konflikte und Auseinandersetzungen haben ihren Ursprung im kleinen Rahmen. Sie werden durch Ängste, Unsicherheiten und Unkenntnis und die daraus resultierenden Mißverständnisse hervorgerufen.

3.1
Soziale Kompetenz

Jeder Mensch wird in der Regel innerhalb seiner eigenen Kultur sozialisiert. Er hat gelernt, die Normen und Werte seiner Kultur zu verstehen und zu verinnerlichen. Sie sind ihm zu eigen geworden. Sie dienen dazu, ihm einen Lebensrahmen zu vermitteln, mit den anderen in seiner Kultur auf derselben Ebene zu kommunizieren und dabei Informationen und Emotionen auszutauschen.

Ein Teil der sozialen Kompetenz besteht, vereinfacht ausgedrückt, in der Fähigkeit, mit anderen möglichst konfliktfrei Informationen auszutauschen. Falls diese Fähigkeit nicht vorhanden ist, hat dies für alle Beteiligten in vielerlei Hinsicht negative Folgen.

Wenn zum Beispiel bei Geschäftsverhandlungen die Kommunikationsebenen verzerrt sind, weil sich der eine dem anderen überlegen fühlt oder sich als höherrangig einschätzt, entstehen Spannungen und Mißmut, eine reibungslose Kommunikation wird erschwert.

3.2
Interkulturelle Kompetenz

In der Wirtschaft fusionieren große Unternehmen und werden zu großen internationalen Konglomeraten. Das Tempo der Entwicklung ist ungemein hoch. Der Begriff *Globalisierung* ist der magische Begriff des 20. und unseres neuen Jahrhunderts. Wir treten durch unsere technischen Möglichkeiten sekundenschnell miteinander in Kontakt. Dies bringt uns einander zwar räumlich näher, aber wir werden auch teilweise von den Möglichkeiten überholt. Schnellebigkeit, Flexibilität und internationale Zusammenarbeit sind in allen Bereichen angesagt, aber der Mensch und seine zwischenmenschlichen und dauerhaften Beziehungen ‚hinken' hinterher.

Wenn sich die *Globalisierung* so rasch vollzieht und wir uns auf die Kommunikation mit Menschen aus anderen Kulturen einstellen sollen, dann muß dies auch auf der sozialen Ebene geschehen. Wir benötigen dazu interkulturelle Kompetenzen, die u. a. darin bestehen, daß wir uns nicht nur hinsichtlich der Landeskunde und Geschichte des jeweiligen Landes kundig machen, sondern auch verstehen lernen, was der andere uns sagen möchte. Wir sollten erkennen können, welcher Strategien und Instrumente er sich dabei bedient. Wir sollten sein Weltbild, seine Weltanschauung kennen, die er im ‚Hinterkopf' hat.

Außerdem erfordert der Umgang mit Menschen aus anderen Kulturen Einfühlungsvermögen. Wenn wir dies nicht begreifen, entgeht uns nicht nur die Chance, einen Platz in den internationalen Märkten zu erringen, sondern auch unsere eigene Persönlichkeit zu bereichern.

3.3
Verständnis für eine fremde Kultur

Bei der Begegnung mit Menschen aus einer anderen Kulturen können uns Normen und Werte, Wünsche und Assoziationen, Verhaltensweisen und Handeln des anderen unbekannt, sogar suspekt vorkommen, je nachdem, wie unvertraut uns die andere Kultur ist. Dies kann zu Unsicherheiten und Ratlosigkeit führen, Unverständnis und Mißverständnisse verursachen, denn wir wissen nicht, was der andere denkt, wie oder warum er so reagiert.

Wie sollen wir sein Verhalten verstehen?

Die erste Voraussetzung für das Verständnis einer anderen Kultur ist, sich seine eigene Person und seine eigene Kultur kritisch vor Augen zu führen, in den Spiegel zu schauen, zu reflektieren und zu ‚entidealisieren'. Das gelingt, wenn man nicht auf seinen eigenen Normen und Werten beharrt. Man muß sich allerdings darüber klar werden, welche Werte man selbst entschieden vertreten möchte und mit welchen man sich nicht zwingend identifizieren muß.

Wenn man beruflich mit Menschen aus dem östlichen Mitteleuropa zu tun hat, sollte man sich folgende Fragen stellen:

- Welches Weltbild vertrete ich, und welches vertritt der andere?
- Wie gehen die Menschen in Deutschland miteinander um; wie gehen die Men-

3.3 · Verständnis für eine fremde Kultur

schen im östlichen Mitteleuropa miteinander um?
- Wo liegen die Unterschiede, und wo kann ich anknüpfen?
- Mit welcher Vorstellung begegne ich den Menschen aus der anderen Kultur?
- Wie muß ich mit ihnen umgehen?
- Was muß ich unternehmen, damit sowohl meine als auch gemeinsame Ziele erreicht werden können?

Erst wenn die Antworten auf diese Fragen klar sind, wird es möglich sein, den ausländischen Partner zu verstehen, zu ihm auch ein gutes Verhältnis aufzubauen und eine Vertrauensbasis zu schaffen, die für die erfolgreiche Abwicklung von internationalen Geschäften notwendig ist.

KAPITEL 4

Der Kulturschock

Über den Begriff des *Kulturschocks* wurde viel geschrieben, Sachliches und Unsachliches. Fast jeder ist schon einmal darüber gestolpert, hat vielleicht einen Zeitungsartikel überflogen und zur Seite gelegt, in der vermeintlichen Gewißheit, sich damit nicht weiter beschäftigen zu müssen. Aber auch bei erfahrenen „Kulturpendlern" liegt der Kulturschock auf der Lauer.

4.1
Der Kulturschock liegt auf der Lauer

Durch das Gewahrwerden der Andersartigkeit einer Kultur entsteht ein Kulturschock. Er ist eine psychische Reaktion auf die Wahrnehmung von fremden Verhaltensweisen, Sitten und Bräuchen. Er hat zunächst die Funktion einer Abwehr, bildet aber gleichzeitig eine wichtige Phase in dem Bemühen, sich in einer anderen Kultur zurechtzufinden.

Die Stärke des Kulturschocks hängt von der Persönlichkeit, den Kenntnissen und Erwartungen sowie der Länge des Aufenthalts ab. Es ist ein Unterschied, ob man sechs Monate oder sechs Jahre oder nur eine kurze Zeit in einer anderen Kultur verbringt, oder ob man einen Ehepartner aus dieser Kultur hat und dessen Sprache und Kultur bereits kennt und beherrscht. In diesem Fall wird die ‚Überraschung' nicht so überwältigend sein wie bei jemandem, der andere Kulturen nur oberflächlich kennengelernt hat.

Aber auch bei kürzeren Auslandsaufenthalten kann es zu einem Kulturschock kommen. Ein Beispiel dafür sind jene Menschen aus dem östlichen Mitteleuropa, die während des Sozialismus oder in der Umbruchsphase danach in den Westen gereist sind und noch reisen. Eine Form des Kulturschocks lauert hinter der Grenze, eine andere zu Hause. Ein Kulturschock kann uns auch im eigenen Land ereilen, etwa bei der Übersiedlung in eine andere Region, in der andere Werte als die gewohnten Priorität haben.

Wer über interkulturelle Kompetenzen verfügt, wird weniger Schwierigkeiten haben, sich in einem fremden Land anzupassen. Denn Verhaltensmuster wiederholen sich in verschiedenen Kulturen. Wie wir später noch sehen werden, können Kulturen im groben zwei Gruppen, einer individualistischen und einer gemeinschaftsorientierten, zugerechnet werden.

Je stärker aber der Reisende auf eigenen Werten und Normen beharrt, desto heftiger wird der Kulturschock sein. Je mehr an den eigenen, vertrauten Maßstäben festgehalten wird, und je mehr alles mit dem Gewohnten verglichen wird, desto schwieriger wird es auch, in der anderen Kultur geschäftliche Erfolge zu verbuchen.

Wenn solche Reisenden sich zudem in ihre ‚eigene Welt' flüchten, d. h. wenn sie ihre Zeit vorwiegend unter ihren Landsleuten und anderen ausländischen Geschäftsleuten verbringen und sich so von der einheimischen Kultur isolieren, werden sie das Land niemals begreifen, in dem sie sich befinden. Es wird ihnen verschlossen und fremd bleiben. Sie werden sich nicht wohl fühlen, und dies wird zwangsläufig auch Auswirkungen auf ihre Arbeit haben. Denn jeder Einheimische wird sich von ihnen nicht ernstgenommen und respektiert fühlen. Das, was sie erwarten – möglichst reibungslose Zusammenarbeit und Abwicklung der Geschäfte – werden sie auf diese Weise nicht erreichen. Ratsam sind Offenheit, Einfühlungsvermögen und die Bereitschaft, sich mit der Kultur und den Einheimischen vor Ort auseinanderzusetzen.

Für Sie sollte deshalb gelten: Lassen Sie los, und lassen Sie neue Erfahrungen zu! Bei interkulturellen Kontakten ist keiner gegen einen Kulturschock gefeit. In welchem Ausmaß er Sie erfaßt, hängt von Ihrer Persönlichkeit und Erfahrung ab.

Ein Kulturschock verläuft in drei bzw. vier Phasen: Die vertikale Linie verweist auf die Zufriedenheit des Reisenden, die horizontale Ebene stellt den zeitlichen Verlauf dar.

Abb. 4.1. Die „W-Kurve" des Kulturschocks (adaptiert nach Kohls 1996, S. 96).

4.1.1
Die Einreise

Die erste Phase wird normalerweise stark von der Neugierde auf eine fremde Kultur geprägt. In der Regel freut man sich, trifft Vorbereitungen, bespricht seine Auslandsreise mit Kollegen und Familie. Man empfindet Stolz für sich und sein Vorhaben und wird durch die soziale Umgebung darin bestätigt. In dieser Phase stellt sich häufig eine Idealisierung der fremden Kultur ein.

Man sollte nicht der Täuschung erliegen, daß man das jeweilige Land durch einen früheren touristischen Besuch bereits ausreichend kennt. Wissenschaftlichen Untersuchungen zufolge und entgegen anderslautenden Annahmen trägt der Tourismus zum Verständnis anderer Kulturen allenfalls in geringem Maß bei. Die Mehrzahl der Touristen bleibt auf ihren Reisen unter sich – zum einen aufgrund sprachlicher Schwierigkeiten, zum anderen aufgrund von Ängsten, die aus der Begegnung mit der anderen, unvertrauten Kultur herrühren.

Viele Kulturen wurden durch den Tourismus gefährdet, weil sie die Balance zwischen den zwei Welten nicht aufrechterhalten konnten. Eine mögliche Lösung bieten die rein „touristischen Kulturen", die lediglich den fremden Besuchern vorgeführt werden; traditionelle Rituale in ihrer ursprünglichen Form werden zum Beispiel nur noch Einheimischen geboten.

Wenn man im Ausland ankommt, sieht alles anders aus, als man es sich ursprünglich vorgestellt hat. Zunächst aber ist man eine gewisse Zeit hochmotiviert und möchte alles begeistert erforschen. Dann beginnt man, auch die unangenehmen Seiten des Alltags wahrzunehmen, denn bei Geschäften geht es nicht um Urlaub, in dem man Zeit und Muße hat, die Denkmäler zu bestaunen und die Landschaft zu genießen, sondern es geht um den alltäglichen Umgang mit den Einheimischen. Sie sind anders als man selbst, sie haben eine andere Wahrnehmung, andere Gewohnheiten, Bräuche und Eigenschaften. Die anfängliche Freude geht langsam in Unzufriedenheit über.

4.1.2
Der Kulturschock

Man rutscht auf der Achse der Zufriedenheit nach unten – und das ist die eigentliche Auswirkung des Kulturschocks. Man stellt fest, daß nicht alles so ist, wie man es sich vorstellte. Die Angst vor dem Identitätsverlust führt zwangsläufig dazu, nach einer neuen Orientierung zu suchen. Normen und Werte werden in Frage gestellt und müssen überprüft werden. Auf der psychischen Ebene äußert sich der Kulturschock in Reizbarkeit und Heimweh, psychosomatisch auch durch Verdauungsstörungen, Schlaflosigkeit, Kopfschmerzen usw.

Viele Geschäftsleute bleiben unter sich. Man trifft sie vor allem abends in den für Einheimische meist unzugänglichen Lokalen. Sie klagen über das Land, in dem sie auf ertragreiche Geschäfte hofften, über das Unverständnis der Bevölkerung und die gesamtwirtschaftlichen Verhältnisse vor Ort. Die meisten hoffen auf einen reibungslosen Ablauf und Erfolg ihrer Geschäfte. Dabei hatten sie zunächst geglaubt, nur das Beste für sich beanspruchen zu können, und dabei vergessen, daß auch Unangenehmes und Lästiges zu ertragen ist.

Der Kulturschock des Managers kann auch auf das Privatleben Auswirkungen haben. Während er den ganzen Tag unterwegs ist und mit der fremden Kultur ‚fertig' werden soll, muß der Partner (meistens ist es die Partnerin) zu Hause zurechtkommen. Das kann zu erheblichen Schwierigkeiten in der Privatsphäre führen.

4.1.3
Die Anpassung

In der dritten Phase des Kulturschocks versucht man, zu sich selbst zu finden, sich mit gewissen Gegebenheiten abzufinden, sich anzupassen und die fremde Kultur differenzierter zu betrachten. Infolge dieses Prozesses des Verstehens und Annehmens der fremden Kultur findet man aus dem Tief wieder nach oben. Man gewinnt an Gleichgewicht, denn die Anpassung ist vollzogen. Die negative Gemütslage und die Beschwerden werden verschwinden.

Dabei geht es nicht darum, alle fremden Normen und Werte völlig als eigene anzunehmen. Sie werden selbst feststellen, daß es durchaus Werte gibt, um die Sie sich bereichert fühlen, aber auch andere, die Sie nicht annehmen können oder wollen. Sie werden aber auch feststellen, daß es einige, in ihrer Sozialisation verinnerlichte Werte gibt, mit denen Sie sich nicht mehr identifizieren und die Sie relativieren können.

Sie werden ein neues, ein ‚gemischtes' Weltbild vertreten.

4.1.4
Die Heimkehr

Wer hätte sich nicht nach einer Auslandsreise auf sein Zuhause gefreut! Man hat so viel erlebt, gesehen und so viel zu erzählen. Man sprudelt vor Eindrücken! Aber gerade das ist es, was einen nach geraumer Zeit einen erneuten Kulturschock erleben läßt, denn während man selbst bereichert wurde, gilt dies für die in der Heimat Gebliebenen nicht! Man übernahm selbst vielleicht Gewohnheiten, Verhaltens- und Denkweisen, die in der eigenen Kultur keine Gültigkeit haben. Man hat sich, ohne sich darüber recht im klaren zu sein, verändert und findet seine Kultur entweder noch so vor, wie sie sich vor der Auslandsreise zeigte, oder aber sie hat sich in eine andere Richtung weiterentwickelt, als man erwartete. Wem sollte man von seinen Gefühlen und Erlebnissen erzählen, wem sich mitteilen? Es würde doch keiner verstehen und nachvollziehen können.

Manche Werte der eigenen Kultur wird man nicht mehr teilen, weil man sich, ohne es zu bemerken, längst davon verabschiedet hat. Man wird von seiner eigenen Kultur geschockt, weil man sie nun mit anderen Augen sieht. Man ist desorientiert und enttäuscht, fühlt sich womöglich einsam und fremd mit den eigenen Erlebnissen. Viel Zeit ist notwendig, um sich wieder an das ‚Alte' zu gewöhnen und es anzunehmen, für sich einen Mittelweg zu finden, sich wieder einzugliedern. Hierzu braucht man sowohl seitens des Unternehmens als auch des privaten Umfeldes erhebliche Unterstützung.

Wir haben bereits gesehen, welche Anforderungen auf den Einzelnen vor allem bei einer Berufstätigkeit im Ausland lasten. Daraus läßt sich schließen, daß Geschäftsleute, die die interkulturelle Problematik nicht von Anfang an in ihr Handeln und ihre Strategien einbezogen haben, nicht nur für ihre Geschäfte negative Auswirkungen zu befürchten haben. Diese sind schwer korrigierbar und haben erhebliche finanzielle Belastungen zur Folge.

Führungskräfte aus Industrie, Verwaltung und Forschung werden auf ihre Geschäftsreisen nur zum Teil bzw. manchmal gar nicht vorbereitet. Dieser Bereich wird sehr häufig unterschätzt. Die Auslandsreisenden werden sich selbst überlassen, entweder nach dem beliebten Motto des „Learning by doing", oder die interkulturelle Kompetenz wird schlicht als ‚angeborene' Fähigkeit vorausgesetzt. Die ‚Überraschungen' sind dann groß, und meistens wird der Schuldige auf der anderen Seite gesucht.

Nicht oder nur dürftig in interkultureller Hinsicht vorbereitet zu sein, ist eine schlechte Voraussetzung für erfolgreiche internationale Zusammenarbeit und für die Abwicklung von Geschäften jeder Art. Darin zeigt sich auch, daß bereits im Mutterunternehmen die Sensibilisierung und der Respekt für andere Kulturen für unwichtig gehalten, womöglich sogar mißachtet wird! Eine gewisse Selbstüberschätzung zeigt sich so auch. Wenn man die Kultur eines anderen Landes nicht ausreichend kennt, wie sollte man dann gute Geschäfte abschließen können, wie sollte man sie planen können, von der Durchführung ganz zu schweigen? Auch die Funktion des Geschäftspartners als Repräsentant des eigenen Landes ist nicht zu vergessen! Indirekt werden doch durch positive interkulturelle Kommunikation auch die politischen Beziehungen zwischen den jeweiligen Ländern und das Image des Heimatlandes im Ausland gefördert.

Wenn in der interkulturellen Kommunikation schwerwiegende Fehler gemacht werden, verliert man nicht nur das Vertrauen der Partner, sondern ruft im Gegenteil Mißtrauen, Mißmut und Abneigung hervor. Man wird als arrogant und überheblich wahrgenommen. Der einheimische Partner wird versuchen, sich an andere, zugänglichere Geschäftspartner zu wenden, bei denen er das Gefühl hat, respektiert und gleichberechtigt behandelt zu werden.

Ihnen geht es um die Abwicklung von internationalen Geschäften. Sie sollten sich schon in Ihrem ureigensten Interesse Ihre Handlungsstrategien gut zurechtlegen, um bei Ihrem ausländischen Partner die geschilderten negativen Gefühle zu vermeiden.

Mit einem zufriedenen Partner arbeitet es sich leichter.

4.2
Durch Vergleich von Kulturen Gemeinsamkeiten feststellen

Durch den Vergleich verschiedener Kulturen wird es möglich, Gemeinsamkeiten zwischen zwei einander fremden Kulturen aufzudecken. Danach erst ist es sinnvoll, feinere Unterschiede herauszuarbeiten.

Um eine Kultur zu verstehen und daraus Schlußfolgerungen für das geschäftliche Handeln zu ziehen, sind außer den oben angeführten Aspekten Kenntnisse zum gesamtgesellschaftlichen Leben und zur Geschichte von zentraler Bedeutung.

4.3
Das sollten Sie beachten

- In der Wirtschaft fusionieren große Unternehmen, die Märkte sind nicht mehr national begrenzt, sondern international ausgerichtet.
- Wir sollten uns rechtzeitig auf die Kommunikation mit anderen Menschen aus anderen Kulturen einstellen.
- Interkulturelle Kompetenz meint: interkulturell kommunizieren können.
- Bei der interkulturellen Kommunikation werden eigene kulturelle Grenzen überschritten.
- Interkulturelle Kommunikation stellt Anforderungen an die seelische und geistige Belastbarkeit.
- Vorsicht: Der Kulturschock kommt!
- Was in unserer Kultur als ‚richtig' und ‚selbstverständlich' angesehen wird, muß nicht das ‚Richtige' und ‚Selbstverständliche' für andere Kulturen sein.
- Touristische Ausflüge oder Besuche in fremden Ländern sind keine ausreichende Grundlage für das Verständnis einer anderen Kultur.
- Fundierte Kenntnisse des gesamtgesellschaftlichen Kontextes sollten die Basis für erfolgreiche Geschäfte sein.
- Mangelnde interkulturelle Kompetenz verursacht geschäftliche Mißerfolge und finanzielle Verluste.
- Fehler sind nur schwer korrigierbar.
- Vermeiden Sie es, Verallgemeinerungen und undifferenzierte Betrachtungsweisen zu äußern. Sie werden Ihr Handeln behindern.
- Sie sollten klare Vorstellungen von den Ländern und Ihrem Tun haben; das gibt Ihnen Sicherheit bei Entscheidungen.
- Pfadfindergeist sollte Ihnen nicht fehlen.
- Als ausländischer Geschäftspartner repräsentieren Sie sich selbst, Ihr Unternehmen und Ihr Land.

KAPITEL 5

Deutschlands Weltbild aus östlicher Sicht

5.1
Vorbemerkung

Trotz wirtschaftlicher und sozialer, kultureller, geographischer und religiöser Unterschiede und der Vielfältigkeit Deutschlands wird an dieser Stelle versucht, das Weltbild Deutschlands aus östlicher Sicht darzustellen.

Die in diesem Kapitel aufgeführten Beispiele stützen sich nicht auf statistische und wissenschaftlich aufbereitete Erhebungen und Daten, sondern beruhen auf häufigen Beobachtungen und ‚Bildern', Aussagen und Verhaltensweisen aus nahezu zwanzig Jahren Alltag und Praxis des Arbeitslebens. Sie beziehen sich auf die westdeutsche Mittelschicht.

Versucht wird, das Weltbild Deutschlands in überspitzter und verkürzter Form darzustellen, so wie es sich aus der Sicht Polens, Tschechiens und Ungarns zeigt. Ziel dieses Kapitels ist, dieses Weltbild Deutschlands, d. h. vor allem das der Alten Bundesländer, mit den Weltbildern Polens, Tschechiens und Ungarns zu vergleichen, um einige Unterschiede zwischen den Kulturen aufzuzeigen. Dabei muß klar sein, daß die hier aufgeführten Länder des östlichen Mitteleuropa nur zusammenfassend dargestellt und nur die gemeinsamen Merkmale behandelt werden können. Durch eine krasse Gegenüberstellung der Weltbilder ist es möglich, auf grundlegende Unterschiede aufmerksam zu machen und damit zur besseren Verständigung in der internationalen Zusammenarbeit zwischen deutschen Geschäftspartnern und jenen aus dem östlichen Mitteleuropa beizutragen.

5.2
Die deutsche Gesellschaft

Was für ein Land ist Deutschland? Vereinfacht ausgedrückt, entstand Deutschland aus dem Zusammenschluß historischer Fürstentümer; bis heute sind die regionalen Unterschiede deutlich sichtbar. Vor allem die deutsche Geschichte im 20. Jahrhundert hat erhebliches Leid über viele Völker gebracht und tiefsitzende Ängste erzeugt. Deutschland selbst erlebte die Zerstörung und Teilung des eigenes Landes. Die negativen Folgen vor allem des Zweiten Weltkrieges sind bis heute spürbar. Deutschland büßte nicht nur seinen Nationalstolz ein, auch die Angst vor materieller und geistiger Unsicherheit gegenüber anderen Nationen scheint noch gewachsen zu sein.

Deutschland hat es kraft seiner demokratischen Ordnung sowie mit Fleiß und Tüchtigkeit, und vor allem auch mit Hilfe anderer Nationen geschafft, zu den am stärksten industrialisierten und wohlhabendsten Nationen der Welt aufzusteigen. Die Alten Bundesländer hatten fünfzig Jahre Zeit, kontinuierlich und mehr oder weniger auf allen gesellschaftlichen Ebenen für eine gleichmäßige Entwicklung zu sorgen. Erst nach dem Fall der Mauer, nach der Wiedervereinigung und der weltweiten wirtschaftlichen Krise wurden die Menschen aus ihren festgefügten Lebenszusammenhängen gerissen. Dies veränderte nicht nur ihr Leben, sondern beeinflußte auch ihre Lebensanschauung. Die Konkurrenz aufgrund hoher Arbeitslosigkeit vertiefte nicht nur die sozialen Unterschiede, sondern verschärfte den Wettbewerb auf dem Arbeitsmarkt und die Konkurrenz zwischen jenen, die Arbeit haben, und den Arbeitslosen. Dies entzweit die leistungs- und konsumorientierte Gesellschaft zunehmend.

Legt man die Befriedigung der menschlichen Grundbedürfnisse zugrunde, um festzustellen, in welcher Situation sich Deutschland befindet, läßt sich rasch feststellen, daß diese Bedürfnisse im Westen Deutschlands längst gestillt sind. Logische Folge ist, daß sich die Einzelnen zunehmend mit jenen individuellen Wünschen beschäftigen, die über die Grundbedürfnisse hinausgehen.

5.3
Die Gesellschaft in den Alten Bundesländern

5.3.1
Die östlichen, kritischen Stimmen

Befragt man Polen, Tschechen und Ungarn nach ihrem Deutschlandbild, erhält man überwiegend folgende Charakterisierungen:

- *ich-bezogen;*
- *sachlich;*
- *konsumorientiert;*
- *perfektionistisch;*
- *durchorganisiert;*
- *strukturiert;*
- *präzise;*
- *rationalisiert;*
- *differenziert;*
- *schnellebig;*
- *distanziert;*
- *hart;*
- *steif;*
- *ernst;*
- *wenig humorvoll.*

Diese Merkmale beschreiben, wie der deutsche Alltag wahrgenommen wird, denn die Gesellschaft in Deutschland ist so komplex organisiert, daß man zunächst nur diese Äußerlichkeiten im Blick hat.

Das Bild Deutschlands gleicht einem perfekt zusammengestellten Puzzle, in dem jedes Teil auf Anhieb zu einem anderen paßt. Die Grundstruktur ist fest gefügt und vorgegeben. Diese ‚Puzzleteile' müssen nur noch verfeinert, teils in kleinere zerlegt werden. Einige scheinen zunächst nicht zu passen, ergänzen aber dennoch das Bild.

Wenn man sich allein die Infrastruktur eines Bahnhofs oder einer Haltestelle vor Augen führt, fällt auf, daß es meist an keinerlei Hinweisen fehlt. Formen, Farben, Schriftgrößen sind mit einer Akribie ausgewählt, durchdacht und angebracht, daß es einerseits kaum noch sozialer Kontakte bedarf, um sich zurechtzufinden. Andererseits jedoch kann man viele Zeichen für überflüssig halten, weil sich mancherlei als selbstverständlich aus den bekannten Normen und Werten ergeben sollte. Ähnlich stellt sich die Situation in geschäftlichen Abläufen oder bei amtlichen Vorgängen dar. Jede Warensorte, jeder Hinweis hat seinen Platz, und in den Ämtern füllen Stapel von Informationsmaterial für jede Lebenslage die Regale.

5.3.2
Das Bedürfnis nach Sicherheit oder die Angst vor Unsicherheit

Das Sicherheitsbedürfnis in den Alten Bundesländern durchdringt alle Lebensbereiche. Es äußert sich in Perfektionismus, makellosen Produkten und präziser Arbeitsweise, und schlägt sich sprachlich in dem Bemühen nieder, alles genau und unmißverständlich auszudrücken. Es gibt diesbezüglich kaum einen freien Raum, keine Lücke, die nicht sofort geschlossen wird oder offen gelassen werden kann, weil die Angst vor Unsicherheiten zu groß ist: „Es könnte sein, daß etwas passiert!" Man möchte dem Zufall keine Chance geben und glaubt, für alle Fälle vorbeugen zu müssen.

Diese Ängste sind vor allem in der Gesetzgebung deutlich sichtbar, in der Vorliebe für Vorschriften und Regeln, in ihrer genauen Einhaltung, in der strengen Trennung von Sachlichem und Persönlichem; solche Ängste begünstigen Distanziertheit und emotionale Beherrschung. Das Bedürfnis nach Sicherheit führt dazu, daß einerseits eine starke Absicherung durch den Sozialstaat gefordert wird und andererseits jeder vor allem durch die eigene Leistung zu seiner persönlichen Absicherung beiträgt.

Das Bedürfnis nach Sicherheit bzw. die Angst vor Unsicherheit wird uns im Weltbild Deutschlands durchgängig begleiten. Zunächst jedoch ein anderer Aspekt.

5.4
Der Fall der Mauer – Betrachtungen zum Umbruch in Deutschland

Man erinnert sich an die Bilder, die um die ganze Welt gingen. Beim Fall der Berliner Mauer waren Euphorie und Jubel überall groß. Die Menschen feierten spontan und gemeinsam die neu gewonnene Freiheit. Kaum jemand stellte sich die Frage, was die Zukunft bringen würde. Wer das zu diesem Zeitpunkt getan hätte, hätte wohl als Außenseiter gegolten. Tatsache aber ist, daß kaum jemand – sowohl im Osten als auch Westen – wirtschaftlich, sozial und kulturell auf die Veränderungen in der nahen Zukunft vorbereitet war. Aus Ost- und Westdeutschland wurde plötzlich *ein* Deutschland, bestehend aus den „alten" und den „neuen" Bundesländern. Dieser Begriff des „wiedervereinigten Deutschland" berücksichtigte jedoch nicht die „neue", dazugewonnene und ganz andere Kultur. Eine Auseinandersetzung mit diesem Aspekt hielt man nicht für notwendig. Keiner wagte dies auszusprechen, um nicht als „unsozial" zu gelten. Fakt ist aber, daß zwar die Traditionen und die Sprache Ähnlichkeiten aufwiesen, sich im Osten Deutschlands durch den Sozialismus jedoch eine völlig andere Kultur entwickelt hatte. Man vergaß oder wollte nicht wahrhaben, daß es aufgrund der geschichtlichen Entwicklung erhebliche kulturelle Unterschiede gab und auch zehn Jahre nach der Wende noch gibt, daß zwei vom Ansatz her sehr verschiedene Kulturen nebeneinander stehen, sich oft mißverstehen und aneinander vorbei kommunizieren. Naiverweise wurde der Bedarf an kulturellen Kompetenzen beiderseits nicht erkannt, schließlich spricht man ‚dieselbe' Sprache, hat gemeinsame kulturelle Wurzeln und versteht sich als eine Nation! Und doch erlebten beide Seiten einen Kulturschock, denn die Neuen Bundesländer hatten sich kulturell stärker am östlichen Mitteleuropa orientiert als an den Alten Bundesländern. Lediglich die politische Grenze zum östlichen Mitteleuropa verschob sich plötzlich hinter die deutsche Ostgrenze, und aus Ostdeutschen wurden über Nacht Westeuropäer.

Es dauerte nicht lange, bis man feststellte, daß es im Osten des Landes wie im übrigen östlichen Mitteleuropa an allem fehlte, und daß der Westen nicht nur aus wirtschaftlichen und sozialen, sondern auch aus politischen Gründen einen erheblichen Beitrag zum Aufbau leisten mußte. Mit den zunehmenden finanziellen, sozialen und kulturellen Schwierigkeiten schwand auch ein wenig die anfängliche Euphorie, denn sozialer Neid und zunehmende Existenzangst machten sich auf beiden Seiten breit. Laute Kritik in diesem sensiblen Feld ist kaum erwünscht und wird häufig falsch verstanden. Obwohl es auf beiden Seiten Bedarf an Thematisierung und Auseinandersetzung gibt, stellt dies ein Tabuthema dar. Die kritischen Stimmen sind meist sehr leise, und gelegentliche Diskussionen verlaufen selten sachlich und enden häufig mit wechselseitigen Vorwürfen. Vielleicht liegt das daran, daß es für beide Teile zur Verarbeitung der Geschichte zu früh ist.

Zehn Jahre sind seit dem Fall der Mauer vergangen, und man gewöhnt sich allmählich aneinander, so wie sich die übrige Welt an ein einziges Deutschland gewöhnt.

Es wird jedoch einige Generationen dauern, bis die wirtschaftlichen, sozialen und kulturellen Unterschiede verblassen. Die ostdeutsche Kultur wird aufgegeben werden müssen, denn sie findet keinen Platz in der ‚ich'-orientierten und stark individualistischen Gesellschaft Westdeutschlands. Die Minderheit wird sich der Mehrheit zwangsläufig anpassen. Zwangsläufig wird es dabei noch zu einer Verarbeitung der Vereinigung auf der emotionalen Ebene kommen. Dann erst werden sich die beiden Kulturen – West und Ost – wirklich ‚wiedervereinigt' haben. Diese

Aufgabe werden langfristig eher die unbelasteten jüngeren Menschen übernehmen als jene, die die Teilung noch erlebt haben.

Es ist jedoch nicht Aufgabe dieses Buches, noch näher auf dieses Thema einzugehen. Relevant ist dieses Thema allerdings insofern, als sich daran veranschaulichen läßt, welche erheblichen regionalen Unterschiede im deutschsprachigen Raum Westmitteleuropas, und vor allem in Deutschland selbst, zu beobachten sind, die sowohl horizontal als auch vertikal durch die Gesellschaft verlaufen; Es sind dies Unterschiede, die in der interkulturellen Kommunikation zu beachten sind.

5.5
Die Gesellschaftsordnung

5.5.1
Hierarchie

Jede Gesellschaft weist eine hierarchische Ordnung auf. Die Stärke ihrer Ausprägung hängt unter anderem davon ab, welche Machtverhältnisse für nötig gehalten werden.

Materieller Wohlstand, der mehr oder weniger gleichmäßig in einer Gesellschaft verteilt ist, so daß die Grundbedürfnisse befriedigt werden und die Menschen geringere existentielle Sorgen haben müssen, trägt gewiß in hohem Maß zur Lockerung hierarchischer Strukturen bei, so daß sich ein Teil der Machtstrukturen erübrigt. Gleichmäßig verteilter materieller Wohlstand ist jedoch nur in einer demokratischen Ordnung möglich, in der jedem die gleichen Rechte zugestanden werden und die Regierenden aufgrund ihrer fachlichen Kompetenzen staatliche Macht innehaben. Sie sind prinzipiell wählbar bzw. durch andere, bessere Kanndidaten ersetzbar. Deutschland ist solch ein wohlhabendes und demokratisches Land, in dem die Grundbedürfnisse weitgehend befriedigt werden.

Zur gesellschaftlichen Öffnung der Machtstrukturen trugen in erheblichem Umfang unter anderem die 68er-Bewegung und die Emanzipation der Frauen in Westdeutschland bei, so daß die hierarchischen Strukturen der Gesellschaft insgesamt durchlässiger und ‚flacher' wurden. Die Autoritäten haben auf allen Ebenen ihre alte Macht eingebüßt und teilen müssen.

Die allgemeine Emanzipation beeinflußte in hohem Maß nicht nur den Umgang zwischen den Geschlechtern, sondern unter den Menschen generell. Die gesellschaftlichen Umgangsformen wurden unkonventioneller, die sozialen Distanzen geringer und abgeschwächter. Auch die Familien sind Abbild dieser gesellschaftlichen Entwicklung. Die Veränderungen auf der Makroebene spiegeln sich auf der Mikroebene wider, in den gelockerten Familienstrukturen, in der Vater-, Mutter- und Kind-Beziehung. Der Vater als erste Respektsperson ist kein Patriarch mehr, die Frauen sind gleichberechtigt(er), und die Kinder genießen wesentlich mehr Rechte.

Der Abstand zwischen den Hierarchieebenen ist geringer geworden, insbesondere dort, wo soziale Zugehörigkeit, Bildung und Beruf miteinander korrelieren.

Der Abstand ist hingegen dort größer geworden, wo dies nicht der Fall ist: Also größer zwischen den hohen und den unteren als zwischen den hohen und den mittleren Ebenen der Hierarchien; er ist größer zwischen dem Geschäftsführer und dem Pförtner als zwischen dem Geschäftsführer und dem Abteilungsleiter.

5.5.2
Die Familie

Die „Singlegesellschaft" ist deutlich auf dem Vormarsch. Sie ist aufgrund eines ausgeprägten Individualismus entstanden, mit dem wir uns noch beschäftigen werden.
   Die Familie beschränkt sich auf ihren Kern – Vater, Mutter und Kind(er). Die Aufgabe der Eltern besteht darin, die Kinder in die Unabhängigkeit zu führen, zu begleiten und sie danach zu ‚entlassen'. Und die Kinder führen tatsächlich ein von ihren Eltern unabhängiges Leben.
   Diese Unabhängigkeit der erwachsenen Kinder wird häufig auch durch räumliche Distanz gefördert. Sie leben in eigenen Wohnungen oder Häusern, oft in anderen Orten. Der Grund dafür liegt nicht nur in ihrer Selbständigkeit und Unabhängigkeit, sondern auch in der Tatsache, daß sie aufgrund einer ausgeprägten Mobilität an anderen Orten der Berufstätigkeit nachgehen. Die Arbeitsbelastung ist dabei meist so hoch, daß Kontakte zwischen Kindern und Eltern seltener werden.
   Aber auch hier spielen die Vergangenheit, die Geschichte und die neue, ‚moderne' Lebensweise eine große Rolle, so daß man behaupten kann, daß die familiären Beziehungen hierzulande gelockert sind und die Beziehungskluft zwischen den Generationen groß ist. So fällt auf, daß kaum jemand in Gesellschaft von seinen Eltern spricht, als ob man sich seiner Eltern schämen würde.
   Junge Menschen, die zu lange zu Hause wohnen bleiben, gelten als Nesthocker und als nicht „abgenabelt".

5.5.3
Die Sozialisation

Das Ziel der Erziehung in Deutschland (in den Alten Bundesländern) ist die Unabhängigkeit und Selbständigkeit der Kinder. Dies wird durch eine Erziehung der Individualisierung, die zur Ich-Bezogenheit des Kindes führt, erreicht.
   Die Kinder sind mehr oder weniger gleichberechtigte Partner der Erwachsenen, ihnen werden in der Gesellschaft bestimmte Rechte zugestanden. In vielen Fällen verfügen sie über ein Mitspracherecht und können in manchen Situationen selbst entscheiden. Auf das Befinden der Kinder wird im allgemeinen Rücksicht genommen. Körperliche Strafen sind gesellschaftlich verpönt und gelten als Mißhandlung.
   Die Distanz zu den Erwachsenen ist gering, so daß Kinder manchmal sogar mit Erwachsenen auf dieselbe Stufe gestellt werden oder sich selbst so sehen. Mit diesem Problem sind Erwachsene oft überfordert und empfinden sich als machtlos.

5.5.4
Der Individualismus und das ‚Ich'

„Sie klatschen nicht zusammen! Jeder klatscht in einem anderen Rhythmus. Es ergibt keinen einheitlichen Ton!"

Dies äußerte eine Besucherin aus dem östlichen Mitteleuropa mehr oder weniger fassungslos nach einem Abend in einem deutschen Opernhaus, womit bereits einiges über den Individualismus in den Alten Bundesländern deutlich wird. Die Aussage umschreibt, daß jeder Zuschauer in seinem eigenen Rhythmus geklatscht hatte und das gemeinsame Erlebnis nicht dadurch mit den anderen teilte, daß er sich im Rhythmus den anderen anschloß, einfügte und sie unterstützte. Jeder Zuschauer teilte sich anders mit, worin sich eine individualistische Grundhaltung ausdrückt.

Der Individualismus ist in den Alten Bundesländern stark ausgeprägt. Wenn wir erneut zur Befriedigung der Grundbedürfnisse zurückkehren, können wir feststellen, daß man sich diesen Individualismus auch leisten kann. (Abgeschwächte Ausnahmen finden sich eher in den ländlichen Bereichen. Dort spielen Gemeinschaft und soziale Kontrolle noch eine größere Rolle.)

Wie bereits erwähnt, ist die Sozialisation darauf ausgerichtet, das Ich des Kindes zu entwickeln. Die Ich-Perspektive ist wichtiger als die eines ‚Wir'. Das Motto heißt: *„Do it yourself"*. Einer der grundlegenden Aspekte der Erziehung, die den Umgang mit anderen Menschen stark beeinflussen, besteht in der Vorrangigkeit der Eigeninteressen, denen die der Gemeinschaft nachgeordnet sind.

Dieser Individualismus führt dazu, daß traditionelle gesellschaftliche Normen und Werte in Frage gestellt oder ignoriert werden. Nicht selten werden sie auf das bloß rechtlich Vertretbare reduziert. Traditionelle kollektive Werte werden in ‚individualistische' umgemünzt und verlieren dadurch ihre Allgemeingültigkeit. Es ist kein Zufall, daß man vom „Verfall" der Normen und Werte spricht.

Gute Beispiele bieten u. a. das Straßenbild und die Kleidung. Die Grundtendenz in der Mode ist zwar einheitlich, nur die Kombinationen der Kleidungsstücke, die Farbzusammensetzungen sind sehr individuell und untraditionell. Jeder demonstriert durch den Stil seiner Kleidung seine Lebenseinstellung. Dadurch wird erkennbar, welcher ‚Subkultur' er zuzurechnen ist. Eines ist allen gemeinsam – alle möchten jung erscheinen, weil diese Eigenschaft mit Flexibilität, Leistungsfähigkeit und Dynamik verbunden wird und selbst schon ein erstrebenswertes gesellschaftliches Ziel darstellt.

Das uneinheitliche Klatschen in der Oper sagt unter anderem aus, daß kein Gemeinschaftsgefühl vorhanden ist. Jeder klatscht, wie er möchte – eben individualistisch. Die Tendenz, die sich langsam durchsetzt, liegt darin, daß einerseits ‚jeder macht, was er will', und zwar im Rahmen der Gesetze, nicht jedoch im Rahmen traditioneller Normen und Werte. Andererseits trägt diese Entwicklung dazu bei, daß sich die Menschen zunehmend voneinander entfernen, weil sie die Fähigkeit verlieren, Kompromisse einzugehen.

Die Auswirkungen des Individualismus auf die Gesellschaft zeigen sich darin, daß sich mehr und mehr Subkulturen oder Gruppierungen von Gleichgesinnten herausbilden. Das sind diejenigen, die gleich denken und die gleiche ‚Wellenlänge' haben.

Es ist nicht nur für Deutsche, sondern auch und ganz besonders für Fremde, die aus einer konformen, wir-orientierten Gesellschaft kommen, schwierig und anstrengend, einzuschätzen, wo man sich wie angemessen zu verhalten hat, welche Normen und Werte als ‚richtig' bzw. ‚falsch' gelten.

Nicht selten hört man Klagen von Deutschen über das schlechte Benehmen von Fremden. Aber wie soll ein Fremder das Verhalten der Deutschen nicht falsch interpretieren, wenn er so viele Verhaltensmodelle sieht? Wer kann ihm sagen, was wo angebracht ist? Wenn man sich nur die vielen Fahrgäste in der Bahn vergegenwärtigt, die ihre Füße auf die Sitze legen. Wie soll jemand, der die hiesige Kultur nicht gut kennt, nicht annehmen, daß Füße auf Stühlen überall erlaubt sind?

Wie soll ein Fremder, der nach Deutschland kommt, nicht annehmen, daß alle hiesigen Frauen ‚käuflich' sind, wenn er in seinem Heimatland (halb-)nackte Urlauberinnen in den Geschäften am Urlaubsort antrifft?

5.5.5
Das Alter und alt sein

Nicht mehr leistungsfähige, aber lediglich defekte Produkte werden nicht mehr repariert. Dieses Konsumverhalten wird auf Menschen übertragen, und wenn sie nicht mehr ‚neu', also jung sind, erfahren sie kaum noch Respekt. ‚Alt' wird mit ‚schwach' und ‚unbrauchbar' assoziert. Was ausgedient hat und nicht mehr leistungsfähig ist, wird ‚weggeworfen'.

Das Alter und „der Rat der Weisen" haben vor allem im beruflichen Bereich längst an Bedeutung verloren. In vielen Berufen geht diese Entwicklung nicht mit der Verschiebung des Durchschnittsalters und der Anhebung des Rentenalters einher. Mit vierzig Jahren gehört man zum „alten Eisen", obwohl man noch fünfundzwanzig Jahre Berufstätigkeit vor sich hat. Eine Nebenwirkung dieses starken Leistungsprinzips ist, daß auch die Alten ewig jung bleiben wollen, denn jung sein bedeutet: Attraktivität, Produktivität, Belastbarkeit, Effektivität, Mobilität, Flexibilität.

Auf der anderen Seite jedoch leiden viele unter Einsamkeit. Wer kennt nicht die Aussage alter Menschen in Deutschland: „Wir sind so einsam!" Sie fühlen sich alleingelassen und fürchten den stillen Sonntag.

5.5.6
Die Emanzipation

Emanzipation und Individualisierung der Gesellschaft brachten vor allem den Frauen die Möglichkeit, unabhängig von Männern ein mehr oder weniger selbständiges und unabhängiges Leben zu führen. Infolge der Emanzipationsbewegung und der allgemeinen gesellschaftlichen Tendenz zur Individualisierung wurde auch die soziale Kontrolle abgeschwächt. Davon profitierten vor allem Frauen, denn Männer genossen schon immer Freiheiten.

5.5 · Die Gesellschaftsordnung

Noch vor einigen Jahren war es für Frauen fast unmöglich, Berufsleben und Familie zu vereinbaren. Sobald Frauen Kinder bekamen, mußten sie meistens ihre Berufstätigkeit aufgeben. Es gab keine Halbtagsstellen und keine ausreichende Betreuung von Kindern. Erziehungsurlaub nahmen und konnten nur Mütter nehmen. Männer konnten ihn auch deshalb nicht in Anspruch nehmen, weil es gesellschaftlich verpönt war und nicht der geschlechtsspezifischen Rollenverteilung entsprach. Männer waren meistens die Familienernährer und verdienten auch mehr als Frauen. Dieser finanzielle Aspekt ist immer noch wirksam, obwohl vor allem die Männer der jüngeren Generation mehr von ihren Kindern haben wollen und bereit sind, dafür auch finanzielle Einbußen in Kauf zu nehmen. Die gesellschaftlichen Rahmenbedingungen haben sich aber auch insofern vollkommen verändert, als es nicht selten der Fall ist, daß Frauen für sich selbst sorgen oder ihre Familie allein ernähren müssen. Am schlimmsten waren (und sind immer noch) alleinerziehende Frauen betroffen. Sie rutschen im sozialen Netz nach wie vor regelrecht nach unten durch.

Berufsleben und Familie zu verknüpfen, ähnelt weiterhin einem Kunststück, da es nach wie vor an Kindergartenplätzen mangelt. Die Öffnungszeiten lassen sich meistens kaum mit einer Berufstätigkeit vereinbaren; es gibt wenig Nachmittagsbetreuung in den Schulen; in den Ferien tritt dasselbe Problem auf: Wohin mit den Kindern? Die Antwort hängt von höchstem Organisationstalent und den finanziellen Möglichkeiten der Familien ab.

Daß sich die wirtschaftliche Situation auf dem Arbeitsmarkt außerdem eher verschlechtert hat und die Höhe der Arbeitslosigkeit sich auch in der Zunahme befristeter Arbeitsverträge äußert, hat auch erheblichen Einfluß auf den Wunsch der Frauen, überhaupt Kinder zu haben, sofern sie dadurch ihren Arbeitsplatz aufs Spiel setzen.

Auch mancher Arbeitgeber stellt sich bei Bewerberinnen oder Mitarbeiterinnen insgeheim die Frage, ob bei den Bewerberinnen oder Mitarbeiterinnen in absehbarer Zeit die ‚Gefahr' besteht, daß sie Kinder bekommen. Es ist auch keine Seltenheit, daß Arbeitgeber den Mitarbeiterinnen eine Schwangerschaft nahezu als persönliche Beleidigung auslegen. Wenn Frauen aber aus dem ‚gebärgefährdeten' Alter heraus sind, sind sie für die meisten Arbeitgeber auch schon zu ‚alt'.

Was die Emanzipation am Arbeitsmarkt betrifft, kann man die ‚Nachwehen' von „Kinder, Küche, Kirche" ganz deutlich spüren.

Da sich Frauen selbstverwirklichen wollen, sind sie heutzutage in nahezu allen Arbeitsbereichen zu finden, aber nicht auf allen Etagen. Im mittleren und höheren Management sind sie kaum anzutreffen. Nicht selten werden sie für gleiche Arbeit schlechter bezahlt als Männer, trotz jahrzehntelanger Emanzipation. Von einer Emanzipation im Berufsleben kann längst nicht die Rede sein, trotz der Tatsache, daß Frauen dieselbe Ausbildung genießen und zudem die Mehrheit in der Bevölkerung bilden.

Andererseits ist die Angst der Männer vor der weiblichen Konkurrenz sichtbar, wenn Frauen in ‚männliche' Positionen gelangen. Möglicherweise, weil dies die letzte Hürde für die Entmachtung der Männer darstellt. Viele Frauen meinen, daß sie in der ‚Männerwelt' bestehen können, indem sie geschlechtsspezifische Männerrollen übernehmen, um sich durchzusetzen. Sie fürchten, ansonsten nicht ernstgenommen zu werden.

Aber die Emanzipation hat auch eine andere Seite, die sich beobachten läßt. Dabei geht es tendenziell um eine „Feminisierung" der Männer und „Vermännlichung" der Frauen. Frauen nehmen viele ‚männliche' und Männer viele ‚Frauenrollen' an. Frauen wirken nicht selten bereits von der Erscheinung her wie Männer und Männer wie Frauen. Ist es Ihnen nicht auch schon passiert, daß sie den Menschen, der vor Ihnen herging, nicht eindeutig einem Geschlecht zuordnen konnten? Auch die Mode weist in diese Richtung.

Die Emanzipation trug auch dazu bei, daß Männer Angst vor Frauen bekamen. Sie sind desorientiert im Hinblick darauf, wie sie sich Frauen gegenüber verhalten sollen. Männer reagieren auf diese Art von Emanzipation sehr zurückhaltend, denn sie haben Angst vor ‚ihren' Frauen. Sie haben Angst, ihnen die Tür aufzuhalten, da sie zu hören fürchten müssen: „Das kann ich selbst, ich bin nicht so schwach, wie Sie denken. Dafür brauche ich keinen Mann!" Das geht so weit, daß sich Frauen sogar mit physisch anstrengenden Tätigkeiten wie dem Schrankbau selbst plagen müssen, denn der Nachbarn wagt nicht mehr, der emanzipierten Nachbarin seine Hilfe anzubieten.

Dagegen klagen viele deutsche Frauen: „*Wir fühlen uns hier nicht als Frauen!*" Man gewinnt dabei den Eindruck, daß beide Geschlechter aneinander vorbeireden und daß Frauen nur zwei Möglichkeiten haben: entweder die allgemein verbreitete ‚männliche' oder ihre traditionelle Rolle einzunehmen. Eine Ebene dazwischen scheint es nicht zu geben, und ein Mittelweg oder ein Kompromiß sind nicht in Sicht.

5.5.7
Fremde Einflüsse – die „Amerikanisierung" der Gesellschaft

Es gilt nicht nur: „*Time is money*", sondern wir ernähren uns zunehmend von *Fast food*. Zwar geht ‚niemand' in die *Fast food*-Restaurants, aber sie machen hierzulande nach wie vor hervorragende Geschäfte. Und so verhält es sich in vielen Lebensbereichen.

Die meisten wissenschaftlichen Theorien über Marketingstrategien und -führungsstile stammen aus den USA, und auch der Lebensstil trägt zunehmend amerikanische Züge. Selbst die deutsche Sprache wird davon beeinflußt. Sie erhält ebenfalls einen amerikanischen *Touch*, auf den man sogar stolz ist. So braucht man ein *Feedback* oder eine *Checkliste* und einen *Timer*, oder auch einen *Flipchart*. Man trägt einen *Dress*, besitzt ein *Handy*, und auch der *Walkman* leistet uns Gesellschaft.

Amerikaner werden zwar gern belächelt – sie hätten keine Kultur, lautet das Vorurteil –, aber selbst übernimmt man wahllos alles, was einem über den Weg läuft. So bezeichnen sich schon die Kinder als *cool*. Wer diesen *way of life* nicht beherrscht oder beherrschen möchte, bleibt häufig außen vor. Und wer von den Ausländern noch Hochdeutsch lernt, wird trotzdem vieles nicht mehr verstehen können.

Wo sind die Zeiten geblieben, als die Deutschlehrerin noch korrigierte: „Nein, *Adresse* ist falsch, *Anschrift* muß es heißen!"

5.6
Die Bedeutung von Zeit

Zeit ist Geld! – Wird Ihnen manchmal bewußt, welche Bedeutung Zeit in der hiesigen Gesellschaft hat? Ist Ihnen schon einmal aufgefallen, wieviele Uhren auf Straßen, in Geschäften und an öffentlichen Gebäuden angebracht sind, wieviele Uhren, Wecker und „Zeitplaner" Sie selbst besitzen? Haben Sie schon einmal ohne Ihre Armbanduhr das Haus verlassen? Was für ein Gefühl haben Sie dabei gehabt?

Ist Ihnen aufgefallen, wieviele Fahrpläne mit An- und Abfahrtszeiten und Umsteigemöglichkeiten es nicht nur am Bahnhof, in den Zügen, sondern auch an jeder Bushaltestelle und in Straßenbahnen gibt? Und haben Sie den tragischen Gesichtsausdruck Ihrer Mitreisenden bei einer Zugverspätung beobachtet und sich ihre Bemerkungen angehört, gleich ob es sich um einige oder mehrere Minuten handelt? Und was passiert, wenn Ungewißheit herrscht, wenn man gar nicht weiß, wann der Zug überhaupt kommt? Die gesamte Zeitplanung des Tages und vielleicht der ganzen Woche bricht zusammen. Ohne Uhr und Zeitplaner kann man in Deutschland kaum leben, denn „Zeit ist Geld"! Geld verdient man durch hohe Arbeitsleistung, und Geld braucht man für den Konsum, und Kosumgüter braucht man zur Selbstverwirklichung. Je höher der Stellenwert des Konsums ist, je mehr man konsumieren möchte, desto wichtiger sind Arbeit, Geld und somit Zeit.

Durch die allgemeine Entwicklung und die technischen Möglichkeiten sind die Menschen gezwungen, sowohl im öffentlichen als auch im privaten Leben immer schneller zur reagieren. Zeit bestimmt die Arbeit, aber auch den Alltag stark. Sie wird in kleinste Einheiten aufgeteilt. Arbeit und Alltag werden bis auf die Minuten geplant und perfektionistisch durchorganisiert. Ziele und Wünsche werden deshalb klar und direkt definiert und langfristig angelegt. Dies erhöht für den einzelnen den Leistungsdruck und die allgemeine Anspannung erheblich.

Eine vierköpfige Familie steigt nach einem Tagesflug am Frankfurter Flughafen mit ihren beiden kleinen Kindern und vielen Koffern in den überfüllten Zug. Als die Familie zu ihren reservierten Plätzen gelangt, sind diese von anderen Reisenden besetzt. Es kommt zum Streit, weil die Eltern offensichtlich überfordert und die Kinder erschöpft sind und zu quengeln beginnen. Die Schaffnerin taucht auf. Die Eltern bestehen auf ihrer Reservierung und erheben Anspruch auf die Plätze. Die Schaffnerin aber entscheidet laut Vorschrift: ‚Wenn die reservierten Plätze nicht innerhalb von zehn Minuten besetzt werden, erlischt der Anspruch auf die Reservierung.' – Die Fremden bleiben sitzen und die Familie geht leer aus.

Die Familie hatte nicht eine Stunde, sondern nur ein paar Minuten Verspätung gehabt, weil sie mit ihrem Gepäck nicht zu den Plätzen im überfüllten Zug gelangen konnte, und trotzdem mußte sie nachgeben. Neben der Vorschrift waren die wenigen Minuten für den Schiedsspruch der Schaffnerin ausschlaggebend.

Dieses Beispiel wird uns in anderen Kapiteln wieder begegnen, da es dabei nicht nur um das Moment der Zeit geht, sondern allgemeiner um die Formen des Umgangs miteinander. Hier verdeutlicht es aber genau, welche Bedeutung die Zeit in der hiesigen Gesellschaft hat.

5.7
Schule und Bildung, Ausbildung und Leistung

Die gesellschaftlich verinnerlichte Einstellung zur Leistung prägt das ganze Ausbildungssystem. Bereits kleine Kinder werden einem enormen Leistungsdruck ausgesetzt, der sich in Prüfungen, Noten und Zeugnissen niederschlägt. Denn für das spätere Arbeitsleben gilt: „Je mehr Zeugnisse, je bessere Noten, je mehr Berufserfahrung und je jünger, desto bessere Chancen auf dem Arbeitsmarkt!"

Diese Einstellung führt dazu, daß die Angst vor der eigenen ‚Wertlosigkeit', falls man weniger leistet oder die oben erwähnten Erwartungen nicht erfüllt, noch verstärkt wird. Dies führt zu Unsicherheit und häufig zu Hemmungen der Schüler. Die Aufteilung der Schüler nach ihrer Leistung beginnt sehr früh, meistens schon in der fünften Klasse.

Schulstruktur und Schulordnung spiegeln die allgemeine Gesellschaftsordnung wider. Man kann sie als kleinen ‚Staat im Staate' betrachten, in dem demokratische Prinzipien gelehrt werden.

Der Unterricht ist praktisch orientiert. Die Schüler sollen Fertigkeiten erwerben, die für das spätere, praktische Leben von Bedeutung sind. Der Lehrer ist in diesem Sinn nur ein „Begleiter", der nicht nur Wissen vermittelt, sondern steuert, indem er Anregungen gibt, aufgrund deren die Schüler selbst Lösungen finden sollen. Die Erzieher haben dadurch nicht mehr die Funktion eines ‚Allwissenden' oder ‚Machthabers'.

An den Universitäten läßt sich beobachten, daß zwar die Organisation des Studiums und der Unterrichtsstil Unabhängigkeit und Selbständigkeit der Studenten fördern sollen, viele Studiengänge aber in ihren Inhalten vom tatsächlichen Leben abgehoben und kaum praxisorientiert sind.

5.8
Wirtschaft, Verwaltung und Bürokratie

5.8.1
Wirtschaft und Verwaltung

Die Abflachung der hierarchischen Strukturen ist auch in der freien Wirtschaft sichtbar. Hier wird vor allem verstärkt auf die Bildung von Arbeitsteams und auf höhere Entscheidungsfreiheit der einzelnen Mitarbeiter gesetzt als auf starre Machtverhältnisse. Da Liebe bekanntlich durch den Magen geht, werden auch Höchstleistungen und Effektivität entsprechend honoriert.

Ein wenig anders stellt sich das Bild in den Verwaltungsapparaten dar, die zwar weitgehend dezentralisiert sind, in denen aber nicht nach erbrachter Leistung bezahlt wird. Sie sind zwar ebenfalls im allgemeinen kundenorientiert, aber viel schwerfälliger als die Unternehmen. Sie ‚verstecken' sich nicht selten hinter Unmengen von Formularen und Vorschriften.

Beide Bereiche sind in ihrer Eigenart jedoch nicht mit denen des östlichen Mitteleuropa zu vergleichen.

5.8.2
Bürokratie in den Verwaltungen

„In der Arbeit sammelte ich im ersten Monat nur Formulare. Ich habe zwei Ordner gefüllt. Den zweiten Monat war ich damit beschäftigt, diese zu lesen, zu verstehen und richtig auszufüllen. Privat habe ich im ersten Monat nur Gebrauchsanweisungen, Fahrpläne, Anleitungen, Leitfäden und Hausverordnungen gelesen, aber zurecht finde ich mich immer noch nicht!"

So lautet die Aussage eines Mitarbeiters, der aus dem östlichen Mitteleuropa nach Deutschland kam, um in einer Verwaltung zu arbeiten.

Bei genauer Betrachtung deutscher Verwaltungen könnte man meinen, daß sie häufig ‚überbürokratisiert' sind, vor allem aufgrund einer sehr genauen und präzisen Kontrolle und Gegenkontrolle. Verwaltung funktioniert nach dem Motto: „Vertrauen ist gut, Kontrolle ist besser." Manchmal stößt sie dabei an ihre Grenzen, vor allem, wenn sie den Menschen vergißt, und nur gemäß ihrer Vorschriften verfährt.

Die starke Bürokratisierung hat hierzulande ebenfalls in der bereits angesprochenen Angst vor Unsicherheit ihren Grund. Durch zahlreiche Berichte in x-facher Ausfertigung mit x-fachen Anlagen und Formularen, versehen mit Unterschriften und Stempeln, werden weitere Formulare, Unterschriften und Stempel, Aussagen und Zahlen abgesichert. Im Prinzip sichert sich jeder gegenüber dem anderem ab und folgt im Stillen der Überlegung: „Es könnte sein, daß mir die Verantwortung für die Fehler der anderen zugeschoben wird!"

An dieser Stelle können wir uns nochmals an das Beispiel aus dem Zug erinnern, in dem die Familie mit Kindern, die ihr Platz nicht sofort aufsuchen konnte, im Namen der Vorschrift nachgeben mußte. Die Schaffnerin hatte größte ‚Achtung' vor der Vorschrift, denn man könnte sie des Machtmißbrauchs bezichtigen, wenn sie der zwischenmenschlichen Komponente Vorrang vor der bloßen Vorschrift eingeräumt hätte.

Durch die Angst vor Unsicherheiten und durch das Bedürfnis nach vollständiger Sicherheit werden noch mehr Formulare und minutiöse Vorschriften für jede denkbare Situation nötig. Somit drückt sich in der Bürokratie vor allem ein grundsätzliches Mißtrauen gegenüber anderen aus.

In dieser Hinsicht ‚quälen' sich die Mitarbeiter, und nicht selten kommt es vor, daß wichtigere und wesentlichere Aufgaben liegen bleiben, weil der ‚Dame Bürokratie' zu lange Referenz erwiesen werden muß – und diese ist sehr penibel und wählerisch. Das kostet enorme Energie und vor allem Zeit.

Und noch etwas ist anzumerken: Die Bürokratie beschränkt sich nicht aufs Büro, auch die Privathaushalte werden erfaßt. Erinnern Sie sich der vielen Briefe, die Sie vor Ihrem Urlaub noch auf die Schnelle beantworten mußten, und an die ‚Apokalypse', der ihr Briefkasten während ihrer Abwesenheit ausgesetzt war?

Dennoch bietet dies alles keinen Vergleich zum östlichen Mitteleuropa. Trotz aller Formalitäten und der Überbürokratisierung in manchen Bereichen ist die westliche Gesellschaft viel transparenter, besser organisiert, durchlässiger, bürgernäher und dienstleistungsorientierter. Durch Gesetze, Vorschriften und Regelungen und deren Einhaltung schützt sie sich vor allerlei Willkür.

5.9
Arbeit

5.9.1
Leistung

„Wir leben, um zu arbeiten!" Diesen Spruch hört man hierzulande nicht selten. Und wer kennt nicht das vielsagende schwäbische Lebensmotto: *„Schaffe, schaffe, Häusle baue!"*

In einer Konsumgesellschaft, die so großen Wert auf Materielles legt, ist „der Kunde König", und die Produkte sind sein ‚Reich'. Dahinter verbirgt sich die allgegenwärtige Aufforderung zu Höchstleistungen, die sich in der perfekten Produktion hochwertiger Waren niederschlägt und neben einer extremen Spezialisierung höchste Konzentration, Zeit und Kraft erfordert.

Diesen Sinn für Makellosigkeit könnte man durchaus dem Streben nach Sicherheit zuschreiben. Auch hier könnte man behaupten, daß nichts dem Zufall überlassen werden darf, denn ‚es könnte sein, daß'. Alle Lücken und Ungereimtheiten werden durch präzises und genaues Arbeiten getilgt.

Hohes Arbeitstempo, Schnellebigkeit und hohe Mobilität sind im Arbeitsleben und auch im Alltag maßgebend. Sie bewirken, daß gerade die Arbeit für die Gesellschaft und für den einzelnen von größter Bedeutung ist. Arbeit wird ernstgenommen. Demjenigen, der bei der Arbeit kein ernstes Gesicht macht, wird unterstellt, er nehme seine Arbeit nicht ernst. Diese Arbeitshaltung ist in Deutschland allgemein verbreitet. Sie bestimmt das Leben, wie auch dem Ausspruch: *„Wir leben von Wochenende zu Wochenende!"* zu entnehmen ist.

5.9.2
Dienstleistungen

In Bezug auf die Dienstleistungen in Deutschland ist der „König Kunde" jedoch häufig nur ein kleiner ‚Fürst'. Man erinnere sich nur an die anhaltenden Diskussionen zum Ladenschlußgesetz. Kundenunfreundlich sind die Öffnungszeiten zum Beispiel von Banken und Arztpraxen, aber auch die Lieferzeiten von Speditionen.

(Waren werden häufig nur an Werktagen geliefert oder repariert und nicht zu bestimmten Zeiten, so daß sich der berufstätige Kunde einen Tag freinehmen muß.) Und Zeit ist teuer, nicht nur für das Unternehmen! Nicht selten fehlt die Kundenorientiertheit der Dienstleistenden. Hier lebt Deutschland mehr von seinem Ruf als den Tatsachen.

In vielem sind das Durchsetzungsvermögen des Kunden, souveränes Auftreten und die Kenntnis von Bestimmungen, Vorschriften und Regelungen gefragt. Hier kann der Kunde auf die Angst vor Unsicherheit setzen. Sobald er sich jedoch an den nächsten Vorgesetzten wendet, kommt er meistens schneller zum Ziel.

5.9.3
Arbeitsstellen und Arbeitsplatz

In einer ich-orientierten Gesellschaft werden Arbeitsstellen normalerweise öffentlich ausgeschrieben. Es gilt das demokratische Prinzip: gleiche Rechte (und Chancen) für alle.

Aber mit Zunahme der wirtschaftlichen Krise läßt sich auch hier feststellen, daß solche Stellen häufig lediglich pro forma ausgeschrieben werden, der Kandidat aber längst ausgewählt und die Stelle besetzt ist. Im übertragenen Sinn kann man behaupten, daß dort, wo der Staat versagt, sich die „Familie" formiert. Dies mag eine kühne Behauptung sein, aber wer hat von solchen Praktiken nicht schon wenigstens einmal gehört?

Die Arbeitsbeziehung zwischen Arbeitgeber und Arbeitnehmer beruht auf Sachlichkeit. Kündigungen begründen sich ebenfalls auf der sachlichen Ebene, unter teilweiser Berücksichtigung sozialer Aspekte. Der Arbeitnehmer fühlt sich gegenüber seinem Arbeitgeber nicht persönlich verpflichtet, wenn er seine Firma verläßt. Im Normalfall sind familiäre Beziehungen am Arbeitsplatz oder in Firmen und Verwaltungen unerwünscht. Sie werden mit Mißtrauen betrachtet und als „Vetternwirtschaft" bezeichnet.

Gelockerte Hierarchiestrukturen haben bewirkt, daß Mitarbeiter fast zu jeder Zeit auf den Vorgesetzen zugehen können, um mit ihm Arbeitsvorgänge zu besprechen. Dies wird durch eine stets offene Tür demonstriert.

Der Aspekt des Alters, des Senioritätsprinzips schwindet insofern, als bei Beförderungen und Einstellungen nicht zwingend der Dienstältere Vorrang hat. Wie schon erwähnt, hängt dies damit zusammen, daß das Alte, als auch ältere Menschen, negativ bewertet wird (vgl. dazu Kap. 5.5.5 „Alter und alt sein").

5.9.4
Führungsstil

Der Führungsstil unterliegt den demokratischen Prinzipien der Unternehmensleitung. Der Vorgesetzte sollte sich demokratischen Prinzipen verbunden fühlen und danach handeln. Seine Mitarbeiter sollten gleichberechtigte Partner sein, sie sollten Eigenverantwortung tragen und in die Entscheidungsfindung einbezogen werden.

In der Theorie sollte der Vorgesetze keine Autorität, sondern einen Partner des Mitarbeiters darstellen. Seine Machtposition beruht auf Kompetenz. Er ist somit ‚wähl-' und ‚abwählbar', ersetzbar durch andere, die über gleiche oder bessere Kompetenzen verfügen.

In der Praxis jedoch sind viele Klagen zu vernehmen, denn Persönliches überlagert nicht selten die sachlichen Beziehungen.

5.9.5
Produkte und Konsum

Die Vielfalt der Produkte steigt mit den individuellen Bedürfnissen. Produkte erfüllen nicht nur die materiellen Wünsche, sondern auch die geistigen. Sie bieten den Konsumenten eine Breite, die jedem Geschmack und Bedürfnis gerecht wird. Sie helfen, den Lebensstandard und die Lebensqualität zu erhöhen, wenn man dazu etwa auch Zugang zu sauberem Trinkwasser, zu ärztlicher Versorgung und Bildung rechnet.

Deutschland ist nicht nur durch eine individualistische Denkweise geprägt, sondern ebenfalls stark sachorientiert. Produkte haben folglich einen hohen Stellenwert.

Ein gutes Beispiel dafür ist die Werbung. Ihre Inhalte suggerieren, daß man durch Konsum von Produkten attraktiver, jünger, gesünder, glücklicher und dadurch vor allem leistungsfähiger und schneller wird. Teilweise kann man dem zustimmen, wenn man etwa die Lebenserwartung heranzieht, die sich in den letzten Jahrzehnten deutlich erhöht hat – infolge medizinischer Forschung, neuer technischer Möglichkeiten und Medikamente.

5.10
Freizeit

„Wohin mit der Freizeit?" – so mag eine Grundfrage der letzten Jahrzehnte lauten. Infolge dieser Entwicklung zur „Freizeitgesellschaft" sind ganze Industriezweige und neue Produkte entstanden. Die Menschen arbeiten zwar schneller und unter viel höherem Leistungsdruck als früher, dafür aber weniger. Die Freizeit hat an Bedeutung zugenommen, und sie ist ‚heilig'. Eine Vorstellung von Freizeit ist, endlich ohne Leistungsdruck und Zeitplaner zu leben, eben freie Zeit zu haben, um sich für den nächsten Arbeitsschub zu regenerieren. Sie ist nur privaten Zwecken vorbehalten, gleich, ob es sich um Mittagspause, Wochenende oder Urlaub handelt. Wehe dem Arbeitgeber, der seinen Arbeitnehmer in der Freizeit stört, es sei denn, dies ist vorher vertraglich geregelt und festgelegt worden.

Freizeit wird nach anstrengenden Arbeitsstunden, -tagen und -monaten genossen und häufig mit dem Konsum von Produkten gefüllt. So steht auch die Freizeit nicht selten unter dem Signum der Leistung, auch hier zeigen die Menschen ihre Leistungsfähigkeit, im Sport und bei anstrengenden Urlaubsreisen.

5.11
Privilegien, Statussymbole und Bescheidenheit

5.11.1
Privilegien

Auch hier gilt: „Gleiches Recht für alle!" Demzufolge sollen nicht nur die höhergestellten, sondern auch die unteren Ränge der Mitarbeiter über gleiche Rechte verfügen.

‚Privilegiert sein' beruht in Deutschland auf Fachkompetenz und nicht auf Stellung und Macht! Privilegien sind mit Statussymbolen verbunden und werden in der Gesellschaft kritisch daraufhin befragt, inwieweit sie rechtmäßig erworben wurden oder rechtmäßig benutzt werden.

Die Tatsache, daß solche Privilegien nicht gern gesehen werden, erkennt man bereits daran, daß zum Beispiel Minister ihre Regenschirme und Aktenkoffer selbst tragen oder daß man sie am Bahnhof ohne Begleitung auf einen Zug wartend antrifft, so wie andere Arbeitnehmer auch.

5.11.2
Statussymbole

Statussymbole sind in Deutschland insofern gesellschaftlich ‚verpönt', als man sie nicht offen zeigen sollte. Sie werden im allgemeinen auf eine allenfalls subtile Art und Weise gezeigt. Auf den ersten Blick scheinen die meisten Menschen der Tendenz zu folgen, die gleichen Dinge zu besitzen. Kaum jemand hebt sich auf den ersten Blick äußerlich wirklich vom anderen ab. Der Unterschied liegt meist im Wert bzw. im Preis der Dinge verborgen.

Doch die Orte, an denen man miteinander verkehrt, sind zumeist schichtspezifisch geprägt und unterscheiden sich etwa danach, inwieweit man sich den Aufenthalt dort leisten kann. Nach außen hin demonstriert man hingegen die Gleichheit mit anderen und übt sich scheinbar in ‚Bescheidenheit'.

5.11.3
Bescheidenheit

Im Vergleich zu den Ländern des östlichen Mitteleuropa läßt sich jedoch feststellen, daß Bescheidenheit in Deutschland als Tugend nahezu ausgestorben scheint. In der gesellschaftlichen Entwicklung wurde ihr durch die stets zunehmende Konsumorientiertheit die Basis entzogen.

In dieser Hinsicht gibt es aber einen großen Unterschied zwischen der älteren Generation, die sie aus den Kriegstagen kennt und nie vergessen hat, und der jüngeren Generation, die im Wohlstand aufgewachsen und übersättigt ist. Die ältere Generation hat Vermögen angesammelt und der jüngeren Generation dadurch ermöglicht, im Wohlstand zu leben. Die Ansprüche der Kinder steigen entsprechend dieser gesellschaftlichen Entwicklung.

Die deutsche Sprache ebenfalls hat eine gewisse Bescheidenheit im Ausdruck verloren: Man ‚putzt' nicht mehr, sondern man ‚macht die Sachen rein'. Die Putzfrauen sind ‚ausgestorben', und die Reinemachefrauen wurden geboren. Man ‚macht nicht', man ‚schreibt nicht', sondern man ‚entwickelt'. Die Deutschen sind eine Gesellschaft von „Entwicklern" geworden.

5.12
Recht und Gesetz

5.12.1
„Der Mensch und sein materieller und geistiger Besitz sind unantastbar"

„Der Mensch und sein materieller und geistiger Besitz sind unantastbar" – so heißt es in der Verfassung. Recht und Gesetz und damit zusammenhängende Vorschriften bilden die Grundlage des Lebens in einer Demokratie. Das Recht auf ein ‚Nein' ist tief im Bewußtsein der Menschen verankert.

Weil die Menschen offensichtlich ein starkes Bedürfnis nach Sicherheit bzw. Angst vor Unsicherheit empfinden, wird das Leben von immer neuen Gesetzen und Vorschriften bestimmt, und diese werden streng eingehalten und ‚gefürchtet'. Die Unkenntnis der Rechte und Pflichten enthebt einen nicht möglicher Schuld. Sowohl Menschen als auch Tiere und Gegenstände werden für alle (un)vorhersehbaren Fälle rundum „durchversichert". Weil man vermehrt seine Rechte einklagt, ist auch der in Frage kommende Rechtsstreit schon „vorversichert". Rechte werden bewußt wahrgenommen, sobald man glaubt, daß dies geboten sei. Von Rechten und Gesetzen Gebrauch zu machen, ist eine Selbstverständlichkeit, und das Bedürfnis, sich aus Angst vor Unsicherheit mit Rechten und Gesetzen abzusichern, ist in den Alten Bundesländern sehr ausgeprägt.

Übertrieben formuliert, könnte man behaupten, daß die Gesellschaft ‚rechthaberisch' und ‚fordernd' ist. Ein Zitat aus dem Brief eines Rechtschutzversicherers, in dem es um die jährliche Beitragserhöhung geht, bezeugt dies:

„(...) Sowohl die Zahl der Schadensfälle als auch die Höhe unserer Leistungen hat im vergangenen Jahr wieder stark zugenommen. Das ist unter anderem auf folgende Ursachen zurückzuführen: Immer häufiger wird ein Rechtsanwalt eingeschaltet, und Streitigkeiten werden vor Gericht ausgetragen, und zwar in zunehmendem Maße über mehrere Instanzen. Zudem steigen die Leistungen durch höhere Streitwerte (...)"

Ein anderes Beispiel weist in die gleiche Richtung:

Eine Dame (Dozentin an einer Hochschule) geht in einer deutschen Stadt ins Kino zu einer Abendvorstellung. Sie erhält eine Platzkarte. Weil sie zu spät kommt und der Film bereits begonnen hat, setzt sie sich auf den nächsten freien Platz in dem halbleeren Kinosaal. Sie wollte mit der Suche nach ihrem Platz die

5.12 · Recht und Gesetz

anderen Zuschauer nicht stören. Nach ihr kommt ein Pärchen in den dunklen Kinosaal herein, das Platzkarten für gerade diesen Sitz hat, auf dem die Dame sitzt. Das Pärchen bleibt bei ihr stehen und beansprucht die ihm nach den Platzkarten zustehenden Plätze. Die Dozentin gestikuliert mit ihren Händen in Richtung der vielen freien Plätze, um ihnen zu verstehen zu geben, sich einfach auf die anderen freien Kinosessel zu setzen. Das Pärchen bleibt bei ihr stehen und besteht auf seinen Plätzen. Weil die Dozentin nicht beabsichtigt, die anderen Zuschauer mit der Suche nach ihrem Platz zu stören, bleibt sie sitzen. Das inzwischen erboste Pärchen gibt nicht nach. Die Frau setzt sich schließlich auf den Schoß der Dozentin, um sie damit zum Aufstehen und zur Durchsetzung ihres Rechts zu zwingen. Die Dozentin, völlig von dieser Reaktion überrascht, zwickt diese in den Hintern, worauf die erboste Kinobesucherin empört aufspringt. Die Dozentin nimmt an, daß das Pärchen endlich begriffen hat und sich auf einen leeren Platz setzen würde. Dann tritt jedoch der Begleiter der Frau zu ihr und läßt sich ebenfalls auf ihrem Schoß nieder. Im Kinosaal wird es aufgrund dieser Auseinandersetzung zunehmend unruhiger und lauter. Das Pärchen ist nicht bereit nachzugeben. Die Situation endet damit, daß das Pärchen schließlich von der Vorstellung ausgeschlossen wird. – Die Dozentin schildert diesen Vorfall einige Zeit später in einer Vorlesung und bringt ihre Verwunderung über das Verhalten des Pärchens zum Ausdruck. Ihre Studenten ergreifen jedoch Partei für das Pärchen und verteidigen es mit der Begründung: Das Pärchen hätte Anrecht auf den Platz gehabt und sie hätte aufstehen und sich auf ihren Platz begeben müssen.

Je mehr Gesetze, Vorschriften und Regelungen, desto mehr Schuldige, desto anstrengender wird das Leben, weil man ständig ‚auf der Hut' sein muß, nicht irgendein Gesetz, eine Vorschrift oder Regelung übersehen zu haben. Eine rigorose Selbstkontrolle (und die der anderen) wird vorprogrammiert. Das führt dazu, daß die Bewegungsfreiheit abnimmt, in der ständigen Angst, etwas Unrechtes getan zu haben. Außerdem wird die Auseinandersetzung miteinander auf Institutionen übertragen, die bedeutende und unbedeutende Probleme lösen müssen.

Gesetze, Vorschriften und Regelungen lassen nur wenig Spielraum für eine persönliche Auseinandersetzung unter den Menschen. Auf der anderen Seite herrscht durch die Vielfalt von Gesetzen, Vorschriften und Regelungen im Vergleich zum östlichen Mitteleuropa mehr Klarheit, Abgrenzung und schließlich Gerechtigkeit.

5.12.2
Datenschutz

Der Datenschutz und der damit verbundene Schutz des Individuums ist einer der Grundsätze in der Verfassung der Bundesrepublik Deutschland. Er ist nicht nur in der Verfassung, sondern auch im Bewußtsein der Menschen in den Alten Bundesländern fest verankert. Dies wird an dieser Stelle deshalb explizit angesprochen, weil sich dieser Aspekt des demokratischen Verständnisses von Rechten und Pflichten von dem des östlichen Mitteleuropa immer noch erheblich unterscheidet.

5.13
Der gesellschaftliche Umgang

5.13.1
Knapp und bündig

Da Zeit ‚Mangelware' ist, reduziert man den persönlichen Umgang im öffentlichen Leben auf die sachlichen Komponenten.
   Spontaneität und Gefühlsäußerungen werden zurückgehalten. Beherrscht zu sein, Regungen nicht zu zeigen, niemandem zu nahe zu treten – diese Verhaltensweisen bestimmen das wechselseitige Miteinander. Körperkontakt ist außer beim Händeschütteln bei der Begrüßung unüblich und kann schnell mißverstanden werden. Emotionale Regungen werden meistens negativ bewertet. Emotionen und Aggressionen haben keinen Platz und werden entweder beim Autofahren oder bei Festen (wie zum Beispiel im Kölner Karneval) ausgelebt. Solche Gelegenheiten bilden ein „emotionales Ventil".
   Die Knappheit äußert sich auf der sprachlichen Ebene, indem man ohne Umschweife zur Sache kommt und sich auf eben diese beschränkt. Höflichkeitsfloskeln werden ‚wegrationalisiert'. Die Kommunikation ist deshalb kurz und prägnant. Ein direktes Ja und Nein ist gang und gäbe. Man verliert keine Zeit.
   Die deutsche Sprache ist so präzise und der Umgang miteinander so beherrscht und kontrolliert, daß kaum Raum für Spielereien bleibt. Dies würde Zweifel aufkommen lassen, wie das Gesagte tatsächlich gemeint war. Eine Art von Unsicherheit würde entstehen, doch auch im Umgang miteinander herrscht das Bedürfnis nach Sicherheit vor.
   Wer nicht ganz genau artikuliert, worum es ihm geht, wird nicht verstanden und zwangsläufig korrigiert, oder aber darauf hingewiesen, daß das eben Gesagte noch korrekter und noch unmißverständlicher ausgedrückt werden muß.

5.13.2
Das Leben ist hart und anstrengend

Das Streben nach Präzision und genauer Ordnung, der Perfektionismus und die Selbstkontrolle aus einem Sicherheitsbedürfnis heraus haben zur Folge, daß jeder einem hohen Verhaltensdruck ausgesetzt ist. Dieser erfordert sehr viel Durchsetzungsvermögen und Kraft und hat wiederum hemmende Auswirkungen auf das gesamte Leben, denn die „Leichtigkeit des Seins" scheint dadurch abhanden zu kommen.
   Vor allem der vorgegebene straffe Zeitrahmen und die aufgrund der hohen Arbeitsbelastung häufig fehlende Kraft, sowie die zu überwindenden räumlichen Entfernungen im Alltag haben einen starken Einfluß auf die Qualität der sozialen Kontakte. Sie müssen häufig oberflächlich bleiben oder brechen ganz ab. Bei einer so hohen Mobilität und Arbeitsbelastung ist es für Arbeitnehmer jeden Alters schwer, in einer neuen Stadt soziale Kontakte zu knüpfen, denn diese brauchen viel Zeit. Freundschaften entwickeln sich erst nach Jahren. So kehren manche

5.13 · Der gesellschaftliche Umgang

Menschen, die auswärts Arbeit gefunden haben, wieder in ihre Heimatstädte, in ihre gewohnte Umgebung zurück, weil sie das soziale Netz vermissen und sich einsam fühlen.

Ein konkretes Beispiel hinsichtlich der Frage nach den sozialen Folgen und trotz aller Vorteile und Vergünstigungen liefert ein Umzug nach Berlin – fast ein Tabuthema. Hier werden die sozialen, tief verwurzelten Beziehungen einem Gesamtwohl geopfert.

Der Umgang miteinander leidet, die Klagen sind unüberhörbar. Wer kennt nicht das Lamento vieler Arbeitnehmer in Deutschland: „Wir leben von Wochenende zu Wochenende, von Urlaub zu Urlaub!"

5.13.3
Jovialität und Distanziertheit

Der Individualismus ermöglicht eine Vielfalt, die sich in den verschiedensten Lebensmodellen äußert. Man findet sie ebenfalls in den verschiedenen Lebensgemeinschaften, die meistens als relativ geschlossene Gruppen von Gleichgesinnten begegnen. Nach außen hin grenzen sie sich ab, distanzieren sich von anderen Gruppen. Für Außenstehende ist der Zugang erschwert. Innerhalb dieser Gruppen jedoch herrscht eine gewisse Jovialität, die sich zum Beispiel in schnell vereinbartem Duzen äußert. Wer in eine solche ‚Gemeinschaft' aufgenommen wird, dem kommt gewissermaßen Jovialität in der ‚Du-Form' entgegen.

Bei der Begegnung mehrerer Personen, die sich nicht nahe stehen, wird Distanz gewahrt, weil das ‚Zunahekommen', zum Beispiel durch persönliche Fragen, als unhöflich gilt. Distanz wird als Schutz und Rücksichtnahme für beide Seiten verstanden. Sie begründet sich aus dem Individualismus, denn das, was der andere denkt oder fühlt, ist nicht im voraus absehbar. Das Verhalten dem anderen gegenüber, der möglicherweise eine andere Lebensauffassung hat, ist von einer grundlegenden Unsicherheit geprägt. Wenn man ihm zu nahe käme, könnte dies zu Konflikten führen, weshalb der Umgang miteinander prinzipiell vorsichtig ist. Man muß den anderen sehr gut kennen oder mit ihm eng befreundet sein, um persönlich und vertraut mit ihm sprechen zu können.

5.13.4
Kompromißbereitschaft

Kompromißbereitschaft bedeutet, sich zurückzunehmen, Rücksicht auf die Gemeinschaft bzw. auf den anderen zu nehmen, um sich in der Mitte zu treffen. Aber wie soll Kompromißbereitschaft in einer derart individualistischen Gesellschaft funktionieren? Denn je größer das Ausmaß des Individualismus, desto mehr nimmt die Kompromißbereitschaft ab. Jedes Individuum hat gelernt, vor allem seine eigenen Interessen zu wahren und sich durchzusetzen, und zudem möchte niemand gerne ‚zu kurz kommen'. Jedes Individuum vertritt seine eigenen Werte und hat seine eigene Meinung. Gehen Sie zu zehn Ärzten, und Sie bekommen zehn völlig verschiedene Ratschläge.

Zwar werden in der Wirtschaft oft Arbeitsteams gebildet, aber die Frage stellt sich, wie diese Teams funktionieren sollen, wenn jeder einzelne Gewinner sein möchte?

5.13.5
Meinungen, Kritik und Konflikte

In der Erziehung legt man großen Wert auf die freie Meinungsäußerung der Kinder. Sie sollen sich mit dem Leben kritisch auseinandersetzen. Kritik- und Reflexionsfähigkeit sowie die freie Entfaltung der Persönlichkeit sind die Grundwerte der Sozialisation. Somit ist Kritik in den Alten Bundesländern gang und gäbe. Sie fungiert als demokratische Form der Konfliktaustragung. Konflikte werden sachlich gelöst, Persönliches bleibt dabei ausgespart, weil es um die ‚Sache' geht. Damit sind Auseinandersetzungen möglich, ohne daß sich der andere persönlich angegriffen fühlt.

Konflikte werden durch eine direkte Konfrontation und individualistisch ausgetragen. Das ‚Ich' rückt in den Vordergrund und wird seine Interessen mit wenig Rücksicht auf die anderen wahrnehmen. Konstruktive Kritik führt dazu, Vorschläge zur Verbesserung und Lösung von Problemen auf der sachlichen Ebene zu finden. Wenn aber tatsächlich persönliche Konflikte anstehen, wird man sich schwertun.

In der Arbeitswelt ist persönliche Kritik tabu. Zwar wird von Führungskräften soziale Kompetenz verlangt; sich jedoch über die persönliche Behandlung durch den Vorgesetzten zu beschweren, macht wenig Sinn. Es muß sich erst um sachlich nachgewiesenes „Mobbing" handeln, um rechtlich dagegen vorgehen zu können. Daraus könnte man übertreibend schlußfolgern, daß die ‚Sachverhältnisse' mehr Wert haben als der Mensch. Soziale Mißstände in dieser Hinsicht sind nicht der Rede wert. Sie werden kaum kritisiert, und solcher Kritik schenkt man wenig Aufmerksamkeit.

5.14
Fremde im In- und Ausland

„Das Boot ist voll", aber nicht nur in Deutschland und nicht nur auf Mallorca, sondern fast überall. Das Boot war bereits nach den beiden Weltkriegen voll, während und nach denen es die größten Massenmigrationen des Jahrhunderts gab. Und wer kann heute noch von sich sagen, daß er Deutscher, Pole, Tscheche oder Ungar ist, wenn man versucht wäre, das deutsche Abstammungsgesetz bzw. eine ‚Blutsverwandschaft' zugrunde zu legen?

Deutschland steht an der Weltspitze, betrachtet man nur die Summen geleisteter Entwicklungshilfe in den Industrie- und Entwicklungsländern, aber auch hier steht das Prinzip einer „Hilfe zur Selbsthilfe" für beide Seiten im Vordergrund.

Die Wörter „Ausland" und „Ausländer" sind in Deutschland leider oft mit negativen Assoziationen besetzt. Man verbindet sie häufig und undifferenziert mit Problemen im Inland und mit Elend im Ausland. Unterschiede werden kaum gemacht. Allzuoft werden Fremden nur wirtschaftliche Interessen am Westen unterstellt. Mit den ‚Fremden', die eigentlich keine mehr sind, tut sich Deutschland immer noch schwer. Die heftigen Diskussionen um die doppelte Staatsangehörigkeit zeigten dies deutlich. Außerdem wird die Frage: „Haben Sie vor, nach Hause zurückzukehren?" den hierzulande längst heimisch gewordenen Ausländern noch allzuoft gestellt.

Hinsichtlich der Ausländerpolitik in Deutschland läßt sich viel Bedauernswertes anführen, an dieser Stelle jedoch nur einige Punkte: Nicht nur viele Gesetze sind widersprüchlich, nach wie vor mangelt es an Integrationsprogrammen für Ausländer, vor allem für ausländische Kinder. Die ersten Erfahrungen und Fehler hat man bereits gemacht. Trotzdem lebt die naive Annahme weiter, daß ausländische Kinder die deutsche Sprache und die deutsche Kultur auf der ‚deutschen' Straße irgendwie von selbst lernen. Auch hier sind Kindergärten und Schulen, Nachmittagsbetreuung und Kurse gefragt. Denn sonst bleiben die ausländischen Kinder zwar auf der Straße, aber ohne Zugang zur deutschen Kultur und Sprache. Und nicht nur die Kinder sind betroffen, sondern auch die Erwachsenen.

5.14.1
Westliche Vorurteile und der Umgang mit Menschen aus dem östlichen Mitteleuropa

Eine Mitarbeiterin aus dem westlichen Mitteleuropa stellt fest, daß ihre ausländische Kollegin aus Prag kommt und kommentiert: „Prag fand ich überhaupt nicht golden!"

Eine deutsche Geschäftsfrau meint nach ihrem Besuch in Prag: „Die Tschechen sind alle wie der brave Soldat Svejk!"

Eine Verlegerin aus Deutschland, die in Prag tätig ist, meint: „Die Tschechen mögen uns einfach nicht!" Auf die Frage jedoch, ob sie sich mit der tschechischen Kultur und Sprache während ihres bereits dreijährigen Aufenthaltes auseinandergesetzt hat, antwortet sie: „Ich kann nur ‚Guten Tag' sagen!"

Eine Mitarbeiterin aus einem westlichen Unternehmen meint zu ihrer ungarischen Kollegin: „Die Ungarn ziehen sich so bunt an!"

Eine deutsche Delegation ist in Budapest zu einem offiziellen Essen eingeladen. Nach der höflichen Frage des Gastgebers, ob ihnen das Essen geschmeckt hat, antwortet ein Delegationsmitglied: „Ja, es war gut, aber es ist immer so fett."

Eine ungarische Mitarbeiterin ist zum Essen bei ihrem ausländischen Arbeitnehmer eingeladen. Ihr Nachbar fragt sie: „Essen Sie in Ungarn so viel Fleisch? Das ist aber ungesund!"

Bei einer offiziellen Einladung einer polnischen Mitarbeiterin in Deutschland meint die westliche Kollegin: „Tja, in Polen ist die wirtschaftliche Lage sehr schlimm – da können Sie froh sein, daß sie hier sind!"

Ich führe noch die bekanntesten deutschen Klischees über das östliche Mitteleuropa an, die Negatives oder zumindest Unverständnis zum Ausdruck bringen:

- „Polnische Wirtschaft";
- „Böhmische Dörfer";
- „Ungarischer Gulasch".

Unter der Bezeichnung „Osteuropa" wurden vor der Wende alle Länder des Ostblocks zusammengefaßt. Sie bildete einen Sammelbegriff für die Staaten, in denen der Sozialismus herrschte. Diese Länder schienen weiter entfernt zu sein als die entlegensten Gebiete der Erde. Sie waren ‚fremde' Nachbarn und lösten manchmal zurecht eine Reihe negativer Assoziationen aus, verbanden sich mit Vorstellungen von Unterdrückung, Überwachung, Spionage, Aggression, Schuld, Isolation, Rückständigkeit und Schlendrian. Die Länder des östlichen Mitteleuropa wurden wenig differenziert betrachtet.

Wenn die Menschen aus dem Westen den „Ostblock" besuchten – was wußten sie von diesen Nachbarn, von ihrer Kultur? Man konnte sich häufig des Eindrucks nicht erwehren, daß Sie sich mehr für das Bier und den Schwarzmarktkurs interessierten als für die Menschen.

Häufig wurden die kleinen Ostblockstaaten mit der Sowjetunion gleichgesetzt. Die Sowjetunion war fast zu einem Oberbegriff für alle diese Staaten geworden. Mit den oben erwähnten Assoziationen bildete sich in den Köpfen der westlichen Welt der klischeehafte Prototyp des „Osteuropäers" heraus. Diese Vorstellung ist bis heute noch vorhanden, bis heute hat sie Auswirkungen auf die Betrachtungswiese dieser Länder und ihrer Bevölkerung. Trotz wechselseitiger Annäherung werden sie immer noch als „Osteuropäer" bezeichnet, sogar von vielen Deutschen in den Neuen Bundesländern, die vor kurzem selbst noch zu den Osteuropäern gehörten.

Die Länder des östlichen Mitteleuropa sind heute unabhängige Staaten. Sie möchten auch so gesehen, geachtet und anerkannt werden. Und sie wollen ebenfalls als untereinander differenzierte betrachtet werden. Die Gleichmacherei mit Rußland empfinden sie nach wie vor als eine tiefe Verletzung, Demütigung und Mißachtung. Es ist deshalb ratsam, auf diese Empfindlichkeit mit großer Aufmerksamkeit einzugehen.

5.14.2
Merkmale des Deutschlandbildes aus östlicher Sicht

- Wohlstand und Individualismus;
- Konsumgesellschaft;
- Leistung;
- Strenge Arbeitsteilung;
- Mobilität;
- Zeit ist immer Geld.
- Der Kunde ist König.
- Freizeit hat einen hohen Stellenwert.
- Die hierarchische Ordnung der Gesellschaft ist flach und transparent.
- Die Angst vor Unsicherheit und das Bedürfnis nach Sicherheit sind groß.

- Strenge Einhaltung von Recht, Gesetz und Vorschriften bilden die Lebensgrundlage.
- Selbstverwirklichung beider Geschlechter;
- Unabhängigkeit und Selbständigkeit des Individuums;
- Direktheit und Distanz im sozialen Umgang;
- Souveränität und Durchsetzungsvermögen des Individuums;
- Sachorientiertheit und Sachlichkeit;
- gelockerte Familienstrukturen.

KAPITEL 6

Zusammenfassung

Wir hatten uns vorgenommen, zunächst das Weltbild Deutschlands (der Alten Bundesländer) so darzustellen, wie es sich aus östlicher Sicht zeigt, um anschliessend die Unterschiede zum Weltbild des östlichen Mitteleuropa aufzuzeigen.

Dabei haben wir festgestellt, daß dieses Weltbild einem Puzzlebild vergleichbar ist, bei dem alle Puzzleteile prinzipiell zueinander passen und nur noch zu verfeinern sind. Insofern kann man behaupten, daß Deutschland ein komplexes Land ist. Die Gesellschaft zeichnet sich durch klare Strukturen aus. Dieser Sinn für klare Strukturen ist in allen gesellschaftlichen Bereichen, sowohl im Arbeits- als auch im Privatleben, spürbar. Nichts überläßt man dem Zufall, alles wird genauestens geplant, festgelegt und auf perfektionistische Weise durchgeführt. Spontane Entscheidungen werden dadurch gebremst, denn sie rufen Unbehagen und Unsicherheit hervor. Vorschriften und Regelungen werden als ‚normal' betrachtet. Man scheint fast permanent in einer ‚Habt-acht-Stellung' zu verharren und wirkt dadurch angespannt. Es scheint eine Form von ‚Großzügigkeit' zu fehlen, um mit der Lebensverhältnissen entspannter umgehen zu können. Die Angst, durch ‚falsches' Verhalten die genau festgelegten Grenzen zu verletzen oder sogar zu überschreiten, ist so groß, daß das starke Sicherheitsbedürfnis sofort nach Regeln verlangt, wenn solche im Einzelfall fehlen.

Der stark ausgeprägte Individualismus jedoch trägt dazu bei, daß Menschen sich zunehmend von den traditionellen Normen und Werten entfernen oder diese neu definiert werden müssen. Diese Lebensweise, die sehr viel Energie kostet, und die innere Anspannung haben auch Auswirkungen auf das psychische Befinden. Der steigende Konsum an Aufputsch- und Beruhigungsmitteln ist ein klarer Beweis dafür, ebenso wie die verschiedensten Therapieformen, die angeboten werden. Von diesen wird reger Gebrauch gemacht, da viele Probleme von keiner Gemeinschaft, die hinter dem Individuum steht, aufgefangen werden können, so daß dieses alleine zurechtkommen muß. Die Probleme werden dann entweder in Talkshows herausposaunt oder beim Therapeuten verarbeitet. Es ist kein Zufall, daß diese Berufsgruppe so stark vertreten ist.

„Ich fühle mich wie eine Waschmaschine, morgens stelle ich die fünfzehn Programme ein, und abends gehen sie aus."

Die deutsche Gesellschaft in den Alten Bundesländern wird nicht nur vom Individualismus, sondern auch von einem starken Leistungsprinzip geprägt. Bezogen auf das Zitat heißt das, daß man funktionieren muß und sich wie eine Maschine fühlt, die sich keine Schwäche erlauben darf, denn jede Schwäche ist in der Gesellschaft negativ besetzt. Alle ‚Teile' müssen funktionieren, andernfalls würde eine neue ‚Waschmaschine' angeschafft werden.

Ein anderer Aspekt ist, daß materielle Wünsche sehr stark ausgeprägt sind. Die entsprechenden Konsumgegenstände machen den hohen Wohlstand aus. Selbst die Verflachung gesellschaftlicher Hierarchien und ihrer Machtstrukturen ist eine Folge davon. In dieser Hinsicht braucht man sich um Willkür und Machtmißbrauch nicht zu sorgen. Der allgemein hohe Lebensstandard („Jeder ist satt.") verhindert, daß Machtmißbrauch gegenüber dem ‚kleinen Mann' notwendig ist.

Wenn Machtmißbrauch in Form von Korruption aufgedeckt wird, dann meistens in den obersten Schichten der Gesellschaft. Ein Polizist, der genügend verdient, um seine Familie zu ernähren, hat es nicht nötig, die Einnahmen aus Strafzetteln in die eigene Tasche zu stecken.

Man braucht keine Angst vor der ‚Obrigkeit' zu haben, sie ist wählbar und abwählbar, also ersetzbar. Die Obrigkeit wird entweder aus Steuergeldern oder durch die Konsumgüterproduktion finanziert, und dieser Tatsache sind sich die Menschen in den Alten Bundesländern bewußt. Dieser Faktor ist tief in ihrem Bewußtsein verankert.

Der Aspekt der ‚Zeit' bestimmt in höchstem Maß die Lebensweise. Genaueste Termineinhaltung definiert diese. Die Zeit nicht zu beachten, wird als direkte Mißachtung des anderen gedeutet, denn Zeit ist in jedem Fall „teuer". Nicht nur die Arbeits-, sondern insgesamt die Lebensweise wird in vielem explizit durch Verträge (z. B. zwischen Eheleuten) geregelt.

Die *Globalisierung* macht diese Art zu leben und zu arbeiten noch komplizierter und erfordert noch mehr Anstrengungen, noch mehr Zeit und Mobilität, als früher üblich war. Wenn wir uns nicht bewußt werden, daß langfristige zwischenmenschliche Beziehungen hierzulande, aber auch mit den Menschen jenseits der Grenze, Grundlage des Lebens sein sollten, um gute Nachbarschaft und ertragreiche Geschäfte zu ermöglichen, stellt sich die Frage, ob dann nicht auch unsere Fähigkeit, im internationalen Wettbewerb zu bestehen, bald beeinträchtigt werden wird.

KAPITEL 7

Das Weltbild des östlichen Mitteleuropa

7.1
Vorbemerkung

Wie lassen sich die Länder Polen, Tschechien und Ungarn beschreiben? Durch ihre geographische Lage befinden sie sich im östlichen Mitteleuropa, und im Vergleich zu Deutschland sind sie relativ klein. Ihre jüngste Geschichte ist von der Angst um ihre Identität und Selbstbestimmung gekennzeichnet.

Sie zählen zu den Industrienationen, gehören aber nicht zu den Wohlstandsgesellschaften. Vor allem ihre wirtschaftliche Lage läßt noch viele Wünsche offen. Es läßt sich rasch feststellen, daß die Grundbedürfnisse bei weitem noch nicht erfüllt sind. Logische Folge ist, daß man sich bemüht, zunächst einmal diese zu stillen. Insofern konnte sich der Individualismus mit seinem Prinzip, sich wesentlich mit sich selbst zu beschäftigen und sich selbst zu verwirklichen, noch nicht durchsetzen. Er steckt noch in den ‚Kinderschuhen'. Dort, wo der Staat sich zuerst als „Gemeinschaft" versteht (das gilt für Polen, Tschechien und Ungarn in gleichem Maße), und dort, wo man sich um den Alltag sorgen muß, kann man sich nicht lediglich auf sich selbst beziehen.

7.2
Polen, Tschechien und Ungarn

7.2.1
Wie sind sie?

„Wir klatschen zusammen! Wenn wir ein Theater besuchen und die Zuschauer zu klatschen beginnen, stellt sich nach einer Weile ein einheitlicher Rhythmus ein."

Diese Aussage belegt ganz deutlich, daß der östliche Teil in Mitteleuropa im Gegensatz zu Deutschland gemeinschaftsorientiert ist. Das ist bis heute, trotz des zunehmenden gesellschaftlichen Wandels und der zunehmenden Veränderungen in den zwischenmenschlichen Beziehungen, immer noch der Fall.

Kultur bzw. Verhalten und Denkweisen in Polen, Tschechien und Ungarn könnte man – grob betrachtet – durchaus mit denen der Bewohner der Mittelmeerregionen vergleichen. Es ist kein Zufall, daß diese in der Beliebtheitsskala der östlichen Mitteleuropäer ganz oben stehen, denn auch sie haben eine Gemeinschaftsorientierung zur Grundlage ihrer gesellschaftlichen Verständigung. Darin besteht der größte Unterschied zur deutschen Denkweise.

Die Menschen des östlichen Mitteleuropa wuchsen unter ganz anderen, diktatorischen und demagogischen Bedingungen auf, die sie mit Gewalt in eine bestimmte Richtung geformt haben. Das ist es vor allem, was die Verständigung so schwierig macht. Denn in der gesamtgesellschaftlichen sozialistischen Situation fand eine Umkehrung der Normen und Werte statt. Sie verkehrten sich in Elemente einer totalitären Utopie. Die Menschen wurden durch das totalitäre System in Apathie versetzt, beherrscht von der Angst vor der Willkür der Macht.

Sie wurden der Freiheit, Gerechtigkeit und Menschenwürde beraubt. Aufgrund der Angst der Regierenden vor dem Machtverlust wurden die Menschen in allen Lebensbereichen bevormundet. Sie durften nicht allein entscheiden, ihren eigenen Weg nicht selbst wählen und bestimmen. Dieser wurde ihnen auf menschenunwürdige Weise und häufig mit Gewalt versperrt. Ihnen wurde alles genommen, denn alles gehörte allen, auch sie selbst wurden zu Staatseigentum. Für die sozialistische ‚Fürsorge' haben sie mit zerstörter Industrie und Umwelt, Bildung und Ethik einen hohen Preis bezahlt.

Zehntausende Familien aus dem östlichen Mitteleuropa suchten im letzten Jahrhundert vor, während, zwischen und nach den Weltkriegen und sozialistischen Diktaturen Zuflucht im Ausland, in Europa, Amerika und auf anderen Kontinenten. Tausende Polen, Tschechen und Ungarn leben seither verstreut über die ganze Welt, wo sie heimisch geworden sind. Nur wenige sind nach der Wende zurückgekehrt.

Sie gingen entweder ‚freiwillig' oder wurden von den Regierenden ausgebürgert. Andere, die sich wehrten, wurden mitsamt ihren Familien und über Generationen hinweg diskriminiert und systematisch dezimiert. Der andere Teil der Bevölkerung schwieg, versuchte, durch Rückzug ins Private den Staat zu ignorieren. Letztere ließen sich auf die Vorgaben der Regime ein, um sich ihren mageren Profit zu sichern.

Nicht nur das Soll an materiellen Gütern, auch und gerade die sozialen Schäden sind kaum in Zahlen auszudrücken. Manche aus dem westlichen Mitteleuropa halten dies für übertrieben – aber wer nie in Angst leben mußte, muß dieses Bild wohl für übertrieben halten.

Aber haben Sie sich schon einmal vorgestellt, wie es wäre, nie sagen zu dürfen, was Sie wirklich meinen, weil Sie jemand denunzieren könnte? Können Sie sich in die Situation einfühlen, daß jemand an Ihrer Haustür klingelt, Ihnen Ihren Reisepaß abnimmt und Sie anschließend bei Nacht und Nebel zu Verhören abführt? Ohne Rechtsanwalt, nur im ‚Interesse des Staates'? Können Sie sich vorstellen, daß Ihnen jemand Ihren Urlaub auf Mallorca verbieten darf? Können sich vorstellen, Ihre Kindern ständig belügen zu müssen, um nicht durch einen Versprecher in der Schule ‚verraten' zu werden und Ihre Zukunft, die Ihrer Kinder und der nächsten Generationen zu gefährden? Können Sie nachfühlen, daß jemand Ihre Stelle aufgrund seines Parteibuches einnehmen könnte, obwohl Sie über entsprechende Qualifikationen verfügen, aber kein gläubiger Kommunist oder ein Opportunist sind? Haben Sie jemals darüber nachgedacht, wie herrlich das ist: frei zu lernen, zu studieren, Ihre Zukunft zu planen, Ihr Leben leben zu können, in welcher Weise Sie es wollen; wie die Empfindung ist, jedes Buch lesen, jeden Kinofilm und jedes Fernsehprogramm sehen, jedes Bild malen zu dürfen? Können Sie sich vorstellen, daß Ihnen das Toilettenpapier ausgeht und es für Sie keines zu kaufen gibt?

Unterschiede gab es je nach Land im östlichen Mitteleuropa, je nach Stärke der sozialistischen Ausprägung. Ungarn hatte das ‚liberalste' sozialistische System, im Vergleich zu Polen, wo vor allem der Glaube wichtig war und die katholische Kirche viel zu sagen hatte und beides zusätzlichen Halt bot. Die ehemalige Tschechoslowakei war ganz der Willkür des herrschenden Proletariats ausgeliefert, ohne Wenn und Aber.

7.2.2
Kulturschock und Identitätskrise nach der Wende

Die Menschen des östlichen Mitteleuropa erlitten nach der Wende einen Kulturschock. Etwas Fremdes, Unbekanntes stürzte über die Nacht auf sie ein und verursachte einen Kulturschock, eine tiefe Identitätskrise. Auf der Suche nach Neuorientierung mußten sie sich selbst wiederfinden und ihre Normen und Werte neu bestimmen und ordnen. Die Selbstzweifel äußerten sich in Minderwertigkeitskomplexen, großer Unsicherheit, der Angst vor einer Blamage, denn die im Westen gängigen Regeln und gebräuchlichsten Dinge waren ihnen unbekannt. In vielen Bereichen konnten sie nicht mithalten und sprachen nicht dieselbe ‚Sprache'.

Sie sahen, daß ihre westlichen Nachbarn über eine bessere Bildung verfügten, ihre Freiheiten leben durften, finanziell besser situiert waren, an dieser Welt und ihren Errungenschaften selbstverständlich teilhaben konnten. Das machte sie in ihren Augen überlegen, vermittelte ihnen selbst aber das Gefühl der Unsicherheit, Unterlegenheit und Minderwertigkeit.

Man sah die Kluft zwischen zwei völlig verschiedenen ‚Welten' und schämte sich gleichzeitig insgeheim für die eigene. Gerade dieses Gefühl ließ paradoxerweise aber auch ein anderes aufkommen: die Selbstüberschätzung und -überbewertung. Schließlich war es schwer, sich eigene Mängel einzugestehen. So reduzierte man solche Defizite gerne auf das materielle Argument, man habe kein Kapital, um sich unternehmerisch zu betätigen. Man war sich nicht darüber im klaren und unterschätzte den Umstand, daß nicht nur finanzielle Mittel notwendig sind, sondern ein Umdenken, die Verinnerlichung demokratischer Prinzipien und der Erwerb von westlichem Know-how. Zugleich entstand eine große Erwartungshaltung gegenüber dem Westen, die dieser auch selbst im östlichen Mitteleuropa verstärkte.

Ein Weg aus der Identitätskrise im östlichen Mitteleuropa führte über die Vergegenwärtigung der vorsozialistischen Geschichte. Dort versuchte man geistig wieder anzuknüpfen. Inzwischen wird versucht, die Rückstände in allen Bereichen rasch aufzuholen und die Lücken mit neu erworbenem Wissen zu füllen. Man mißt seine Kräfte, testet die eigenen Grenzen und entdeckt immer wieder von neuem

Dinge, die fünfzig Jahre lang verborgen waren, verheimlicht wurden und ihnen vorenthalten blieben. Man stellt sich stärker auf den Westen ein, versucht zu verstehen, zu erforschen, zu ergründen, und beginnt, nach neuen ‚Rezepten' zu suchen. Trotz fortgeschrittener Entwicklung fehlt es jedoch häufig an einer Aufklärung der Zusammenhänge, Komplexität und Hintergründe, vor allem aber an Erfahrung.

7.2.3
Unterwegs zu einer konsumorientierten Gesellschaft

Die Entwicklung der letzten Jahre hat gezeigt, daß auch das östliche Mitteleuropa Schritte in Richtung auf eine produktorientierte Konsumgesellschaft unternommen hat, allerdings noch lange nicht in dem Umfang, wie dies im westlichen Mitteleuropa der Fall ist. Doch gleich wie rasch diese Umwandlung vor sich geht: das Gemeinschaftsgefühl bleibt mehr oder weniger unverändert, die sozialen Beziehungen sind nach wie vor wichtiger Bestandteil des Weltbildes des östlichen Mitteleuropa.

Erste Schritte in der Arbeitsteilung, zu einem höheren Arbeitstempo und zur Leistungssteigerung sind getan, der Güterverbrauch steigt. Durch den Auf- und Umbau werden fast täglich Gesetze verabschiedet, die sich aufgrund neuer Problematiken als nötig erweisen. In der Folge bilden sich auch neue Institutionen, die veränderte Aufgaben übernehmen.

Wenn man das Bild des Puzzles auch auf die Gesellschaften im östlichen Mitteleuropa anwendet, könnte man sagen, daß im Unterschied zu Deutschland die wesentlichen Puzzleteile, nach dem sie durcheinander geworfen waren, erst gesammelt, aussortiert, ersetzt und zu einem groben Muster zusammengestellt werden mußten. Ihre endgültige Anordnung zu einem kompletten Muster ohne große Lücken wird noch einige Jahre dauern und viele neue Teile erfordern.

7.2.4
Die Erfahrung des Umbruchs – Angst vor Enttäuschung

Unterschiede zwischen den Generationen ergaben sich hinsichtlich der Einschätzung des gesellschaftlichen Umbruchs und der damit einhergehenden, einschneidenden Veränderungen.

Für die ältere Generation, die ihr Leben mehr oder weniger auf die alten Umstände abgestimmt und selbst die Hoffnung auf grundlegende gesellschaftliche Veränderungen und andere Zeiten aufgegeben hatte, war es am schwierigsten, sich umzustellen und sich in der neuen Ordnung zurechtzufinden. Sie äußerten nicht selten Skepsis, die in ihren Lebenserfahrungen und Enttäuschungen während der jüngsten Geschichte begründet war.

Die Generation der Vierzigjährigen war dagegen geradezu euphorisch, weil sie die neue Freiheit in der Mitte ihres Lebens erfahren durfte. Sie stürzte sich auf das Neue, hieß jede Veränderung willkommen, trotz der Tatsache, daß viele ihre Existenz neu organisieren mußten.

Die Generation der Zwanzig- bis Dreißigjährigen ist teilweise unter ganz anderen Lebensbedingungen groß geworden. Die Selbstverständlichkeiten, unter denen sie zu Erwachsenen wurden, deckten sich nicht mit den Erfahrungen ihrer Eltern und Großeltern. Ihre Kindheit wurde durch den Sozialismus geprägt, während ihr Heranwachsen in Freiheit ermöglicht wurde, so daß ihnen die Ressourcen und Möglichkeiten der westlichen Welt offenstehen, von denen sie auch regen Gebrauch machen.

Die Generation der Jugendlichen, im Alter von 15 bis etwa 20 Jahren, ist wahrscheinlich die ‚schwierigste'. Viele Eltern klagen über den Verfall der bis dahin üblichen Normen und Werte, des konformen Verhaltens. Diese Altersgruppe scheint gespalten zu sein in die, die an den alten Normen und Werten mehr oder weniger festzuhalten suchen, und jene, die die Orientierung verloren haben und im Drogen- und Konsumrausch neuen Halt suchen. Viele Eltern berichten diesbezüglich über ihre Ängste.

7.3
Die Gesellschaftsordnung

7.3.1
Sicherheitsbedürfnis und Sicherheitsängste

Jede Gesellschaft hat ihre Ängste, und jede geht anders um damit. Am Beispiel Deutschlands haben wir festgestellt, daß diese ein starkes Sicherheitsbedürfnis hat, alles (Un-)Vorhersehbare durch Gesetze, Vorschriften und Verordnungen regulieren möchte, nach der Absicherung im Sozialstaat verlangt, die einzelnen jedoch auch bereit sind, durch Eigenleistung zur angestrebten Sicherheit beizutragen.

Im Gegensatz zum Lebensmodell der Alten Bundesländer lassen sich für die Gesellschaften im östlichen Mitteleuropa folgende Unterschiede festmachen:

Das Leben im Sozialismus war berechenbar, die Grenzen des Möglichen und die Ziele von vornherein festgelegt, somit vorprogrammiert. Nicht Leistung, sondern die Angst vor den Konsequenzen des totalitären Regimes war verhaltensmotivierend. Denn das Individuum lebte nicht selbständig und unabhängig, sondern wurde im Gegenteil zu Passivität und Unselbständigkeit erzogen. Durch den Rückhalt in seiner sozialen Umgebung, in der Gemeinschaft und Familie fand es Bestätigung und Anerkennung. Das Leben bot keine ‚Überraschungen' und auch keine Unsicherheiten wie in Deutschland. Versagensängste aufgrund nicht erbrachter Leistungen konnten sich nicht herausbilden. Existenzängste kannte man nicht. Aber die Angst vor der Ausweglosigkeit und Hoffnungslosigkeit war bei vielen, die sich in der sozialistischen Lebensweise nicht zurechtfinden konnten, groß. Die Lethargie äußerte sich in einer Art Leistungsverhinderung. Eine Art von ‚Klaustrophobie', das Gefühl, eingesperrt zu sein und nichts bewegen zu können, machte diese Angst aus. Sie machte sich in den Ländern des östlichen Mitteleuropa unterschiedlich bemerkbar. Neben der Tatsache, daß man sich im Alkoholgenuß betäubte, um der Realität zu entfliehen, ist am extremen Beispiel Ungarn festzuhalten, daß die hohe Selbstmordrate mit den politischen Geschehnissen und

Gegebenheiten stark korrelierte. Selbstmordneigungen entstehen durch eine unerträgliche Angst und Aggressionen, die man nicht gegen die Außenwelt, sondern nur gegen sich selbst richten kann. Sie eröffnen ‚Fluchtmöglichkeiten' aus einer als ausweglos empfundenen Realität.

Mit dem Zusammenbruch des bis dahin bestehenden Systems und mit der Wende öffneten sich ganz andere Quellen der Unsicherheit – bis dahin unbekannte Existenzängste und Überforderungen. Diese machten sich in der Häufung seelischer Zusammenbrüche bemerkbar. Bis heute ist dies ein gesellschaftliches Tabuthema.

Die Menschen leben seit nunmehr über zehn Jahren in einer Epoche, die von Höhen und Tiefen gekennzeichnet ist. Die Gesellschaften des östlichen Mitteleuropa sind einem Wandel unterworfen. Wenn manchmal nach dem Sozialstaat gerufen wird, ist das ein Zeichen dafür, daß Sehnsüchte nach dem (idealisierten) Sozialismus wach werden. Man würde gern die ‚Bequemlichkeiten', die der Sozialismus teilweise bot, mit den westlichen Errungenschaften verbinden. Dies verdeutlicht die Überforderung und die Ermüdung von vielen, die durch ständige Umorientierungen hervorgerufen wird. Man wünscht sich, daß der Sozialstaat die Bedürfnisse der Menschen befriedigt, so wie dies im Sozialismus war. Dabei möchte man jedoch nur ungern auf die Vorteile, die die neue Freiheit bietet, verzichten. Man sehnt sich gelegentlich nach der „alten Sicherheit" und ruft aus Angst vor der neuen Unsicherheit nach Hilfe, denn die neue Zeit ist mehr als anstrengend.

7.3.2
Die Ungarn sind ‚anders' und ‚alleine'

Wenn man die lange Geschichte Polens, Tschechiens und Ungarn betrachtet, erscheint sie wie ein verknoteter Wollknäuel. Viele Fäden laufen zusammen, trennen sich wieder, finden ihren Weg nicht und treffen sich doch wieder. Es ist eher ein leidvoller als ein fröhlicher Weg in der Geschichte. In der Vergangenheit dieser drei Länder ging es meist um ihre Selbstbestimmung und Unabhängigkeit, um Bewahrung und Erhalt ihrer Identität und Nationalität. Ihre Schicksale wurden durch Fremdherrschaften, Weltkriege und den Sozialismus stark geprägt.

Die Sehnsüchte und Ängste äußern sich in ihren Nationalhymnen. Während sich die Polen kämpferisch zeigen und die Hoffnung für Polen nicht aufgeben, besingen die Tschechen sehnsüchtig die Schönheiten ihrer heimatlichen Landschaft. Die Ungarn äußern ihre Ängste in Form eines Gebets. Die Hoffnung scheint verloren, und nur Gott kann Ungarn helfen. Man kann sich die Frage stellen, was diesem Volk in seiner Vergangenheit zugestoßen sein muß, daß die Hoffnung fast verlorenging, und nur Gott sie erlösen könnte. Ein Grund bietet sich an:

Polen und Tschechien gehören zur „slawischen Familie". Sie wissen mit den slawischen Nachbarn um diese Zugehörigkeit, so daß sie sich diesbezüglich nie allein fühlen mußten. Dies erlaubt ihnen auch, ohne eine Fremdsprache mit ihren Nachbarn zu kommunizieren. Unter Polen und Tschechen entwickelten sich jedoch im Hinblick auf die Zugehörigkeit auch Unterschiede. Während die Polen

7.3 · Die Gesellschaftsordnung

durch ihren katholischen Glauben zusammengehalten werden, spaltet die Tschechen der Atheismus. Polen scheinen untereinander einen starken Zusammenhalt zu fühlen, Tschechen dagegen kennen diesen kaum. Sie halten größeren Abstand zu ihren Landsleuten. Trotz dieser Unterschiede haben beide Völker eines gemeinsam: das Zugehörigkeitsgefühl zur slawischen Großfamilie.

Trotz einer gewissen Verbundenheit mit der finnougrischen Sprachfamilie hatten Ungarn nur wenig Möglichkeiten, zu ihren finnischen und estnischen Nachbarn Kontakte zu unterhalten. Auch sind die Sprecher dieser Gruppe durch ihre geographische Lage zu weit voneinander entfernt.

Die Ungarn können sich mit keinem ihrer Nachbarn ohne eine Fremdsprache unterhalten. Sie blieben in der Mitte Europas ‚einsam', ohne jegliche ‚Familie'. Sie mußten sich aufgrund dieses Mangels stärker nach innen orientieren. Der innere Zusammenhalt und die Liebe zum Land Ungarn sind stark ausgeprägt.

Anhand der ungarischen Geschichte kann man nachvollziehen, daß sie ‚Freunde' unter den Europäern gesucht, aber nicht immer die besten gefunden haben, und dennoch die Konsequenzen aus diesen Freundschaften mittragen müssen. Ihre Ängste vor der Zukunft und ihre Unsicherheit kanalisierte diese wir-orientierte Gesellschaft auf individueller Ebene in den hohen Selbstmordraten. Dies ist wahrscheinlich ein Teil der Erklärung dafür, daß ihr Gefühl der Angst noch stärker ausgeprägt ist und gesellschaftlich anders verarbeitet wird als etwa bei den slawischen Nachbarn.

Auch die sozialistische Geschichte zeigt Ungarn als Einzelgänger. Ungarn war das „fröhlichste und liberalste Land im Ostblock". Ungarn ging einen eigenen Weg, nach außen sozialistisch, nach innen ungarisch. War das so, weil man sich mit den sowjetischen Machthabern nicht unterhalten konnte und die slawische Weltmacht weit im Osten das einzigartige Land Ungarn nicht verstand?

Wenn man Ungarn im Ausland trifft, wird man feststellen, daß sie einander immer suchen. Sie suchen nach denen, die sie ‚verstehen'.

Als sich im Ausland eine Gruppe von Menschen aus dem östlichen Mitteleuropa trifft, versucht man aus Spaß, sich in slawischen Sprachen zu unterhalten. Jeder Slawe spricht seine eigene Sprache, und man ist gespannt, ob man sich verstehen würde. Bei Polen und Tschechen gelingt dies fast mühelos, nachdem man sich etwas ‚einhörte'. Vertieft in die Sprachspiele nehmen die Slawen nicht wahr, daß eine Ungarin unter ihnen nichts versteht, obwohl ein Zusammengehörigkeitsgefühl der ganzen Gruppe aufgrund der Tatsache, daß alle aus dem östlichen Mitteleuropa kommen, vorhanden ist. Erst im nachhinein bemerkt man, daß sie unabsichtlich ausgeschlossen wurde. Als man sie fragt, was sie bei dem Gespräch, an dem sie sich nicht beteiligen konnte, empfand, antwortet sie: „Ich fühlte mich plötzlich isoliert. Ich fühlte mich nicht mehr zu Hause. Warum können wir uns nicht mit einem Ausländer in einer uns verwandten Sprache unterhalten, wie die Slawen? Wir müssen immer eine Fremdsprache lernen, um mit anderen sprechen zu können. Das habe ich auch als Kind gedacht. Wir können uns nie wie ihr mit unseren Nachbarn und sie sich mit uns unterhalten. Wir sind immer alleine!"

7.3.3
Hierarchie

Der tschechische Direktor eines Unternehmens kommt mit seiner Mitarbeiterin zu Verhandlungen nach Deutschland. Die Verhandlungen werden vor allem auf Englisch geführt, weil der tschechische Direktor Englisch kann, seine Mitarbeiterin spricht Deutsch. Nach den Verhandlungen werden die Gäste in das Haus des deutschen Direktors zum Essen eingeladen. Als der Fahrer des deutschen Unternehmens die ausländischen Gäste abholen möchte, stellt er fest, daß sie verschwunden sind. Das gemeinsame Essen findet nicht statt. Ein sprachliches Mißverständnis war der Grund dafür, daß die Gäste bzw. der tschechische Direktor angenommen hatten, das geplante Essen finde nicht statt. Erst in der Tschechischen Republik bekommt die Mitarbeiterin des tschechischen Direktors die Nachricht, daß das Essen doch stattfinden sollte, er selbst aber die Einladung mißverstanden hat. Der Direktor verlangt von seiner Mitarbeiterin: „Aber du nimmst die Schuld auf dich!" Daraufhin ruft sie den deutschen Direktor an und entschuldigt sich.

Die Gesellschaften des östlichen Mitteleuropa sind gemeinschaftsorientiert. Damit dieses Gemeinschaftsgefüge funktionieren kann, benötigt es stärkere hierarchische Strukturen. Denn die einzelnen müssen sich der Gemeinschaft fügen. Jeder einzelne nimmt einen bestimmen Platz in der Hierarchie ein. Er ist verpflichtet, sich gegenüber den anderen Gemeinschaftsmitgliedern loyal zu verhalten, dafür wird er mit Fürsorge und anderen Hilfeleistungen belohnt.

Die Hierarchie ähnelt einer Pyramide, in der das Senioritätsprinzip Vorrang hat, d. h. der Ältere gegenüber dem Jüngerem, der Höhergestellte gegenüber dem Rangniedrigeren, der Mann gegenüber der Frau, der Vater gegenüber der Mutter, die Mutter gegenüber dem Kind. Das Hierarchiedenken äußert sich im sozialen Umgang miteinander, und die stark ausgeprägte soziale Kontrolle garantiert seinen Bestand.

In der Familie sind die Eltern bzw. an erster Stelle der Vater und dann die Mutter oder die Großeltern, im Erwachsenenleben bleiben die Eltern weiterhin Respektspersonen. Im Berufsleben übernehmen mehr oder weniger die Vorgesetzten diese Respektsfunktion. Ebenso verhält sich die Obrigkeit in den Ämtern nicht selten nach diesem Muster. Auf der Straße wird den alten Menschen Achtung zuteil. Es ist üblich, in der Straßenbahn älteren Menschen, Behinderten oder schwangeren Frauen den Platz anzubieten. Und man kann nicht selten eine Auseinandersetzung erleben, wenn es unterbleibt.

Menschen haben Vorrang vor Sachen. Taschen auf einem freien Sitzplatz in Zug oder Bahn abzustellen, wenn Mitreisende keinen Platz finden, ist kaum denkbar. Man braucht hier keine offizielle Regelung, es wird durch die soziale Kontrolle geregelt. Die Menschen im östlichen Mitteleuropa haben in dieser Hinsicht eine ausgeprägte Wahrnehmung.

Das Hierarchiedenken wird auch verbalisiert. Es fängt in der Familie, dann im Kindergarten an und setzt sich in der Schule fort. Die Lehrerin ist stets eine Autorität, sie ist auch heute noch die „Frau Lehrerin" und im Unterschied zu Deutschland, wo Lehrer mit Nachnahmen angesprochen werden, wird sie auch so angesprochen. Auch ist es unüblich, daß Kinder Erwachsene duzen oder mit Vornamen anreden. Erwachsene werden üblicherweise von Kindern mit „Tante" und „Onkel" angesprochen.

Wenn sich Erwachsene anreden, dürfen akademische Titel vor den Nachnahmen nicht fehlen. Häufig wird derjenige auch nur mit seiner Funktion, wie „Herr Direktor", angesprochen. Dadurch wird die hierarchische Stellung betont. Man signalisiert damit, auf welcher hierarchischen Stufe man selbst steht und den anderen einstuft. Das schafft eine größere Machtdistanz zwischen den Menschen dieser Gesellschaften.

7.3.4
Sozialisation im Sozialismus

Viele, vor allem jüngere Menschen aus dem Westen fragen oft danach, wie die Sozialisation in einem totalitären Regime ausgesehen hat.

In Polen, Tschechien und Ungarn hatte sie eine jeweils eigene Ausprägung. Die Grundtendenz der sozialistischen Erziehung war jedoch gleich. Sozialisation verlief von Familie zu Familie sehr unterschiedlich, je nach der Erfahrung und je nach Sozialstatus der Eltern in der vorsozialistischen Vergangenheit.

Ein totalitäres Regime ist vor allem daran interessiert, möglichst viele biegsame, gehorsame und unkritische Bürger heranzuziehen. Im allgemeinen kann man sagen, daß die Unabhängigkeit des Kindes, wie sie in den Alten Bundesländern anzutreffen ist, nicht gefördert wurde, im Gegenteil. Erwartet wurden vor allem Respekt und Gehorsam. Kinder wurden in allem bevormundet und hatten kaum Rechte. Sie wurden, und teilweise gilt dies immer noch, autoritär erzogen. Körperliche Strafen kann man bis heute beobachten, sie werden als kindgemäß, ‚gesund' und ‚normal' erachtet.

In der Hierarchie standen und stehen die Kinder immer noch am untersten Ende der Skala. Die Kinder blieben auch als Erwachsene emotional (und häufig finanziell) stark von ihrer Familie abhängig. Auch im Erwachsenenalter wurden sie je nach hierarchischer Stellung vom Staat und in der Familie bevormundet. Sie wurden nie in die Unabhängigkeit entlassen. Darin äußerte sich wahrscheinlich auch die Angst der Eltern, auch die Kinder noch (an den Staat) zu verlieren. Dieses Gefühl beruhte auf Gegenseitigkeit.

7.3.5
Familie

Die „Familie" bedeutete in der Vergangenheit eine eigene Welt, in die man sich zurückgezogen hatte, weil sie einen Ort darstellte, an den jeder aus der Öffentlichkeit hinter die eigenen vier Wände fliehen und fast ungestört bleiben konnte. Man grenzte sich von den Menschen draußen, denen man nicht allen trauen konnte, ab. Die Familie war der größte Helfer in der Not, so daß jedes Familienmitglied jedem anderen gezwungenermaßen helfen mußte, denn niemand wußte, wann er diese Hilfe nicht selbst würde in Anspruch nehmen müssen.

Es ist allgemein bekannt, daß vor allem an den Wochenenden die Familien aus den Städten in ihre Ferienhäuser flüchteten, nicht nur, um die freie Zeit zu geniessen und die weitere Versorgung zu sichern, indem man den Garten bestellte, sondern auch, um dem tristen Alltag zu entfliehen und sich dem Staat zu entziehen, denn wo der Staat versagt, organisiert sich die Familie. Und in der Vergangenheit war sie die letzte Instanz, auf die man sich mehr oder weniger verlassen konnte und mußte. Das ist bis heute so geblieben. Dazu trägt die räumliche Nähe in der Familie bei, wenn man sich die Tatsache, daß Wohnungen nach wie vor Mangelware sind und nicht selten mehrere Generationen miteinander auf engstem Raum wohnen, vor Augen hält.

„Familie" meint nicht unbedingt nur die Kernfamilie. Unterstützung in jeglicher Lage, sei es die Betreuung der Kinder oder die finanzielle Unterstützung durch Eltern, Großeltern, durch die fernere Verwandtschaft oder die engen Freunde ist darin eingeschlossen. Eine Kluft in der Beziehung zwischen Alt und Jung ist traditionell nahezu nicht vorhanden. Das heißt natürlich nicht, daß überall in dieser Hinsicht Harmonie herrscht. Aber die Beziehung zwischen Alt und Jung ist durch gegenseitige Rücksichtnahme, Kompromisse und die hierarchische Ordnung der Gesellschaft gekennzeichnet. Die Generationen brauchen sich nach wie vor. Der soziale Zusammenhalt in der Familie und Gesellschaft basiert auf dem Prinzip von „Geben und Nehmen".

7.3.6
Alter und alt sein

„Bei uns sieht man alte Menschen auf den Straßen. Wo sind die alten Menschen in Deutschland?" fragt eine Besucherin aus dem östlichen Mitteleuropa nach ihrem Aufenthalt in Deutschland.

So lautet die Frage einer ungarischen Besucherin in Deutschland.

In einer Firma im östlichen Mitteleuropa wird die Stelle der Leiterin frei. Es gibt zwei gleich qualifizierte Frauen, die lange Jahre bei der Firma tätig und für die Besetzung der Stelle geeignet sind. Der Altersunterschied beträgt vier Jahre, aber die jüngere Kollegin bewirbt sich nicht um diese Stelle, so besetzt die ältere den Posten. Als man die jüngere Kollegin fragt, warum sie sich nicht um diese Stelle beworben hat, sie habe doch die gleichen Qualifikationen vorzuweisen, antwortet sie verwundert: „Meine Kollegin ist doch älter!"

Das erste Zitat drückt die Verwunderung darüber aus, daß hierzulande die alten Menschen nicht wie im östlichen Mitteleuropa zum Straßenbild gehören, daß sie außerhalb des Alltagsgeschehens stehen. Wenn man dennoch alten Menschen auf den Straßen begegnet, sind sie ‚jung' gekleidet, als ob sie es vermeiden wollten, den Eindruck des ‚Altseins' zu erzeugen.

7.3 · Die Gesellschaftsordnung

Im östlichen Mitteleuropa gehört das Altsein zum Leben. Die alten Menschen dort gehören dazu. Sie werden respektiert, man empfindet bei der Begegnung mit ihnen Rührung, weil Altsein nicht mit ‚Schwäche' gleichgesetzt wird, sondern für Lebenserfahrung und ‚Weisheit' steht.

Das zweite Zitat bezeugt, daß die hierarchische Ordnung der Gesellschaften im östlichen Mitteleuropa bis jetzt nach dem Senioritätsprinzip verlangt. Es wird sowohl im beruflichen als auch im privaten Bereich praktiziert.

Wie jede Woche findet in unserem Büro (in Deutschland) eine Sitzung statt. Die Anwesenden sind vier Männer, der eine um die fünfzig, der andere sechzig und die anderen beiden dreißig Jahre alt, sowie eine sechzigjährige Kollegin. Weil die Männer ein paar Minuten früher kommen, besetzen sie die vorhandenen Stühle. Als diese Kollegin erscheint und feststellen muß, daß kein Platz mehr frei ist, begibt sie sich auf die Suche nach einem Stuhl. Die Kollegen bleiben am Tisch sitzen, und keinem von ihnen fällt es ein, der älteren Dame zu helfen oder ihr den eigenen Platz anzubieten. Und so geschieht es jede Woche während meines Aufenthalts.

An diesem Beispiel wird deutlich, daß die Mitarbeiterin aus dem östlichen Mitteleuropa mehreres vermißte: die Achtung der Männer vor den Frauen und vor allem das Senioritätsprinzip. Insofern kann man schlußfolgern, daß mit *alt* nicht gleichzeitig *schwach* assoziiert wird, sondern im Gegenteil, *alt* heißt vielerorts *stark*; und dort, wo *alt* tatsächlich *schwach* meint, gehört das selbstverständlich zum Leben dazu.

7.3.7
‚Wir' und der Individualismus

„Wir klatschen zusammen!"

Die Menschen werden nicht nur in Kernfamilien, sondern vor allem in „Großfamilien" sozialisiert. Das bedeutet, daß die verschiedenen Generationen und die erweiterte Verwandtschaft an der Erziehung der Kinder praktisch teilhaben. Die Familie schützt das Individuum, dafür fordert sie Loyalität von ihm. Somit lernt das Kind in der Wir-Form zu denken und nicht in der Ich-Form, wie etwa in Deutschland.

Die Identität des Individuums im östlichen Mitteleuropa spiegelt sich im sozialen Netz wider. Um das Funktionieren dieses Netzes zu sichern, ist eine Art von *Harmonie* erforderlich, und sie wird gewahrt, indem Auseinandersetzungen nach Möglichkeit vermieden werden. Dies und das soziale Netz erfordern deshalb eine stärkere Kommunikation.

Statt Eigenverantwortung für das Handeln ist vor allem eine „Wir-Verantwortung" gefordert. Das heißt, daß bei Verstößen gegen den ethischen Kodex nicht nur wie in Deutschland der einzelne zu leiden hat, sondern zunächst die ganze Gemeinschaft und erst dann das Individuum.

Die Ausprägung des Individualismus findet sich im östlichen Teil Mitteleuropas erst im Anfangsstadium und ist in der jüngeren Generation präsenter: Sie wächst in ganz anderen Verhältnissen auf und orientiert sich zunehmend an westlichen Maßstäben. Aber das hierarchische Denken und die gesellschaftlichen Strukturen verlangen immer noch konformes Verhalten, wie man deutlich beobachten kann.

Falls Sie jemandem aus dem östlichen Mitteleuropa, gleich ob Pole, Ungar oder Tscheche, eine Frage stellen, werden Sie keine direkte und sachliche Antwort – „Das weiß ich nicht!" – erhalten. Wenn der Befragte mit eigener Hilfe nicht weiterkommt, wird er beginnen, ‚für Sie' weiterzudenken. Im Kopf wird er alle Möglichkeiten, alle Bekannten, Freunde und sogar Familienangehörigen bedenken, die ihm als weitere Helfer einfallen. Er wird sich nicht scheuen, diese je nachdem, um wen und um welche Situation und Angelegenheit es sich handelt, einzusetzen. Er wird ‚im Plural' denken und den persönlichen Standpunkt eines ‚Wir' einnehmen, auf keinen Fall nur den des ‚Ichs'.

Wenn wir uns das Bild zu der Aussage: „*Wir klatschen zusammen!*" in Erinnerung rufen, verdeutlicht dies diesen Standpunkt des ‚Wir': Alle klatschen zusammen, keiner „tanzt (mit seinen Händen) aus der Reihe".

7.3.8
Persönliches versus Sachliches

Das Persönliche hat Vorrang vor reiner Sachlichkeit im östlichen Mitteleuropa. Den Anderen fühlt man sich moralisch verpflichtet. Das Muster, das in der Familie verinnerlicht wird, überträgt sich auf alle Ebenen des Arbeits- und Privatlebens. Schutz und Loyalität spielen hier eine herausragende Rolle.

Eine Familie schließt durch die Vermittlung eines Freundes eine zu hohe Hausratsversicherung ab, weil sie dem Freund Glauben schenkt. Nach drei Monaten wird in der Wohnung eingebrochen, alle Wertsachen werden gestohlen. Die Familie wird von der Polizei und der Versicherung verdächtigt, den Einbruch selbst inszeniert zu haben, um an das Geld zu kommen. Monatelang wird dieser Vorfall untersucht. Die Familie wird in ein schlechtes Licht gerückt. Anschliessend stellt sich heraus, daß sie unschuldig ist, und daß der Abschluß der Versicherung vor dem Versicherungsfall ein Zufall war. Die Versicherung zahlt. Dabei entdeckt die Familie, daß sie zu hohe Beiträge zahlt, weil sie überversichert ist. Auf die Frage, ob sie die Hausratsversicherung bei dieser Versicherung kündigt und eine neue bei einer anderen, günstigeren Gesellschaft abschließen wird, erhält man die Antwort: „Nein, die Versicherung hat gerade gezahlt. Das mache ich nicht!"

Dieses Beispiel zeigt die moralische Verantwortung gegenüber dem Freund und der Versicherungsgesellschaft. Das eigene Gewissen erlaubt es nicht, sich von dem Freund und der Versicherungsgesellschaft zu trennen, obwohl es sich um einen rein sachlichen Vertrag zwischen Versicherungsnehmer und Gesellschaft, vermit-

7.3 · Die Gesellschaftsordnung

telt durch einen Freund der Familie, handelt. Die persönliche Beziehung spielt hier eine große Rolle.

Ein anderes Beispiel weist in dieselbe Richtung:

Ein Zeitschriftenhändler klingelt an der Tür. Die Hausfrau öffnet. Er bittet sie, eine Zeitung zu abonnieren. Sie unterschreibt den Vertrag, obwohl sie eigentlich keinen abschließen möchte. Erst einige Tage später kündigt sie ihr Abonnement.

Es ist wieder die persönliche Ebene, die sich durchgesetzt hat. Die Hausfrau fühlte sich dem Menschen, dem Zeitschriftenhändler, verpflichtet, der sie um ‚Hilfe' bat, die Zeitung zu abonnieren. Die gesellschaftliche Norm flüsterte ihrem Gewissen zu, daß man nicht „Nein" sagen darf, sondern ‚Hilfe' leisten muß, obwohl es sich um ein Geschäft handelte, und deshalb unterschrieb sie. Ihm seinen Wunsch abzuschlagen, war nicht angebracht. Das ‚Wir'-Gefühl obsiegte, ohne dabei die eigenen Interessen zu berücksichtigen.

Der Unterschied zwischen Sachlichem und Persönlichem ist im östlichen Mitteleuropa kaum vorhanden, und wenn, dann vermischt sich das Persönliche mit dem Sachlichem. Deshalb reagieren die Menschen auch oft gefühlsbetonter und spontaner.

Auch sprachlich kommen die Grenzen zwischen Sachlichem und Persönlichem kaum zum Ausdruck. Die Anwendung sprachlicher Höflichkeitsfloskeln wird genau eingehalten, ansonsten empfindet man den anderen als unhöflich. Es ist unüblich, sich nur auf das Sachliche zu beschränken. Wer ungeduldig zur Sache kommen möchte, wird als aufdringlich empfunden.

Ein gutes Beispiel für den Unterschied zwischen den Umgangsformen im westlichen und östlichen Teil Mitteleuropas liefert ein Vergleich von Geschäftsbriefen. Das, was man im Deutschen direkt, sachlich und prägnant und auf einer Seite ausdrücken kann, benötigt in Übersetzungen in eine Sprache des östlichen Mitteleuropa viel mehr Platz. Die Hierarchie, die Respekt verlangt, erfordert bestimmte Umgangs- und Höflichkeitsformen, die sich je nach Hierarchieebene unterscheiden. Man bedient sich dabei vor allem der Konjunktive. Anstatt direkter Aussagen verwendet man lieber vorsichtige und höfliche Umschreibungen – und das nimmt Zeit und Platz in Anspruch.

Und noch etwas muß an dieser Stelle erklärt werden. Häufig wundern sich Deutsche darüber, daß sie im östlichen Mitteleuropa nach persönlichen Angelegenheiten gefragt werden, da dies in Deutschland (wie oben bereits gesagt) nur unter engen Freunden üblich ist und als Verletzung der Privatsphäre empfunden werden kann. Die Erklärung läßt sich einerseits in der Kinderstube, andererseits in der Gemeinschaftsorientierung finden. Dort, wo Gemeinschaftsinteressen wahrgenommen werden, muß man über den anderen, den man in seine Gruppe aufnehmen möchte, ‚informiert sein', um ihn entsprechend einschätzen und in die Hierarchie einstufen zu können. Und dazu dienen vor allem auch Informationen aus der Privatsphäre. Nicht nur Sie werden ‚ausgefragt', wenn man beabsichtigt, Sie in die Gemeinschaft einzugliedern, man wird Sie auch ebenso über andere ‚informieren', ob Sie das wollen oder nicht. Man wird zum Beispiel wissen wollen, ob Sie verheiratet sind und Kinder haben. Falls sie eine andere Form des Zusammenlebens vorziehen, dann werden Sie sich Fragen danach kaum entziehen können.

Fragen von Menschen aus dem östlichen Mitteleuropa an Deutsche:

- *„Sie sind verheiratet und leben mit Ihrem Gatten in getrennten Wohnungen? Und wie funktioniert das?"*
  - An dieser Stelle wird nach Eheleben und -pflichten gefragt. Außerdem ist unvorstellbar, daß Ehepartner in eigenen Wohnungen leben können oder daß man eine Wochenendehe führen kann.
- *„Wenn Sie nach Hause fahren, wird Ihre Familie bestimmt auf Sie warten!"*
  - Man wollte gern wissen, ob derjenige verheiratet ist.
- *„Fahren Sie alleine in Urlaub? Warum? Fühlen Sie sich nicht einsam?"*
  - Man kann sich kaum vorstellen, daß man alleine, ohne Freund oder ohne Familie in den Urlaub fahren kann.
- *„Fahren Sie mit Ihrer Freundin in Urlaub? Was sagt Ihr Mann dazu?"*
  - Diese Frage stellte man einer deutschen Frau, die mit ihrer Freundin in Urlaub fuhr. Es ist kaum vorstellbar, daß Eheleute auch unabhängig voneinander Urlaub verbringen können.
- *„Sie waren so lange krank!"*
  - Das sagte man einer deutschen Bekannten und wollte so mehr über ihre Krankheit erfahren. Es ist nicht selten, daß man selbst offen über eigene Erkrankungen spricht.

Eine häufige Antwort von Bewohnern aus den Alten Bundesländern auf persönliche Fragen – „Darüber möchte ich jetzt nicht sprechen!" – findet im östlichen Mitteleuropa sehr selten Anwendung.

7.3.9
Die Emanzipation hat sich noch nicht herumgesprochen

Die vor allem früher vom Westen hochgelobte Emanzipation im Osten, die man an der Gleichstellung von Frauen und Männern im Beruf und der Vereinbarkeit von Familie und Beruf erreicht zu haben schien (um wenigstens einen Vorteil des Sozialismus zu benennen), hat sich ebenfalls als utopisch erwiesen.

Frauen haben mehr Positionen im mittleren Management besetzt, als dies in Deutschland üblich ist – und vielleicht ist das heute noch so. Allerdings ist dies nur ein Tropfen auf den heißen Stein und ein schwacher Indikator für die Emanzipation an sich. Es zeigt nur, daß Männer im östlichen Mitteleuropa weniger ‚Angst' vor Frauen haben, dennoch werden Frauen nach wie vor von den meisten Männern unterschätzt. Die Frauen dagegen machen ihnen ihre Geschlechterrolle als ‚Versorger' und ‚Beschützer' nicht streitig.

Was man allerdings bezüglich der „sozialistischen Emanzipation" vergessen hat, ist, daß nicht nur die Frauen, sondern auch die Kinder zu Opfern wurden, weil sie dem Staat von klein auf überlassen wurden. Sie verbrachten den größten Teil ihrer Kindheit in Kinderkrippen, Kindergärten, Ganztagsschulen und Horten, von denen sie erst am späten Abend abgeholt werden konnten. Daran waren die finanzielle Lage vieler Familien, die lange Arbeitszeit, die mangelnde Infrastruktur und die schlechte Versorgungslage schuld.

Und wie sah der Alltag der Frauen im Sozialismus aus? Streß – so kann man diese Frage knapp beantworten. Man sah sie frühmorgens im Dunkeln mit ihren noch im Kinderwagen schlafenden Kindern im überfüllten Bus von einem Stadtviertel zu einem anderen zu Kinderkrippe oder Kindergarten fahren. Dann folgten acht oder neun Stunden Arbeit. Auf der Arbeit bekamen sie Anrufe von hilflosen Männern, die sie fragten, wie man einen Tee kocht. Auf dem Rückweg galt es die Kinder abzuholen, man beeilte sich, um Nahrungsmittel zu ergattern, um der Familie, vor allem dem Gatten, das Abendessen zu servieren. Nebenbei erledigten sie den Haushalt und widmeten sich den Kindern. Und am Wochenende auf dem Lande war ‚Erholung' angesagt. Die Vorbereitungen wurden von ihr getroffen. Dort angekommen, mußte die Ernte eingemacht, das Häuschen aufgeräumt und geputzt werden, es wurde gekocht, falls das nicht bereits am Freitag schon geschehen war.

Ein weiterer Indikator für die doch geringe Emanzipation im östlichen Mitteleuropa ist außerdem das durchschnittliche Heiratsalter der Frauen, das ungefähr bei einundzwanzig Jahren lag. Die Sozialisation der Frauen ging dahin, daß sie nach der Heirat als Ehefrauen und Mütter selbstverständlich ihre geschlechtsspezifische Rolle übernahmen. Die sozialistische Tristesse begünstigte diese Sicht bei jungen Frauen, die so wenigstens das Idealbild der „geheiligten Familie" als Ziel vor Augen hatten. Dieses wurde allgemein anerkannt und durch soziale Kontrolle sanktioniert. Bis heute ist die soziale Kontrolle diesbezüglich vorhanden, obwohl die Geburtenraten nach der Wende rapide zurückgegangen sind und junge Frauen beginnen, sich mehr für ihre Karriere zu interessieren als für Kinder. Dies stößt mancherorts auf Unverständnis in der wir-orientierten Gesellschaft, in der Familie, Ehe und Kinder immer noch einen hohen Stellenwert haben.

Nach der Wende hat sich an der Situation der Frauen und Kinder nicht viel verändert. Verändert hat sie sich meistens in negativer, finanzieller Hinsicht, in Bezug auf die wirtschaftliche Abhängigkeit der Frauen von ihren Männern. Viele Frauen haben ihren Arbeitsplatz verloren, außerdem sind die Einrichtungen für Kinder fast unbezahlbar geworden. Bei der Generation der heutzutage Dreißig- bis Vierzigjährigen sind Kinder ein Muß. Frauen, die keine Kinder haben können (von Männern nimmt man nie an, daß sie keine Kinder zeugen könnten), werden bemitleidet, und sie selbst leiden unter erheblichem gesellschaftlichem Druck.

Die Rollenverteilung läßt sich auch am Äußeren der Geschlechter beobachten. Frauen betonen nach wie vor durch Rock und Frisur ihre Weiblichkeit, Männer durch Krawatten und Handy ihre Männlichkeit. Damals wie heute fällt das Verhältnis Frauen und Männer in hohen Führungspositionen zuungunsten der Frauen aus. An der Frauenrolle hat sich wenig geändert. Und die meisten Männer im östlichen Mitteleuropa lassen sich nach wie vor gern von ihren Frauen verwöhnen, und die meisten bekommen ihre Kinder immer noch in der Kneipe. Wenn es ein Mädchen ist, wird gefeiert, wenn es aber ein Junge ist, gibt man zweimal so viel aus. Die Sicherung des ‚Thronfolgers' hat noch nichts von seiner Wichtigkeit eingebüßt.

Von einer grundlegenden Emanzipation im östlichen Mitteleuropa kann bis jetzt keine Rede sein. Sie hat sich im östlichen Mitteleuropa noch nicht durchgesetzt. Im Umgang mit Frauen gilt im östlichen Mitteleuropa zwar „Ladies first!" – aber die Männer bekommen nach wie vor das größere Schnitzel.

Emanzipierte Frauen aus dem Westen werden meistens als kantig und männlich empfunden. Die Bedeutung, die Zusammenhänge und die Geschichte der Frauenemanzipation im westlichen Mitteleuropa bzw. Deutschland ist bei den östlichen Nachbarn kaum bekannt und wird nicht verstanden.

7.3.10
Die Spuren des Sozialismus

Eine besondere Eigenschaft hat die Sozialisation im Sozialismus hervorgebracht: eine geschärfte Wahrnehmung. In einer gemeinschaftsorientierten Gesellschaft, die mittels starker sozialer Kontrolle sanktioniert, muß Wahrnehmung so geschärft werden, daß durch Blicke, Gestik und Mimik Signale ausgesendet und entschlüsselt werden. Dadurch kontrolliert man sich selbst, indem man „von den Augen" des anderen Zustimmung oder Abneigung des eigenen Verhaltens „abliest" oder auch dem anderen stillschweigend zu verstehen gibt, daß sein Benehmen (nicht) gebilligt wird. Diese Wahrnehmung mußte in einem totalitären Regime noch stärker entwickelt werden, weil man sich vor der Willkür der Macht schützen mußte. Nur aufgrund der Beobachtung von Verhaltens- und Ausdrucksweisen mußte man entschlüsseln können, zu welcher „Gruppe" der andere gehörte, um danach das eigene Verhalten auszurichten.

Dies ist auch der Hauptunterschied zu Menschen, die in einem demokratischen pluralistischen Ordnungssystem aufgewachsen sind und die Machtmechanismen und Strukturen eines totalitären Regimes nicht kennen, denn sie brauchen keine Nachteile bei Unvorsichtigkeiten in der Meinungsäußerung zu fürchten.

Die Menschen im östlichen Mitteleuropa machen nicht selten von ihren ausgeprägten Wahrnehmungsfähigkeiten Gebrauch. Sie verhalten sich diesbezüglich nach wie vor aufmerksam und können an anderen schnell verschiedene Verhaltensmerkmale erkennen.

Diese Wahrnehmung wurde den Kindern nicht explizit erklärt, sie wurde im Sinne eines Lernens am Modell stillschweigend von den Eltern auf die Kinder übertragen. Wenn Kinder in ihrer Unschuld offen fragten, was nicht gefragt werden durfte (und es gab viele offene Fragen und Geheimnisse in diesen Gesellschaften), so

- bekamen sie in der Familie entweder keine Antwort;
- oder diese deckte sich mit der „offiziellen" Ideologie;
- oder man wich aus, bog die Frage um, so daß sie einen anderen Inhalt bekam;
- oder sie erhielten eine ehrliche, aber ‚geheime' Antwort. Das war die Antwort, die man für sich behalten mußte.

In den staatlichen Einrichtungen wie Kindergärten und Schulen riskierte kaum ein Erwachsener oder auch ein Kind eine kritische Äußerung, und wenn, dann nur in Form von Anspielungen, denn „Schweigen war Gold" wert! Wer im Sinne des Staates sprach, hoffte auf Profit; wer schwieg, enthielt sich der Meinung, aber auch das Schweigen wurde als stille Zustimmung gedeutet. Durch diese Form kommunikativer Erziehung lernten die meisten Kinder zu schweigen und sich nicht kritisch mit bestimmten Lebensbereichen auseinanderzusetzen. Das prägte zusätzlich auch ihre Art, sich indirekt zu äußern.

Das sozialistische System brachte unterschiedliche und verschiedenste Charaktere hervor, je nachdem, ob die offiziellen „sozialistischen Werte" überhaupt oder in welchem Maß sie verinnerlicht wurden. Nach der Wende sprach Vaclav Havel von einer demoralisierten Gesellschaft. Einer der schlimmsten Charaktere war der „Spitzel". Zudem war die „Selbstbedienung" sehr verbreitet. Schließlich gehörte „alles allen", und man mußte sich dafür nicht einmal anstrengen oder schämen.

Die Gruppe der Parteianhänger, die den Sozialismus und seine Lehren von Gleichheit predigten, hatte eigene Quellen (z. B. eigene Geschäfte mit Luxuswaren aus dem Westen und viele andere Alternativen). Sie bereicherten sich auf Kosten der anderen.

Eine andere Folge sozialistischer Sozialisation war der Protektionismus in allen öffentlichen Bereichen. Protektion genoß man, wenn man sein eigenes Parteibuch oder nur das Parteibuch der dem Kommunismus verschriebenen Oma vorzeigen konnte. Und Korruption in jeglicher Form (Bakschisch oder Naturalien) war vielerorts üblich, an den Universitäten, bei den Ärzten und beim Metzger.

Die Unfähigkeit, eine bestimmte Ideologie zu verinnerlichen, bzw. der Widerstand dagegen hatten negative Auswirkungen auf die Existenz. Nicht nur, daß solche Personenkreise physisch dezimiert wurden, sogar ganze Familien und Generationen wurden bestraft. Darüber wurde vieles erst nach der Wende bekannt. Davon zeugen Tagebücher und die Aussagen von Zeitzeugen – und es ist schwer, diese Vergangenheit zu verarbeiten. Sie wird durch alltägliche Sorgen verdrängt. So ist es nicht verwunderlich, daß diese Menschen sich wehren, einen Schlußstrich zu ziehen, vor allem, wenn sie sehen, daß die meisten Täter nicht zur Verantwortung gezogen werden, sondern wieder auf neuen, hohen Posten sitzen, weil sie Zugang zu den profitablen Ressourcen aus der Vergangenheit haben und plötzlich demokratische Prinzipien predigen. Aber allein durch die Abgabe des Parteibuchs wird man kein Demokrat.

Leider ist es immer noch so, daß diese „sozialistischen Werte" bei einigen Menschen wirksam sind, die für sich rücksichtslos jene Lücken suchen, die ihnen die Demokratie bietet.

7.4
Zeit

Rufen wir uns noch einmal das Beispiel der Familie, die am Frankfurter Flughafen in den Zug einsteigt, in Erinnerung:

Eine vierköpfige Familie steigt nach einem Tagesflug am Frankfurter Flughafen mit ihren beiden kleinen Kindern und vielen Koffern in den überfüllten Zug. Als die Familie zu ihren reservierten Plätzen gelangt, sind diese von anderen Reisenden besetzt. Es kommt zum Streit, weil die Eltern offensichtlich überfordert und die Kinder erschöpft sind und zu quengeln beginnen. Die Schaffnerin taucht auf. Die Eltern bestehen auf ihrer Reservierung und erheben Anspruch auf die Plätze. Die Schaffnerin aber entscheidet laut Vorschrift: Wenn die reservierten Plätze nicht innerhalb von zehn Minuten besetzt werden, erlischt der Anspruch auf die Reservierung. Die Fremden bleiben sitzen, und die Familie geht leer aus.

Im östlichen Mitteleuropa wäre die Lösung dieses Problems eine völlig andere. Die Zeit, die kleine Verspätung hätte hier überhaupt keine Rolle gespielt. Denn Zeit ist in dieser Hinsicht ohne Bedeutung. Aber die „Personenkonstellation" wäre in diesem Fall entscheidend. Schließlich handelte es sich um eine Familie mit kleinen, müden Kindern, und die Plätze waren von jungen Frauen und Männern besetzt worden. Die soziale Kontrolle hätte auch im Zug dazu geführt, daß sich andere Reisende eingemischt hätten. Sie hätten an das Gewissen der ‚Platzbesetzer' appelliert, der Familie die Plätze freizumachen. Sie hätten sich mit ihr solidarisiert. Ob die junge Gesellschaft dem Wunsch sofort entsprochen hätte, ist fraglich. Was aber sicher ist, daß sie, wenn sie sitzen geblieben wären, heftigen sozialen Druck zu spüren bekommen hätten, so daß man vermuten darf, daß sie schließlich doch nachgegeben hätten.

Eine andere Situation würde sich ergeben, wenn die sitzenden Reisenden alte Menschen gewesen wären. Dann hätte die Familie ganz anders reagiert. Sie hätte sie aufgefordert, sitzen zu bleiben, und wäre selbst stehen geblieben.

Die Schaffnerin hätte mit größter Wahrscheinlichkeit genauso wie die Reisenden entschieden. Es wäre ihr nicht in den Sinn gekommen, auf die Uhr zu schauen und die Minuten zu zählen. Sie hätte sich höchstwahrscheinlich über die Vorschrift hinweggesetzt.

7.4.1
Zeit ist nicht immer Geld!

„To chce klid!" („Immer mit der Ruhe!")

Zeit bedeutet im östlichen Mitteleuropa nicht immer Geld. Das besagen ganz deutlich auch die Schilder, die in fast jeder Prager Kneipe hängen und auf denen zu lesen ist: „To chce klid!" – „Immer mit der Ruhe!" Dieses Motto wird man in Ungarn oder Polen zwar nicht so offensichtlich präsentiert finden, aber fremd ist ihnen diese Haltung auch nicht.

Den Streß und den Kampf um jede Minute, das Leben bis ins Detail verplant und durchorganisiert, wie uns dies in Deutschland begegnet – solche Erscheinungen finden sich bei der Mehrheit der Bevölkerung im östlichen Mitteleuropa noch wenig. Allerdings hat sich ebenfalls im Bereich der gesellschaftlichen ‚Geschwindigkeit' einiges getan, aber noch nicht mit so extremen Folgen. Das bedeutet, daß man mit einer gewissen Gelassenheit und Vorlaufzeiten rechnen muß.

Man hat Zeit, und wenn man keine Zeit hat, dann nimmt man sie sich. Das hat mit der Einstellung zu tun: Man arbeitet, um zu leben, und nicht umgekehrt. Eine Ausnahme bildet jene Gruppe, die auf berufliche Selbständigkeit setzt, die erfolgreiche Unternehmen und Gesellschaften gegründet haben oder bei ausländischen Firmen tätig sind, die erkannt haben oder auch einfach einsehen mußten, daß Zeit tatsächlich Geld ist. Bei ihnen sind die Terminplaner im Gebrauch und entsprechend gefüllt.

Auf soziale Kontakte verzichtet man nicht, man pflegt sie nach wie vor. Es ist zwar seltener geworden, aber auch noch keine Rarität, daß jemand nach der Arbeit an Ihrer Tür klingelt und unangemeldet vorbeikommt. Früher war dies schon deshalb noch weiter verbreitet, da nur wenige ein Telefon hatten. Bei einem großen Teil der Bevölkerung ist es immer noch so, daß man seine Zeit gerne dem Umgang miteinander opfert. Zeit muß man sich auch nehmen, da mancherorts die Infrastruktur nur schlecht ausgebaut ist.

In diesem Sinn dient Zeit grundlegend der sozialen Orientierung.

7.4.2
Termine und Zeit

Auf der geschäftlichen Ebene sind Terminabsprachen notwendig und selbstverständlich. Man bevorzugt jedoch immer noch die persönliche Kontaktaufnahme.

Hat man zum Beispiel einen Sponsor gefunden, bittet man ihn persönlich um seine Gunst. Die bloße Schriftform wäre unangebracht. Persönliche Absprachen sind immer noch beliebter. Man empfindet sie als höflicher als eine lediglich sachbezogene, schriftliche Kommunikation, die als unpersönlich gilt. Von der persönlichen Begegnung verspricht man sich auch eine bessere Einschätzung des Gesprächspartners. Man glaubt, daß man sich so von ihm ein besseres Bild machen und den Erfolg seines Vorhabens einschätzen, den Partner mit seinem Verhandlungsgeschick vielleicht sogar beeinflussen kann.

Im östlichen Mitteleuropa arbeitet man, um zu leben, wie bereits gesagt. Mobilität ist nahezu unbekannt, da alles meist zentral organisiert ist. Der Individualismus steckt erst in der Kinderschuhen. Aufgrund der gesamtgesellschaftlichen Entwicklung und einer Reihe anderer Gründe erhält sich zur Zeit noch der traditionelle soziale Zusammenhalt. Die sozialen Kontakte sind nicht oberflächlich, sondern im Gegenteil sehr eng. Man nimmt sich Zeit für seine soziale Umgebung, auch wenn dies manchmal zu Lasten der Kostennutzen-Relation geht. Die Menschen des östlichen Mitteleuropa gehen mit ihrer Zeit viel freizügiger um, wie sie selbst lächelnd sagen.

Sie empfinden Deutschland daher häufig als kühl, weil man dort für seine Mitmenschen keine Zeit hat. Die Menschen seien im allgemeinen angespannter und könnten nur halb zuhören. Die Menschen aus dem östlichen Mitteleuropa fühlen sich, wenn sie sich beruflich in Deutschland aufhalten, oft einsam, denn die Kollegen leben in einem durchorganisierten Alltag und eilen von Termin zu Termin.

7.5
Schule und Ausbildung

7.5.1
Schule

Die Interessen der Schüler wurden im Sozialismus nicht berücksichtigt. Strukturiertes und analytisches Denken konnte im Hinblick auf das herrschende System nicht gefördert werden. Auswendiglernen ohne Widerspruch war das gängige Unterrichtsmittel. Aufgrund der Tatsache, daß Kindern Respekt und Gehorsam abverlangt wurden, stellte der Lehrer einen autoritären ‚Allwissenden' dar.

Er war es auch, der Noten für gutes oder schlechtes Benehmen erteilte, und der das Recht hatte, das Kind vor der Klasse zu bestrafen, indem es in die Ecke geschickt wurde, wo es ausharren mußte, bis die Strafe abgegolten war. Der Lehrer oder die Lehrerin nahm die Position des Vaters oder der Mutter ein. Auch hier wurde damit die Abhängigkeit des Schülers gefördert.

Der Schüler war nicht Partner des Lehrers und hatte kaum Rechte. Der Unterricht war schulisch und nicht praktisch ausgerichtet. Er orientierte sich mehr an der Person des Lehrers als am Unterrichtsstoff.

Nach der Wende, als man begann, die Schulordnungen und Inhalte zu überdenken und nach westlichem Muster umzubauen, hat sich der Unterrichtsstil zunehmend verändert. Man darf aber nicht vergessen, daß die Lehrer noch ganz oder teilweise im Sozialismus ausgebildet wurden, so daß sie weiterhin einen Teil dieser Erziehungsmethoden auf die nächste Generation übertragen. Eine Auffrischung brachten sicherlich die vielen ausländischen Lehrer und Dozenten, die neue Unterrichtsmethoden mitgebracht haben, von denen die einheimischen Schüler geradezu begeistert sind.

7.5.2
Ausbildung

In den ostmitteleuropäischen Staaten hat Ausbildung traditionell einen sehr hohen Stellenwert. Der Unterricht folgte wie in der Schule einem autoritären Stil, der durch die dogmatische Ideologie des Sozialismus geprägt war.

Nach der Wende kam es zu massiven Veränderungen auch im universitären Bildungssektor, obwohl auch weiterhin viele Verbesserungen, die Schaffung neuer Gesetze und eine Anpassung an den Westen nötig sind. Ausländischen Dozenten wurden viele Gastdozenturen angeboten, so daß man auf diesem Sektor einige positive Veränderungen beobachten kann. Außerdem ermöglichen ausländische Universitäten den Studenten aus diesen Ländern Praxissemester und Studiengänge, wovon die neue Generation auch regen Gebrauch macht. Die Folge ist, daß man mittlerweile sehr gut ausgebildete junge Menschen antrifft, die das Niveau des Westens erreichen. Heutzutage dienen hohe Ausbildungsabschlüsse nicht nur dazu, einen bestimmten gesellschaftlichen Status zu erreichen, wie so oft in der Vergangenheit, sondern sie haben konkreten wirtschaftlichen Wert. Die berufliche

Bildung in Polen, Tschechien und Ungarn hat sich vor allem am deutschen Ausbildungssystem orientiert.

7.6
Wirtschaft und Verwaltung

7.6.1
Ein Spiegelbild der Familie

Die im Abschnitt „Sozialisation im Sozialismus" (s.o. Abschn. 7.3.4) aufgeführten Charaktermerkmale der Menschen spiegeln sich deutlich in der Wirtschaft und in der Verwaltung wider. Alles, was die Menschen in der Familie gelernt und verinnerlicht haben, findet sich mehr oder weniger in den gesellschaftlichen Strukturen verankert. Diese weisen bis heute eine mehr oder minder stark zentralistisch und hierarchisch organisierte Form auf.

Es wird einige Generationen dauern, bis die Angleichung an das westliche Mitteleuropa vollzogen ist. In welche Richtung diese ‚Angleichung' genau führen wird, läßt sich heute nur schwer vorhersagen, denn auch im westlichen Mitteleuropa sind verschiedene gesellschaftliche Modelle vorhanden, die sich in den verschiedenen Ländern erheblich voneinander unterscheiden. Es läßt sich jedoch mutmaßen, daß die unmittelbare Lage des östlichen Mitteleuropa zu ihren nächstgelegenen westlichen Nachbarn auf die Entwicklung der nächsten Jahre einen starken Einfluß ausüben wird.

Insgesamt läßt sich schon jetzt feststellen, daß sich ein Wertewandel von traditionellen und konservativen zu individualistischen Werten vollzieht und durchsetzen wird.

7.6.2
Bürokratie und Entbürokratisierung der Gesellschaft

„To chce klid!" („Immer mit der Ruhe!")

Dieser Spruch könnte in vielen Amtsstuben des östlichen Mitteleuropa hängen.

Eine tschechische Familie, bestehend aus dem Vater, der aus einem dritten Land kommt, der Mutter und der Tochter, die tschechische Staatsbürger sind, lebt im Ausland. Alle zwei Jahre muß für die Tochter ein neuer Reisepaß in der tschechischen Botschaft beantragt werden. Die Botschaft befindet sich in der Stadt, in der die Familie wohnt. Der Vater vereinbart einen Termin mit der zuständigen Sachbearbeiterin und holt entsprechende Formulare in der Konsularabteilung ab. Die Botschaft ist wegen des visafreien Reiseverkehrs zwischen dem Land, in dem die Familie wohnt, und Tschechien bis auf die zwei Botschaftsmitarbeiter leer. Der Vater erfährt, daß der neue Reisepaß in Prag angefertigt werden muß, und daß dieser Vorgang bis zu drei Monate dauert. Ferner wird ihm mitgeteilt, daß seine Frau (die tschechische Staatsbürgerin) bei der Beantragung persönlich anwesend sein muß. Die Mutter füllt die Formulare aus und macht zwecks schnellerer Abwicklung Kopien von den Originaldokumenten. Nach einem Telefonat vereinbart sie erneut einen Termin. Bei der Begegnung mit der zuständigen Sachbearbeiterin reicht sie ihr die für diese Gelegenheit erstellten Fotokopien, um die Bürokratie ein wenig zu beschleunigen. Sie bekommt zu hören: „Ich darf von ihnen keine Kopien annehmen. Ich muß sie selbst machen." „Aber warum, Sie können diese doch mit den Originalen vergleichen!" Die Sachbearbeiterin, durch diese Logik sichtlich ein wenig aus der Fassung geraten, schweigt und überlegt. Die Mutter sagt: „Ja, mir ist es egal, ob Sie sie annehmen oder neu machen!" Die Sachbearbeiterin meint: „Das ist die Vorschrift!" Dann jedoch nimmt sie die Kopien und erklärt noch einmal, daß der Vorgang bis zu drei oder auch vier Monate dauern kann. Näheres könne sie nicht sagen, es bleibe abzuwarten. Nach ungefähr drei Monaten bekommen die Eltern einen Brief von der Botschaft: „Sehr geehrte Frau XY, wir teilen Ihnen mit, daß wir den Reisepaß für Ihre Tochter Y aus Prag erhalten haben. Bitte, teilen Sie uns schriftlich mit, ob Sie die o. g. Unterlagen persönlich in unserer Botschaft abholen werden, am besten zu einem vereinbarten Termin (die Öffnungszeiten sind von Montag bis Freitag von 8:30–11:00 Uhr), oder ob wir sie Ihnen per Nachname zusenden sollen. Die Gebühren sind vom Antragsteller zu zahlen. Wir machen darauf aufmerksam, daß ein neuer Reisepaß erst nach der Abgabe des alten Reisepasses ausgehändigt werden kann. Wir empfehlen Ihnen, den Reisepaß persönlich abzuholen, falls Sie über keinen Personalausweis, den die hiesige Post bei Abholung der Sendung anerkennen sollte, verfügen. Mit freundlichen Grüßen, der Leiter der Konsularabteilung XY." (Links unten im Schreiben steht: ‚erledigt, Frau XY', die zuständige Sachbearbeiterin.)

Dies ist ein kleines Beispiel aus der Praxis der Bürokratie, das gleichzeitig die stark ausgeprägten hierarchischen Strukturen vor Ort belegt. Sie würden sich sicherlich unter anderem folgende Fragen stellen: Hätte es nicht gereicht, wenn die zuständige Beamtin den Brief unterschrieben hätte? Es ging nur um die Vereinbarung eines Termins. Hätte sich in diesem Fall ihr Vorgesetzter übergangen gefühlt?

Um die bürokratischen Hürden zu verdeutlichen, reicht es, die Abholung des neuen Reisepasses einmal gedanklich durchspielen.

Das hieße, daß die Eltern einen Brief aufsetzen müßten, um den Paß abholen zu können. Weiter hieße das, den Weg zur Post (natürlich zu entsprechenden Öffnungszeiten) zu unternehmen, um das Schreiben abzuschicken. Hinzuzurechnen ist der Postweg, den das Schreiben selbst nimmt. Wie lange hätte es gedauert, bis die Botschaftsangehörigen die Antwort mit einem Terminvorschlag geschickt hätten? Wann hätten die Eltern den Brief erhalten? Womöglich wäre der von der Botschaft vorgeschlagene Termin den berufstätigen Eltern nicht recht gewesen. Hätten sie noch einen Brief an die Botschaft schicken müssen, oder hätten sie dies auch telefonisch erledigen können? Was wäre, wenn die Tochter zum Beispiel mit ihrer Klasse eine Klassenfahrt ins Ausland unternehmen sollte und ihr alter Reisepaß zu der Zeit nicht mehr gültig gewesen wäre?

7.6 · Wirtschaft und Verwaltung

Und noch etwas ist an dieser Stelle anzumerken: Wie kann der tschechische Beamte, der Leiter der Konsularabteilung, annehmen, daß die Post des jeweiligen Landes den ausländischen Reisepaß einer Familie, die seit zwanzig Jahren dort legal lebt, nicht anerkennt? Das würde bedeuten, daß sich diese Familie in ihrer zweiten Heimat bei keinem Amt ausweisen könnte und sich dort illegal aufhalten würde.

Es ist kein Zufall, daß man von einer notwendigen Entbürokratisierung der Länder Polens, Tschechiens und Ungarn im Hinblick auf den Beitritt in die EU spricht. Sie stellt eine der Bedingungen dar. Die starren Hierarchien sind vor allem in den zentralistisch organisierten Verwaltungen zu finden. Sie werden von schwerfälligen Vorgängen gebremst, wenn etwa die Kontrollmechanismen durch andere, häufig unnötige Kontrollen überwacht werden.

Den Mitarbeitern wird wenig Eigenverantwortung überlassen, sondern sie sind mehr oder weniger auch bei der Erledigung kleinerer Aufgaben auf Entscheidungen der Führungskräfte angewiesen. Sie selbst haben zu Beschlüssen wenig zu sagen. Sie werden häufig nur zu passiven Empfängern von Anordnungen und Aufgaben. Man kann darin eine Parallele zur Sozialisation sehen, in der die Kinder zur Abhängigkeit erzogen wurden und der Bevormundung ausgesetzt waren. Ähnliches läuft auch innerhalb der dienstlichen Machtstrukturen ab, wo die Abstände zwischen verschiedenen Ebenen groß sind.

Vor der Wende hatten die Bürokraten eine starke Machtposition inne; sie waren nicht die Diener des Volkes, sondern umgekehrt. Man war auf die Gunst der Beamten angewiesen. Sogar bares Geld und/oder Naturalien in Form von Kaffeepäckchen oder Pralinen waren vielerorts für Dienstleistungen üblich und notwendig. Man ‚bedankte' sich somit für die ‚Hilfsbereitschaft' der Beamten und Angestellten.

Die Bürokratie von heute ist zwar viel durchlässiger, freundlicher und dienstleistungsorientierter geworden als in der sozialistischen Vergangenheit, wo man nur lästiger ‚Bittsteller' war, da sich die Strukturen zu einem gewissen Grad demokratisieren mußten. Auch die Naturaliengaben wurden seltener, dennoch reicht die bisherige Entbürokratisierung noch nicht aus. Die Macht ist an vielen Stellen noch zu zentralisiert.

Das an vielen Stellen noch vorhandene hierarchische Denken wirkt sich auf die Strukturen der Verwaltungen und auf den bürokratischen Umgang aus. In bestimmten tschechischen Ministerien zum Beispiel werden Faxschreiben zentral gesammelt und können nur einigemal in der Woche verschickt werden. Dazu kommt noch, daß technische Möglichkeiten, etwa bestimmte Multimediadienste, vielerorts, vor allem aber in den Ämtern, nicht ausreichend vorhanden sind.

Diese o. a. Kontrolle ist einerseits verständlich, weil die gesellschaftlichen Systeme noch nicht stabil genug sind, andererseits führt dies zu übermäßigen Kontrollen und zur Bevormundung der Mitarbeiter. Dies alles wiederum führt dazu, daß die Erledigung von Aufgaben unnötig verzögert wird.

Die ‚Unantastbarkeit' der hohen Beamten ist manchmal so groß, daß es viele Umwege kostet, bis man zu ihnen gelangt. Bei dieser Tortur kann die Telefonistin, Empfangsdame oder Sekretärin ihre Macht ausüben, und sie wissen darum. Es hängt vom Geschick ab, wie man mit dieser Situation fertig wird. Dieses Machtgehabe durchdringt vor allem die Verwaltungsstrukturen auf vielen Ebenen.

Die partielle Willkür kann aber auch eine andere Richtung einschlagen. Manchmal wird man durch eine ‚Lässigkeit' oder auch ‚Kulanz' der Beamten oder Angestellten überrascht, die westlichen Besuchern den Atem stocken läßt. Es kann durchaus vorkommen, daß man zum Beispiel bei der Erledigung einer Angelegenheit ein wichtiges Dokument vergessen hat und vom Angebot seines Gegenübers überrascht wird: „Na ja, ich glaube es Ihnen, wenn Sie Zeit haben, bringen Sie es vorbei!"

Die Bürokratie im östlichen Mitteleuropa funktioniert nicht selten nach dem Motto: „Je größer die Umwege sind, desto besser!" – man kann aber auch „ein Auge zudrücken".

7.6.3
Zur Medienstruktur – Telefonieren und Faxen

Ein englischer Mitarbeiter ruft nachts in der Filiale des Mutterunternehmens in Ungarn an. Es geht um eine dringende Angelegenheit. Der Schichtleiter geht nicht ans Telefon. Warum? Weil nur die einheimischen Führungskräfte Englischkurse besucht haben. Er aber kann kein Englisch!

Ein Manager aus dem Westen möchte seiner Firma im östlichen Mitteleuropa ein Fax senden. Nach mehreren Versuchen gibt er auf. Als er dann am nächsten Tag anruft, um festzustellen, warum das Faxgerät nachts nicht funktionierte, wird ihm von einem einheimischen Mitarbeiter mitgeteilt, daß man das Faxgerät nachts abschaltet – aus Angst vor Brand.

In Deutschland bekommen Sie bei telefonischen Anfragen meist einfach die Durchwahl, und Sie können mit dem Geschäftsführer oder zuständigen Mitarbeiter ohne Mühe Kontakt aufnehmen. Im östlichen Mitteleuropa ist es, wie schon angesprochen, nicht immer so! Denn die Pyramide der Hierarchien erschwert die Kontaktaufnahme mit den Entscheidungsträgern.

Da es an einigen Stellen an Transparenz fehlt und manche Überbleibsel der vorherigen Regime noch spürbar sind, kann es dazu kommen, daß Sie für eine Auskunft viel Zeit und mehrere Anrufe brauchen. Beachten Sie auch, daß in den Telefonzentralen (vor allem bei Verwaltungen) nicht alle dort angestellten Mitarbeiter eine Fremdsprache sprechen.

So kann es auch vorkommen, daß sich die Telefonistin in der Zentrale weigert, Ihnen ihren Namen zu nennen, aufgrund einer Angst, die aus Erfahrungen in der Vergangenheit herrührt. Falls so etwas in Ihrer Firma vor Ort vorkommen sollte, können Sie nur eines tun: Versuchen Sie immer wieder, aufzuklären und somit solche Ängste abzubauen.

Die Macht kann, wie gesagt, bei der Sekretärin liegen, auf deren Wohlwollen man angewiesen sein könnte. Sie als ausländischer Partner werden es jedoch bei der Kontaktaufnahme viel leichter haben als ein Einheimischer, denn man wird größere Distanz zu Ihnen halten, aufgrund der Unkenntnis Ihres Weltbildes, die Unsicherheit im Umgang mit einem Fremden hervorruft.

7.7
Arbeit, Leistung und Produktion

Anhand der Ergebnisse der wirtschaftlichen, politischen, sozialen und kulturellen Entwicklung der letzten zehn Jahre kann man behaupten, daß der Prozeß der Umwandlung und Transformation zwar noch nicht abgeschlossen ist, sich aber mit großem und sichtbarem Erfolg vollzieht. In dieser Hinsicht sind die Menschen des östlichen Mitteleuropa ‚Umwandlungsmeister'. Darin liegen ihre Vorteile, die für den weiteren Fortschritt als positive Faktoren anzusehen sind.

Hohe Leistung ist vor allem in der Privatwirtschaft, in ausländischen, einheimischen und Joint-venture-Firmen zu finden – deren Mitarbeiter stehen unter einem besonders hohen Leistungsdruck. Typische Streßsymptome sind in diesen Ländern jedoch eher eine Folge unzureichender Infrastruktur, der Desorganisation und Bürokratie oder des Zwangs zum Zweit- oder Drittjob.

7.7.1
Der König, der früher Untertan war

Der „König Kunde", der im Sozialismus lediglich „Untertan" war, setzte sich nach der Wende in Bewegung und ergriff die Initiative, wenn auch nicht überall gut und schnell genug. Vielerorts, vor allem in der Industrie, hat man längst begriffen, wie wichtig Kunden sind, und daß von ihnen die Existenz der Dienstleister abhängt – aber eben noch nicht überall. Ursache dafür sind neben den sozialistischen Spuren auch die Wir-Orientierung, die eine persönliche Ebene bevorzugt und die Sachlichkeit an die zweite Stelle drängt. So wird ein ‚fremder' Käufer nicht wie die Mutter des Verkäufers bedient! Man muß versuchen, dem Dienstleistenden nahezubringen, daß alle Kunden zu einer ‚Großfamilie' gehören.

So kann es Ihnen passieren, daß Sie in einem Geschäft kundenorientiert bedient werden, und dann am Fahrkartenschalter am Bahnhof kein Interesse bei der Schalterdame (oder -herrn) wecken werden, nach dem Motto: „Wenn Sie richtig zugehört hätten, würden Sie die über die Lautsprecher angesagten Verbindungen verstanden haben!"

Arbeit zu haben und zu leisten, betrachtet man im östlichen Mitteleuropa als wichtig und notwendig, im Vergleich zur Zeit des Sozialismus, wo sie mehr als lästig war, denn Arbeitskräfte waren trotz Übersetzung Mangelware. Man wußte, daß man Arbeit fast immer finden würde, daß man nicht ‚verhungern' mußte. Jeder wußte, daß er irgendwie ‚überleben' kann, ohne weitere Spezialisierung und Anstrengungen. Nur mit dem Abitur konnte man zum Beispiel, fast unabhängig von der Fachrichtung und mit Ausnahme des medizinischen Bereichs, Karriere in den mittleren Etagen machen. Und wenn man sich ein Parteibuch zulegte, standen viele Türe offen!

Es ist sicherlich nicht so, daß im Sozialismus nichts geleistet wurde. Es gab viele, die viel und hart gearbeitet haben, leider aber aufgrund des ganzen Systems meistens ineffizient. Das schmerzt die Menschen noch heute.

Und es ist kein Geheimnis, daß es auch solche gab, die zwar arbeiteten, gemessen am damaligen Leistungsniveau aber deutlich weniger zustande brachten. Sie füllten die Arbeitsstunden mit Kaffeeklatsch und Biertrinken. Der Alkoholgenuß am Arbeitsplatz war im östlichen Mitteleuropa nichts Ungewöhnliches, und das Problem des Alkoholismus ist in den Gesellschaften des östlichen Mitteleuropa auch heutzutage immer noch ungelöst.

Mit der Wende ist mit steigender Arbeitslosigkeit auch die Existenzangst regelrecht entdeckt worden. So erhielten die Arbeit selbst und die Motivation, etwas zu leisten, einen ganz anderen und wichtigen Stellenwert. Man begriff, daß Leistung erwartet und dafür im Unterschied zu früheren Zeiten auch entsprechend bezahlt wird, und daß man auch Freude an der Arbeit haben kann. Nun dient Arbeit mehr der Existenzsicherung und eröffnet neue, früher undenkbare Möglichkeiten. Arbeit lohnt sich wieder.

7.7.2
Arbeitsstellen und Arbeitsplatz

Normalerweise werden Arbeitsstellen auch in einer wir-orientierten Gesellschaft öffentlich ausgeschrieben, damit jedem, sofern er den Qualifikationen entspricht, das gleiche Recht zur Bewerbung um diese Stelle zuteil wird. Aber das „Schneeballprinzip" findet hier sehr viel häufiger Anwendung. So wie bei der gegenseitigen Hilfe im Alltag verfährt man auch in diesem Bereich. Die „Vetternwirtschaft" ist an manchen Stellen nach wie vor üblich.

In Deutschland begründet sich die Beziehung zwischen Arbeitgeber und -nehmer auf Sachlichkeit, im östlichen Mitteleuropa dagegen ist sie stark von der moralischen Verantwortung beider Seiten geprägt. Sie verpflichtet den Arbeitnehmer, genauso wie in der Familie, zu noch größerer Loyalität als in Deutschland, denn die Beziehung Arbeitnehmer/Arbeitgeber ist stark persönlich gefärbt. Eine Kündigung seitens des Arbeitgebers wie auch Arbeitnehmers ist hier mit der persönlichen Ebene eng verknüpft. In Deutschland geht es dagegen zunächst um eine rein sachliche Angelegenheit, Sozialpläne für die Mitarbeiter werden im Notfall erst später eingerichtet.

Der Vorgesetzte gilt meist als Autorität. Er versteht sich nicht als gleichwertiger Partner des Mitarbeiters, sondern als Vorgesetzter. Das kommt auch in den Umgangsformen zwischen höher- und niedrigerrangigen Mitarbeitern zum Ausdruck. Normalerweise kann der Mitarbeiter nicht zu jeder Zeit auf den Vorgesetzten zugehen, um mit ihm Arbeitsvorgänge zu besprechen. Die Bürotüren sind meistens verschlossen.

7.7.3
Teamarbeit und gegenseitige Hilfe

Der Begriff „Team" ist auch im östlichen Mitteleuropa ein übernommenes Fremdwort. Hilfe hat Tradition, um Hilfe braucht man nicht zu bitten, sie wird von selbst angeboten, sowohl beruflich als auch privat. Keiner wird nur zusehen, ob der andere seine Aufgaben schafft und dabei unbeeindruckt seinen Kaffee trinken oder auf seine Stellenbeschreibung pochen. Denn die Unternehmen und Verwaltungen sind wir-orientiert. Sie sind auf die Gemeinschaft ausgerichtet. Die Arbeitnehmer-Arbeitgeberbeziehung ähnelt einer Familienbindung, die durch Gebote und Verbote bestimmt ist. Daraus ergibt sich, daß die Menschen aus dem östlichen Mitteleuropa grundsätzlich auch an ihrem Arbeitsplatz hilfsbereit sind. Sie sind im Normalfall gewohnt, in der Wir-Form mitzudenken, sobald man sie irgendetwas fragt oder um etwas bittet.

Stellen Sie sich vor, daß Sie an Ihrem Arbeitsplatz unter hohem Druck stehen. Sie fangen an, einen Brief zu schreiben. Das Telefon klingelt unentwegt. Sie müssen ständig aufstehen und ein Gespräch entgegennehmen. Sie kehren zu Ihrer angefangenen Arbeit an den PC zurück. Sie stellen fest, daß Ihr Kollege den eiligen Brief zu Ende geschrieben hat, denn er hat mitgedacht, wollte Ihnen helfen, ohne daß er um Hilfe gebeten wurde. Er hat den Druck wahrgenommen und gehandelt. Die Aussage: „Kommen Sie, ich mache das schon!" hören Sie überall im östlichen Mitteleuropa. Man ist in dieser Hinsicht großzügig, denn auch im Arbeitsleben heißt es: „Geben und nehmen!"

Mitdenken, gegenseitige Hilfe und Großzügigkeit sind Vorzüge der Menschen aus dem östlichen Mitteleuropa, auf die Sie bauen können. Teamarbeit und gegenseitige Hilfe müssen nicht gelehrt und gelernt, sondern nur gut organisiert werden.

7.7.4
Produkte

Wir haben festgestellt, daß Deutschland stark sachorientiert ist und sich vor allem am Konsum von Produkten orientiert. Nicht so stark ist dies im östlichen Mitteleuropa, in Polen, Tschechien und Ungarn zu finden. Das soziale Leben hat noch Vorrang. Produkte werden zwar gebraucht und konsumiert, jedoch vor allem die, die man zum Leben tatsächlich benötigt oder durch die man sich das Leben erleichtern kann. Überfluß kann man sich im Normalfall nicht leisten. Die westliche Werbung geht häufig mit ihren westlichen Maßstäben einer konsumorientierten Gesellschaft in die ostmitteleuropäischen Märkte. So können zum Beispiel Spülmaschinen noch nicht in nennenswertem Umfang verkauft werden, weil man findet, das sei nur überflüssiger Luxus und das Spülen von Hand preiswerter. Es mangelt der Werbung häufig an Überzeugungskraft aus östlicher Sicht. Es reicht nicht, die Hausfrau zu überzeugen, daß sie samtene Hände haben wird, wenn sie eine Spülmaschine benutzt, denn dieser opfert man noch gerne die Hände. Die Betonung der Notwendigkeit zum Erwerb einer Spülmaschine sollte eher auf einer genauen Kostennutzen-Rechnung beruhen.

7.7.5
Die Sehnsucht nach einheimischen Produkten

Eine Sehnsucht nach den einheimischen Produkten macht sich im östlichen Mitteleuropa breit. Nach der Wende wurden die Märkte im östlichen Mitteleuropa von Waren aus dem Westen ‚überschwemmt'. Der Traum, in den Geschäften volle Regale zu finden und westliche Ware jederzeit erwerben zu können, wurde dadurch erfüllt. Dann aber stellte sich eine gewisse „Übersättigung" ein. Es gab alles – aber eben aus dem Ausland. Die Konsumenten begannen ihre ‚Kindheit', ihre ‚Wurzeln' zu vermissen, die sich mit vielen eigenen Produkten verband. Das bedeutet, daß nicht jedes Produkt, nur weil es aus dem Westen stammt, gleiche Chancen auf dem Markt im östlichen Mitteleuropa hat.

7.8
Recht und Gesetz

7.8.1
Recht, Gesetz und die Gewohnheit, in Unsicherheit zu leben

Der Mensch und sein materieller und geistiger Besitz waren in der sozialistischen Vergangenheit antastbar. Das Recht durfte nicht in das Bewußtsein der Menschen eindringen. Recht und Gesetz bildeten keine verläßliche Lebensgrundlage. Die eigenen Rechte einzuklagen war fast unmöglich, denn es gab keine Gerechtigkeit. Der Staat wurde im Recht Partei, oft hieß es dann von offiziellen Stellen: „Es ist nicht im Interesse des Staates!" Denn alles gehörte dem Staat, auch das Individuum war sein Eigentum.

Erst nach der Wende durchdrangen Recht und Gesetz die einzelnen Lebensbereiche. Dieser Prozeß ist noch lange nicht abgeschlossen. Anwälte klagen über die ständigen Veränderungen in der Gesetzgebung.

Im östlichen Mitteleuropa wird nicht versucht, alle Ängste und jede Unsicherheit durch Vorschriften und Regelungen (wie in den Alten Bundesländern) auszuräumen. Man steht oft über den Dingen des täglichen Lebens, kann gewisse Schwierigkeiten oft einfach hinnehmen, auch wenn man sich selbst zurückstellen oder sogar selbst die Kosten tragen muß. Man ist es gewohnt, viele Angelegenheiten auf informeller und persönlicher Ebene zu regeln und nicht gleich nach dem Anwalt zu rufen.

Dazu tragen auch andere Aspekte bei:

- Es existieren noch nicht für alle Lebenslagen Gesetze.
- Die Gerichte sind so überlastet, daß viele davor zurückschrecken, ihre Rechte einzuklagen.
- Viele Menschen im östlichen Mitteleuropa kennen ihre Rechte oft nicht.

Sie sind noch nicht gewohnt, vom Gesetz häufigen Gebrauch zu machen, vor allem nicht im Alltag. Es ist zum Beispiel fast undenkbar, einen Gast, der einen

Schaden verursacht hat, oder auch einen Gastgeber, bei dem der Gast zu Schaden kam, nach seiner Versicherung zu fragen. Es gehört sich nicht und entspricht nicht der moralischen Einstellung.

Einige Beispiele verdeutlichen diese innere Einstellung:

Ein Schiff aus dem östlichen Mitteleuropa mit internationalen Gästen an Bord befindet sich auf einer Kreuzfahrt. Unterwegs bricht Feuer aus. Eine Kabine wird vollkommen zerstört. Einige Mitarbeiter erleiden Rauchvergiftungen. Es stellt sich heraus, daß die elektrische Zahnbürste eines ausländischen Gastes das Feuer durch Kurzschluß auslöste.
- Sie würden sicherlich sofort fragen: „Wer bezahlt den Schaden?"

Die Antwort in unserem Beispiel lautet: Die Reederei, denn der Kapitän wagt aus Höflichkeit und Scham nicht, den ausländischen Gast zur Verantwortung zu ziehen.

Ein Mann aus dem östlichen Mitteleuropa hilft seinem Freund beim Umzug in ein neues Haus. Er rutscht auf der Treppe aus und bricht sich mehrere Rippen. Er verabschiedet sich mit einem: „Es geht schon wieder!" von seinem Bekannten und fährt nach Hause.
- Hier stellt sich dieselbe Frage: Wer bezahlt die Genesung des Freundes?

Die Antwort: Seine Krankenkasse, denn er würde nie auf die Idee kommen, seinen Freund nach dessen Versicherung zu fragen.

Aus einer überlaufenden Badewanne tropft Wasser auf die teuren Geräte einer kleinen Druckerei, die sich in den darunterliegenden Räumen befindet. Das stellt der Besitzer erst am nächsten Morgen fest. Daraufhin ruft er den Kundendienst. Die Reparaturen dauern den ganzen Tag an, die Arbeit bleibt liegen.
- Auch hier stellt sich die Frage nach der Begleichung der Kosten. Und auch hier lautet die Antwort: der Druckereibesitzer. Denn auf die Frage, ob er den Nachbarn nach der Versicherung fragt, erhält man folgende Antwort: „Oben wohnt unser Freund. Das kann ich doch nicht machen! Die Arbeit hole ich heute Nacht nach – die paar Mark!"

Die Reihe der Beispiele ließe sich erweitern, und alle sind gleichermaßen für Polen, Tschechien wie auch Ungarn typisch.

7.8.2
Der Umgang mit dem Datenschutz

Wir haben bereits die Bedeutung des Datenschutzes in Deutschland angesprochen. Datenschutz ist zwar auch im östlichen Mitteleuropa in den demokratischen Grundverfassungen garantiert und verankert, jedoch noch nicht gänzlich ins Bewußtsein der Bevölkerung gedrungen! Das ist kein Wunder nach einer sozialistischen Vergangenheit, in der Personendatenschutz kaum existierte, der Staat willkürlich über Daten verfügen konnte und diese nicht selten mißbrauchte. An einer

Stelle werden die Ängste ganz deutlich: Bis heute fürchtet man sich, trotz großer Überlastung und seelischer Zusammenbrüche, zu einer psychologischen Beratung zu gehen, und zwar aus einem Grund, der in der Vergangenheit liegt. Die Daten konnten damals gegen die Person benutzt werden, wenn derjenige in „Ungnade" fiel. Insofern war der Mensch antastbar.

Ein anderer Aspekt spielt hier auch noch eine wichtige Rolle. In einer wir-orientierten Gesellschaft darf es keine ‚Geheimnisse' geben: Die persönlichen Daten sind wichtig, um das Individuum in die bestehende Hierarchie einzugliedern. Die Gemeinschaft steht dabei über den Belangen des Individuums, das der sozialen Kontrolle unterliegt.

Die Distanz zwischen Personen, wie sie in den Alten Bundesländern zum Schutz des einzelnen ausgeprägt ist, fehlt hier häufig, was nicht selten zu Kommunikationsproblemen auf beiden Seiten führt. Aus ostmitteleuropäischer Sicht wird man Sie, wenn Sie aus den Alten Bundesländern kommen, für distanziert halten, Sie dagegen könnten über eine gewisse ‚Distanzlosigkeit' klagen.

Nicht selten wird aber auch mangelndes Bewußtsein für den Datenschutz am Arbeitsplatz sichtbar. Datenschutz wird gerade dort, wo er sehr nötig wäre, oft auf die leichte Schulter genommen.

7.8.3
Kriminalität erlangte die Freiheit

Auch die Kriminalität erlangte mit der Wende eine neue ‚Freiheit'. Die Grenzen fielen und alle Menschen, die ‚guten' wie die ‚schlechten', genießen die Freiheit. Die Kriminalität gewann ebenfalls Freiräume, vor allem unmittelbar nach der Wende in einem mehr oder weniger gesetzesfreien und plötzlich nahezu ‚grenzenlosen' Raum sowohl im östlichen Mitteleuropa als auch im Westen. Kriminalität wurde wie Ware exportiert und importiert. Sie reicht von kleinen Portemonnaiediebstählen vor allem in den Hauptstädten bis zur Korruption in Regierungskreisen. Die Medien berichten jeden Tag darüber. Aber wie relativ erscheint diese Kriminalität im Vergleich zu jener, die von Staatsorganen während des Totalitarismus stillschweigend ausgeübt wurde? Nicht ohne Grund haben die Polizeiorgane in diesen Ländern nach der Wende erheblich an Prestige und Image eingebüßt.

7.9
Privilegien, Statussymbole und ‚materielle' Bescheidenheit

7.9.1
Privilegien

Privilegierte und ihre Privilegien werden auch im östlichen Mitteleuropa mit Mißtrauen betrachtet, denn aus der Vergangenheit ist allgemein bekannt, daß nur bestimmten Parteimitgliedern besondere, meistens unrechtmäßige Privilegien zuteil wurden. Denn bestimmte Privilegien erhielt man häufig aufgrund von Machtpositionen statt Fachkompetenzen. Im Gegensatz zu Deutschland werden manche

Privilegien, je nach Stellung des Privilegierten, jedoch für gesellschaftlich notwendig gehalten. Nach dem Motto: „Der Herr Minister kann doch nicht zu Fuß gehen!"

7.9.2
Statussymbole

Statussymbole waren in der vorsozialistischen Vergangenheit durchaus bekannt. In der sozialistischen Vergangenheit kannte man sie hingegen kaum – denn es gab zu wenige. Zu den wenigen Statussymbolen gehörte zum Beispiel die Bildung, mit der man trotz verordneter „Klassenlosigkeit" in eine höhere Schicht gelangen und sich damit von den anderen abheben konnte.

Mit der Wende gelangten Statussymbole zusammen mit den neuen sozialen Möglichkeiten und der Importware in das östliche Mitteleuropa. Statussymbole werden vor allem von Neureichen nach außen zur Schau getragen. Durch Statussymbole zeigt man, wozu man es gebracht hat oder was man nun geworden ist.

7.9.3
‚Materielle' Bescheidenheit

Geld hat im östlichen Mitteleuropa eine andere Bedeutung als in einer Konsum- und Wohlstandsgesellschaft. Die jahrzehntelange materielle Bescheidenheit macht sich noch an vielen Stellen bemerkbar. Geld ist bei den meisten Menschen im östlichen Mitteleuropa wie früher Mangelware und zudem ungleichmäßig verteilt – im Gegensatz zu früher. Die sozialen Unterschiede sind aufgrund der neuen Schichten deutlicher sichtbar und viel krasser geworden.

Es gibt „Altreiche", die ihren Besitz vom Staat zurückbekommen haben, und „Neureiche", die sich in zwei Gruppen unterteilen lassen: Die eine, die aus eigener Kraft und in redlicher Selbständigkeit zu Vermögen kam, und die andere, die durch ‚krumme' Geschäfte reich wurde und in der Gesellschaft keine Lobby hat. Und noch eine gesellschaftliche Gruppe ist vorhanden: die der Armen, ein ungewohntes Bild für das östliche Mitteleuropa.

Die Mehrheit träumt nicht vom Überfluß, sondern von der Normalisierung der Verhältnisse und vom ‚Überleben'. Statt von Konsum sollte man besser von Verbrauch sprechen, und dieser hält sich in Grenzen. Deshalb wird mit Geld vorsichtig umgegangen, der Wert einer Ware wird noch geschätzt. Von Übersättigung kann keine Rede sein. Auto, Eigentumswohnung, Urlaub im Ausland und sogar noch ein neuer Kühlschrank zählen zum Luxus, auf den man stolz ist und über den man spricht. Mit Geld und Konsumgütern geht man sparsam und vorsichtig um.

In den Ländern, in denen das „Proletariat" herrschte und alle nahezu gleich wenig verdienten, wurde man zur Bescheidenheit gezwungen (im Unterschied zu denen, die entweder über das Parteibuch verfügten oder durch Schwarzmarktgeschäfte schon zur Zeit der Diktaturen immer reich waren). Der Metzger war der König und der Käufer der Bettler. Diese Bescheidenheit ist im östlichen Mitteleuropa bis heute erhalten geblieben. Die Mehrheit ist nach wie vor gewohnt und oft gezwungen, sparsam zu sein, zu improvisieren, zu reparieren und zu flicken und sich schnellstens an neue Situationen anzupassen.

7.9.4
‚Geistige' Bescheidenheit statt Souveränität

Eine gewisse Bescheidenheit ist auf der geistigen Ebene ebenfalls sichtbar. Das hat mehrere Gründe:

Einerseits sind die Belange der wir-orientierten Gesellschaft traditionell wichtiger als die des Individuums, so daß man seine Eigeninteressen eher zugunsten der Gruppeninteressen zurückstellt.

Andererseits trägt diese Zurückhaltung auch noch sozialistische Spuren. Man fühlt sich nicht nur im Hinblick auf den materiellen, sondern vor allem auch den geistigen Besitz im Vergleich zu den westlichen Nachbarn minderwertig. Über Nacht wurde alles anders. Die meisten materiellen Güter, die man im Sozialismus erwarb, sowie die geistigen Güter (etwa die einer Ausbildung) wurden zweite Wahl. Das Erlernte verlor an Wert und Gültigkeit. Plötzlich lösten sich die geistigen Besitztümer sozusagen in nichts auf. Die ‚geistige' Bescheidenheit hat sich innerhalb der letzten zehn Jahre gebessert, denn in dieser kurzen Zeit haben viele auf dem Bildungssektor aufgeholt und dadurch an Selbstbewußtsein gewonnen.

Uns begegnet diese geistige Bescheidenheit nach wie vor, allerdings eher in einem traditionellen Sinn, denn man prahlt nicht mit dem, was man kann. Das Individuum stellt seine Interessen nicht über die der Gemeinschaft, das würde bereits einem ausgeprägten Individualismus entsprechen. Auf dieses Thema werden wir noch im Abschn. 13.3.3 („Bewerbungsgespräch mit einheimischem Bewerber") zurückkommen.

7.9.5
Freizeit meint nicht immer freie Zeit

Das Verständnis von Freizeit ist im östlichen Mitteleuropa ein anderes, obwohl manche westliche Untersuchungen das Gegenteil behaupten, dabei aber aus der Sicht einer Wohlstandsgesellschaft argumentieren.

Selbstverständlich schätzt man seine Freizeit. Man versucht, sie zu genießen, durchaus so wie im Westen, aber man nutzt sie häufig anders. Während der Westen unter der Freizeit nahezu leidet, nutzt man im östlichen Mitteleuropa seine Freizeit zur Ausübung von Zweit- oder Drittjobs. An Wochenenden fährt man nach wie vor mit der Familie aufs Land, um an den Häusern zu basteln, die Gärten zu bestellen und die Ernte einzumachen. Ab und zu erlaubt man sich einen richtigen Urlaub, vielleicht wie die westlichen Nachbarn.

Freizeit genießt man nicht unbedingt auf der Sonnenbank oder in einem Fitneßstudio, sondern füllt sie entweder mit weiterer Arbeit, mit Tüfteln, mit Familienbesuchen oder mit Kultur. Es ist auch (bis heute) nichts Ungewöhnliches, in der Freizeit Hilfe anzubieten. Als Beispiel kann man ausländischen Besuch anführen, den man am Sonntag oder an einem anderen freien Tag selbstverständlich mit seinem privaten Auto vom Flughafen hinter der Stadt abholt und ins Hotel bringt. Das betrachtet man nicht als Arbeit, sondern als Gastfreundschaft, auch wenn es Zeit und Kraft kostet. Dazu ist jedoch zu bemerken, daß genau dies sich zu verändern beginnt, weil die ausländischen Gäste häufig gerade diese Gastfreundschaft gern genießen, jedoch keine Gegenleistung erbringen. In den Alten Bundesländern bedeutet auch Gastfreundschaft Arbeit, und die Freizeit ist ‚heilig'.

7.10
Der Blick auf das Ausland

7.10.1
Assoziationen im östlichen Mitteleuropa

Mit dem westlichen Ausland assoziiert man im östlichen Mitteleuropa viel Positives. Die jahrzehntelange ‚Abstinenz' machte das Ausland attraktiv, und der Nachholbedarf ist groß. Es sind durchaus nicht nur die wirtschaftlichen Interessen, sondern die Neugierde auf Kultur, Wissen, Landschaft und Abenteuer. Die Bereitschaft, Normen und Werte aus anderen Kulturen, vor allem aber den westlichen anzunehmen, ist hier ausgeprägt. Der ‚Hunger' nach Neuem, nach dem, was noch ein ‚Geheimnis' darstellt, ist viel größer als bei den meist weitgereisten westlichen Nachbarn.

7.10.2
Volksgruppen

Auch die Länder Ostmitteleuropas, die jahrzehntelang selbst unter ihren Regierungen gelitten haben, sind nicht frei von Ressentiments und Diskriminierungen gegenüber ihren Minderheiten. Auch diese Thematik gehört zu ihrer Aufarbeitungsgeschichte. Vor der Wende wurde dieses Thema mehr oder weniger ignoriert und tabuisiert. In den Ländern des östlichen Mitteleuropa – und darin besteht der Fortschritt – stellt man sich zunehmend dieser Problematik, um die neue Freiheit auch den Minderheiten zu ermöglichen. Dieser Prozeß wird begleitet von vielen Auseinandersetzungen und Ängsten, wie zum Beispiel von sozialem Neid, nach dem Motto: „Wenn es uns nicht gut geht, warum sollen wir das wenige, das wir haben, noch mit anderen teilen?"

Am ärgsten ist die Minderheit der Zigeuner betroffen, die nirgendwo in diesen Ländern eine Lobby hat. Es herrscht mehr oder weniger die Meinung vor, daß Roma und Sinti grundsätzlich kriminell und unerziehbar seien. Sie werden gemieden und diskriminiert.

Zu den Minderheiten im östlichen Mitteleuropa rechnen:

- in Polen: Tschechen, Deutsche, Russen, Weißrussen und Ukrainer;
- in Tschechien: Slowaken, Polen, Roma, Juden, Russen, Ukrainer und Deutsche;
- in Ungarn: Roma, Donauschwaben und Slowaken.

In allen drei Ländern leben Juden, die es wieder wagen, zu ihrer Kultur zurückzukehren, nach ihrer neuen Rolle in der Gesellschaft suchen und kein Tabu mehr in der neuen gesellschaftspolitischen Öffentlichkeit darstellen, denn im Sozialismus ‚gab es sie nicht'. Die Wiederbelebung ihrer Kultur läßt auf ein neues Aufblühen ihrer Traditionen in den Ländern des östlichen Mitteleuropa hoffen.

7.10.3
Fremde

„Bevor ich nach Deutschland kam, konnte ich mir nie vorstellen, daß ich jemals mit einem Schwarzen befreundet sein könnte!"

So lautet die Feststellung eines Besuchers aus dem östlichen Mitteleuropa.

„Ich bin doch kein Türke!"

Eine ähnliche Einstellung wie im ersten Zitat zeigt die Empörung eines anderen Besuchers aus dem östlichen Mitteleuropa in Deutschland.

Trotz der Tatsache, daß auch die Länder des östlichen Mitteleuropa, wie der gesamte ehemalige Ostblock, mit einigen weit entfernten Ländern offiziell „verbrüdert" waren, kann man nicht behaupten, daß es keine Diskriminierung und keinen Rassismus und keine allgemeinen Vorurteile gab. Im Gegenteil, die lange Isolierung der Länder im östlichen Mitteleuropa von der Außenwelt und fehlende Informationen erlaubten den Menschen nicht, andere Kulturen kennenzulernen und sich mit ihnen auseinanderzusetzen.

Vor allem auf Menschen aus Entwicklungsländern (je dunkler die Hautfarbe, desto schlechter) wurde und wird heutzutage noch häufig herabgeblickt. Im Bewußtsein vieler in den Transformationsländern blieben sie die „Primitiven", selbst wenn ihr eigenes Land sich auf einem niedrigeren wirtschaftlichen Niveau als das ‚Entwicklungsland' befindet.

7.10.4
Das Bild von Deutschland im östlichen Mitteleuropa – bekannte Fremde

Deutschland gehört nicht zu den Ländern, in denen man seinen ganzen Urlaub verbringt. Es sind vielmehr der Süden, die Sonne, das Meer und ein wenig Abenteuer, wonach sich auch die Menschen aus Polen, Tschechien und Ungarn sehnen. Wenn man Deutschland besucht, dann meistens nur für eine kürzere Zeit. Man fährt zu Freunden oder zur Familie, denn man darf nicht vergessen, daß während des Sozialismus viele Menschen aus dem östlichen Mitteleuropa nach Deutschland emigriert sind und hierzulande heimisch wurden.

In Deutschland kauft man gerne ein, weil die hohe Qualität der deutschen Produkte im östlichen Mitteleuropa sehr geschätzt wird. Man schätzt aber auch die funktionsfähige Infrastruktur, die Ordnung und Sauberkeit. Nach Deutschland

7.10 · Der Blick auf das Ausland

fährt man vor allem aber auch aus geschäftlichen Gründen und um sich in einer Ausbildung Wissen anzueignen.

In der sozialistischen Vergangenheit wurde die negative Einstellung gegenüber Westdeutschland durch die Propaganda regelrecht geschürt. Als Propagandamittel wurden zum Beispiel Filme über tschechische Emigranten in Aufnahmelagern in Westdeutschland gezeigt, die man „Arbeitslager" nannte, womit man direkte Assoziationen zur Vergangenheit, zu den Grausamkeiten des Nazi-Regimes herstellte. Und wie sollte jemand, der kaum eine andere Wahrheit kannte, keine andere Auskunft bekam, isoliert lebte und mit solchen Lügen ‚gefüttert' wurde, irgendwelche Zweifel an der Wahrheit der Propaganda bekommen, trotz seines gesunden Menschenverstandes?

Deutschland wurde oft mit Mißtrauen betrachtet. Dieses Gefühl kann man auch im Hinblick auf den Fall der Mauer nicht leugnen. Nach der Wiedervereinigung hielt man für eine Weile den Atem an, weil man sich die Frage stellte, was danach kommen würde. Man sah den wachsenden Nachbarn, der vor den eigenen Augen zu einem ‚Riesen' wurde. Die Berichte und Bilder über die Ausländerfeindlichkeiten, die in den vergangenen Jahren in einigen Städten Deutschlands zu beobachten waren, gingen um die Welt. Sie trugen nicht zu einem positiven Bild von den Deutschen bei, auch nicht im östlichen Mitteleuropa. Angst und Unsicherheit machte sich nicht nur dort breit, sondern auch unter jenen aus dem östlichen Mitteleuropa, die hierzulande ihre Heimat gefunden hatten.

Es kommt nicht selten vor, daß Deutschland auch heutzutage von einzelnen sehr undifferenziert betrachtet wird. Erst wenn diese nach Deutschland reisen und hier einige Zeit verbringen, stellen sie fest, wie groß die Kluft zwischen ihrem mitgebrachten Deutschlandbild und der Realität ist. Sie sind verwundert über die Akzeptanz durch die deutschen Kollegen und korrigieren ihr Bild.

Die Menschen aus dem östlichen Mitteleuropa unterscheiden wohl zwischen Ost- und Westdeutschland, wobei die alte Bundesrepublik den Zuschlag erhält. Den Osten meinen sie zu kennen, er könne ihnen nichts Neues bieten, weil er sich im gleichen Entwicklungsstadium befinde wie sie selbst. Außerdem wird oft behauptet, gerade hier Angst vor der Ausländerfeindlichkeit zu haben. In den unmittelbaren Grenzgebieten sind die Animositäten zwischen den Nachbarn wesentlich ausgeprägter.

Nach wie vor ist man im Umgang mit dem deutschen Nachbarn (im Falle Ungarns: dem indirekten Nachbarn) vorsichtig, aber durchaus nicht abgeneigt, gute Beziehungen zu unterhalten. Polen und Ungarn gelingt es zunehmend besser als Tschechien. In Tschechien funktioniert die Völkerverständigung auf der persönlichen Ebene und unter Einzelpersonen viel besser als auf der politischen Ebene.

Allgemein betrachtet sind die Menschen aus dem östlichen Mitteleuropa Deutschen gegenüber nicht negativ eingestellt. Vor allem die neue, unbelastete Generation ist viel offener und neugieriger auf Deutschland und die Deutschen als die ältere Generation, die den Zweiten Weltkrieg selbst erlebte, oder als diejenigen, die zur unmittelbaren Nachkriegsgeneration gehören. Viele verschiedene Kontakte, sowohl private als auch geschäftliche, tragen in dieser Hinsicht positiv zum gegenseitigen Kennenlernen und zum Verständnis bei.

7.11
Der Umgang miteinander

7.11.1
Kritik und Meinungen

„In Deutschland sprechen die Menschen immer, egal, ob es richtig oder falsch ist!"

So lautet eine Bemerkung aus dem östlichen Mitteleuropa, und sie drückt nicht nur aus, daß die Menschen im Westen sich in den Vordergrund stellen, sondern daß es gang und gäbe ist, eine Meinung zu haben und äußern zu dürfen. Und das ist der Unterschied zum östlichen Mitteleuropa, wo mindestens zwei Aspekte zur Zurückhaltung führen:

- die Sozialisierung im Sozialismus, die zum Verstummen führte;
- aus Rücksicht auf die Gemeinschaft werden eher konforme Meinungen und ebensolche Kritik geäußert.

Würde jeder seine eigene Kritik oder Meinung äußern, käme das einem Zerfall der Gemeinschaft in lauter einzelne gleich. Solchermaßen wäre eine bestimmte Gruppe nicht mehr zu identifizieren, jedes ihrer Mitglieder würde individuell für sich stehen. Auch die Schutzmechanismen der Gruppe für das Individuum würden sich auflösen, und die Loyalität der einzelnen Mitglieder gegenüber der Gruppe wäre nicht mehr gewährleistet. Die Verantwortung für Kritik und Meinung würde sich von der Gruppe auf die Individuen verlagern, was nicht im Sinne einer wir-orientierten Gesellschaft ist, denn „wir klatschen zusammen". Gehen Sie zu zehn verschiedenen Beratern im östlichen Mitteleuropa und Sie bekommen vielleicht nur zwei verschiedene Meinungen zu hören. In Deutschland wären das sicherlich viel mehr.

Die Folgen der wenig geübten Fähigkeit, Kritik zu äußern, zeigten sich sehr deutlich nach der Wende, als die meisten aus großer Unsicherheit und Vorsicht nicht fähig waren, ihre Meinung oder Kritik zu artikulieren. Mit dem gewonnenen Selbstbewußtsein hat sich zehn Jahre nach der Wende auch diese Eigenschaft verändert. Man hat wieder gelernt, zu ‚sprechen', und man lernt immer noch dazu. Bis heute wagen allerdings viele immer noch nicht, offiziell Kritik zu üben.

Wenn sie sich beruflich im Ausland aufhalten, hört man direkte Kritik noch seltener, aus gewohnter Vorsicht und Rücksicht auf die Gefühle des Gastgebers. Wenn man Kritik äußert, dann sehr indirekt, meist ist sie verschleiert.

7.11.2
Konflikte, Konfliktaustragung und Kompromißbereitschaft

Eine demokratische, offene Konfliktaustragung war in der Vergangenheit nicht möglich. In der wir-orientierten Gesellschaft sind die sozialen Werte den materiellen häufig übergeordnet. Konflikte werden nicht in der direkten Konfrontation ausgetragen, denn das Gemeinwohl hat Vorrang vor der rein sachlichen Arbeitsbeziehung. Das Individuum muß sich der Gemeinschaft gegenüber loyal verhalten. Schon deshalb hat die Kompromißbereitschaft in dieser Gesellschaft einen relativ hohen Stellenwert, denn das Gemeinwohl ist normalerweise wichtiger als ein persönlicher ‚Sieg'. Diesbezüglich verzichtet man teilweise auf seine eigenen Rechte. Man ist bemüht, die Einigung durch einen Konsens zu erzielen.

7.12
Das sollten Sie beachten

- Die Gesellschaften im östlichen Mitteleuropa sind stark personen- bzw. gemeinschaftsorientiert.
- Hierarchische Ordnung und soziale Kontrolle sind stärker ausgeprägt als im Westen.
- Die Familie hat einen hohen Stellenwert.
- Die Bürokratie ist häufig schwerfällig.
- Recht und Gesetz bilden zwar die Lebensgrundlage, aber noch nicht in dem Maß wie bei den westlichen Nachbarn.
- Zeit bedeutet nicht immer Geld.
- Persönliches hat Vorrang und vermischt sich häufig mit Sachlichem.
- Die Menschen sind spontan und gefühlsbetont.
- Körperkontakt ist üblicher.
- Geld ist mit gewissen Ausnahmen nach wie vor Mangelware.
- Der Kunde als „König" setzt sich erst durch.
- Die Emanzipation in westlichem Sinn hat sich noch nicht wesentlich ausgewirkt.

KAPITEL 8

Umgangsformen im östlichen Mitteleuropa

8.1
Die Begegnung

8.1.1
Begrüßung und Anredeformen

In Polen, Tschechien und Ungarn schüttelt man sich nicht so oft wie in Deutschland die Hand. Hierzulande zum Beispiel nimmt der Arzt die feuchte Hand des frisch operierten Patienten gerne an.

Im östlichen Mitteleuropa könnte es vorkommen, daß sich die Hand des Einheimischen nicht immer in Ihre Richtung in Bewegung setzt. Wenn Ihnen also nicht sofort die Hand Ihres Gegenübers im östlichen Mitteleuropa angeboten wird, sollen Sie dies nicht als persönliche Zurückweisung mißverstehen.

In den meisten Fällen dürfen Kinder Erwachsene nicht direkt mit dem Vornamen ansprechen. Freunde und Bekannte der Eltern werden von ihnen als „Tante" und „Onkel" bezeichnet und auch so angesprochen.

8.1.2
Begrüßung und Anredeformen in Polen

In Polen ist der Handkuß bei der Begrüßung noch üblich, vor allem bei der älteren Generation. Er ist als Zeichen des Respekts der Dame gegenüber zu verstehen. Auch polnische Freunde küssen sich, allerdings auf die Wangen, Männer schütteln sich die Hände.

Bei der Anrede wird die Reihenfolge wie im Deutschen geregelt.

Bei einer Heirat ist es zwar erlaubt, aber nicht immer üblich, daß Frauen ihre Mädchennamen behalten oder den neuen Nachnamen ihrem Mädchennamen anhängen. Falls ein Nachname auf *-i* (*Koslowski*) endet, lautet er bei einer Frau auf *-a* aus, also *Koslowska*. Falls er auf einem Konsonanten endet (*Klimkiewicz*), ändert sich am Nachnamen der Frau nichts.

8.1.3
Begrüßung und Anredeformen in Tschechien

Die Reihenfolge bei der Anrede ist ebenfalls wie im Deutschen geregelt.

Bei einer Heirat in Tschechien verhält es sich ähnlich wie in Polen: Es ist erlaubt, den eigenen Namen beizubehalten, aber eher selten. Nach der Heirat übernimmt die Frau meistens den Namen ihres Mannes, an den die Endung *-ova* angehängt wird. Dadurch wird das Femininum gekennzeichnet. Auch die Kinder tragen die Namen der Eltern, die Tochter den Namen der Mutter, also mit der Endung *-ova*, der Sohn den Namen des Vaters ohne Endung, *Navratil*.

Als Beispiel kann hier der bekannte Name *Navratilova*, die Tochter von Frau Navratilova dienen. Das heißt, daß die Braut von Herrn *Navratil* bei der Heirat auf ihren Geburtsnamen verzichtete und den ihres Mannes annahm, unter Anhängung der Endung *-ova*.

Es gibt allerdings einige Ausnahmen, wie zum Beispiel bei tschechischen Nachnamen, die auf *-u* oder *-ú* enden, oder bei einigen ausländischen Nachnamen, die nicht einfach durch das Anhängsel *-ova* geändert werden können. Ansonsten geben Tschechen Namen meist die slawische Form (Herr Mochtar/Frau Mochtar*ova*, Herr Müller/Frau Müller*ova*, Herr Clinton/Frau Clinton*ova*). Dies hat zwar den Vorteil, daß sofort erkennbar ist, ob es sich um eine Dame oder einen Herrn handelt (im Unterschied zu deutschen Namen, die einem immer Rätsel aufgeben). Der Nachteil jedoch ist, daß Ausländer, die der slawischen Grammatik nicht mächtig sind, glauben könnten, es handle sich um zwei verschiedene Namen oder nicht miteinander verheiratete Personen.

Nach der Wende hat man dieses Problem erkannt und gelöst, indem man erlaubte, in die tschechischen Pässe den Namen des Ehemannes einmal mit und einmal ohne Endung *-ova* einzutragen: *Mochtarova/Mochtar*. Auf diese Weise entstand jedoch ein Doppelname, der eigentlich keiner ist.

Zunehmend macht sich auch hier der westliche Einfluß bemerkbar, indem versucht wird, die *ova*-Endung abzuschaffen, was wiederum zu einer gewissen Verstimmung zwischen pronationalen und prowestlichen Seiten führt.

In Tschechien ist der Handkuß längst aus der Mode gekommen und eine Rarität geworden. Tschechen küssen sich häufig noch unter Freunden auf den Mund, sowohl Frauen untereinander als auch Frauen und Männer. Die Männer schütteln sich zur Begrüßung die Hände.

8.1.4
Begrüßung und Anredeformen auf Ungarisch – mit kleinen Unterschieden

Das Ungarische hat besondere Anredeformen, die im Vergleich zum Polnischen und Tschechischen auf eine strengere hierarchische Ordnung in der Gesellschaft schließen lassen. Außer dem gewöhnlichen „Guten Tag!" kann man dem Gegenüber seine *Ehrfurcht*, *„Tiszteletem!"* entbieten. Diese Form benutzt man gegenüber höher gestellten männlichen Personen.

Den Ausdruck *„Csokolom!"*, *„Ich küsse Sie!"*, verwenden Kinder gegenüber Erwachsenen, den Tanten und Onkeln, Freunden, Eltern und Bekannten der Eltern. Grundsätzlich werden so alle alten Menschen angesprochen. Es war früher üblich,

8.1 · Die Begegnung

daß Kinder den Erwachsenen tatsächlich die Hand geküßt haben. (Diesen Brauch findet man heutzutage zum Beispiel noch im Orient.)

„*Kezét csokolom!*" – „*Küß die Hand!*" ist in der gesprochenen Sprache üblich und in der praktischen Anwendung durchaus noch vorhanden. Dieser Ausdruck wird von Männern nicht nur bei höhergestellten weiblichen Personen, sondern auch ganz allgemein bei allen Frauen verwendet.

Es ist zwar bereits eine Seltenheit, findet sich aber noch, daß ältere Generationen ihren Eltern siezen.

Der Nachname einer Person steht immer an erster Stelle. Das heißt, daß sich die Ungarn immer zuerst mit dem Nachnamen und dann erst mit dem Vornamen vorstellen. Eine Besonderheit gibt es auch bei Eheschließungen und der Wahl des zukünftigen Namens. Eine sehr übliche Form ist, daß die Frau den Nachnamen und sogar den Vornamen des Mannes übernimmt. Die Endung *-ne,* die an den Vornamen des Mannes angehängt wird, bezeichnet die weibliche Form. Diese Endung *-ne* bedeutet: „die Frau von". Heiratet also eine Frau namens *Agnes Farkas* einen *Nagy Laszlo,* wird sie in der Regel nach der Heirat *Nagy Laszlone* heißen. Dadurch verzichtet die Frau vollständig auf ihren Vor- und Nachnamen.

Aber es gibt noch mehr Möglichkeiten, wie sie dann heißen könnte, denn sie könnte auch den Namen *Nagy Agnes* oder *Farkas Agnes* (also ihren Namen beibehalten) oder *Nagyne Farkas Agnes* (die Frau *Farkas Agnes* von Herrn *Nagy*) tragen. Frauen, die einen akademischen Titel erworben haben, neigen dazu, ihren Mädchennamen zu behalten, damit sie auch ihren Titel tragen können, denn falls dieser Titel an den Nachnamen des Mannes angehängt würde, besäße der Mann den Titel.

Falls Sie also im ungarischen Telefonbuch eine verheiratete Frau suchen, die noch dazu einen Titel trägt, müssen Sie sich gegebenenfalls in Geduld üben. Denn im Telefonbuch würde ein Ungar zuerst nach dem Männernamen suchen, und nur falls er diesen nicht findet, nach dem Frauennamen.

Ein Beispiel: Ein Ungar heißt *Laszlo Nagy*, sein Vater natürlich auch *Nagy*. Die Mutter ist Ärztin. Sie behielt wegen ihres Doktortitels ihren Mädchennamen. Sie heißt Dr. *Farkas*. Im Telefonbuch ist sie nicht zu finden, denn dort wurde der Name des Mannes, *Nagy*, eingetragen. Wenn Sie also Frau Dr. *Farkas* suchen, müssen sie den Namen des Mannes ausfindig machen, damit Sie die Ärztin kontaktieren können, denn unter *Farkas* finden Sie seine Frau nicht. Aber auch wenn Sie polnische oder tschechische Gesprächspartnerinnen im Branchenverzeichnis suchen, sollten Sie unter dem Namen des Mannes nachschauen.

Die Anrede mit Herr (wie im Deutschen Herr Müller) ist im Ungarischen vorhanden, eine Anrede für *Frau* Müller existiert jedoch nicht. Die Lösung ist, daß Frauen mit Vornamen angesprochen werden, dabei werden sie aber gesiezt. Es ist jedoch üblich, daß sich unabhängig von ihrer beruflichen Stellung Frauen duzen, vor allem, wenn sie in derselben Branche tätig sind. Wenn das Duzen ausgeschlossen ist, werden sie gesiezt, aber dann mit ihrer Funktionsbezeichnung, zum Beispiel als *Frau Direktorin* angesprochen, denn in dieser Kombination ist der Ausdruck für Frau durchaus vorhanden.

Weil unter Frauen das Duzen so verbreitet ist, und außerdem im Ungarischen kein Ausdruck für die Anrede *Frau* existiert, kommt es nicht selten vor, daß zum Beispiel Briefe nicht an *Frau Renate Müller* adressiert werden, sondern nur an *Renate Müller* oder *Müller Renate*. Dies wirkt zwar unhöflich, ist aber kein Fehler, da es auf die im Ungarischen üblichen Anredeformen zurückzuführen ist, die unbewußt in die Fremdsprache übertragen werden.

Eine ungarische Besucherin in Deutschland meint dazu: „Ich muß immer darauf achten, daß ich meine deutsche Vorgesetzte mit Frau XY anrede und nicht nur mit XY."

Eine weitere Ungarin meint: „In Ungarn duzen wir uns mit unseren Vorgesetzten gegenseitig, vor allem, wenn es Frauen sind."

Eine andere Ungarin erzählt: „Mein Chef hat mich am Anfang immer mit Agnes und Sie angesprochen. Mittlerweile duzen wir uns gegenseitig."

8.2
Der Gast

Der Spruch „Der Gast ist König" findet überall im östlichen Mitteleuropa Anwendung. Der Gast wird in den wir-orientierten Gesellschaft als „Familienmitglied" betrachtet. Er findet Eingang in die Privatsphäre – und seinen ‚Onkel' behandelt man nicht schlecht!

8.2.1
Einladung in die Wohnung

Der Gast ist also der König! Im östlichen Mitteleuropa ist man sozial eingestellt. Freunde und Bekannte, zu denen Vertrauen gewonnen wurde, werden meistens nach Hause eingeladen. Den Gang in ein Restaurant betrachtet man als unpersönlich, und meist ist er auch zu teuer. Die persönliche Ebene findet man gemütlicher, was immer man genau darunter versteht. Zu Hause kann man vor allem offener sprechen, denn es gibt keine ‚zusätzlichen' Ohren – ein Verhaltensrest aus der Vergangenheit.

Bei Einladungen von Freunden in die Wohnung ist es undenkbar, den zum Essen geladenen Gast zu bitten, etwas mitzubringen, oder ihn überhaupt danach zu fragen. Eine Einladung versteht man immer wortwörtlich. Der Einladende zahlt, denn der Gast ist König, und eine Majestät bittet man auch nicht um einen Salat! Dieser Gast wird meistens regelrecht bekocht. Für ihn wird geputzt, eingekauft, gebacken und geschmort. Außerdem zeigt man ihm die Stadt, egal wie groß der Aufwand ist und ob man nachts noch genug Schlaf bekommt. Diesbezüglich ist man sehr leistungsorientiert. Man ist auf die dem Gast erbrachten Dienstleistungen und für ihn gefertigten Produkte der Küche stolz.

Auch wenn Sie keinen Durst haben, werden Sie regelrecht zum Trinken überredet. Es ist undenkbar, Ihnen nichts zu servieren, trotz Ihres direkten Neins. Damit haben viele Menschen aus dem östlichen Mitteleuropa wiederum in Deutschland ihre Probleme. Wenn ihnen nämlich der deutsche Gastgeber etwas anbietet, ist es aus ihrer Sicht höflich, zunächst abzulehnen, gemeint ist aber: Machen Sie sich keine Umstände! Das bedeutet also, man möchte gerne etwas, oder/aber man erwartet, daß einem etwas zwei- oder dreimal angeboten wird oder daß man dem Gast trotz des Neins etwas einschenkt. Man verneint diese Frage nur aus Höflichkeit, möchte aber natürlich doch etwas trinken!

Falls Sie als Gastgeber diese Unterschiede nicht beachten, erfahren Sie nicht, daß Ihr Gast während seines Besuches bei Ihnen hungrig und durstig blieb.

8.2.2
Der König ohne Schuhe

In Polen, Ungarn und Tschechien ist es üblich, nach Betreten der Wohnung die Schuhe auszuziehen (Ausnahmen gibt es natürlich auch hier). Das ist einerseits sicherlich auf hygienische Gründe zurückzuführen, denn die Straßen sind meistens nicht so sauber wie in deutschen Städten, andererseits auf die schwindelerregenden Teppichpreise. Der Gast erhält dann entweder Besucherpantoffel oder der Gastgeber zieht seine eigenen Hausschuhe aus und bietet sie Ihnen an. Ungarn nehmen manchmal zu ihren Verwandten Pantoffel mit. Vor allem in den tschechischen Familien ist das Schuheausziehen eine Faustregel. Auch wenn Ihnen gesagt wird, daß Sie die Schuhe nicht auszuziehen brauchen, erfordert es die Höflichkeit, dies dennoch zu tun! „Sie müssen nicht!" bedeutet: Tun Sie es! Sie ersparen sich und der besuchten Familie die peinliche Situation, indem Sie ganz souverän Ihre Schuhe einfach ausziehen und betonen, daß das für Sie ganz selbstverständlich sei und Sie diesen Brauch kennen. Fragen Sie dann nach den Pantoffeln des Gastgebers, Vorrat ist bestimmt da. Wenn es Ihnen schwerfallen sollte, dann stellen Sie sich das blutende Herz der Gastgeberin vor, die hinter ihrem Rücken verzweifelt und mit gekreuzten Händen auf der Brust die kleinen Pfützen und Schmierflecken auf dem Teppich beobachtet. Sie ersparen vor allem ihr den späteren ‚Nervenzusammenbruch' bei der Hausarbeit.

Falls man Sie doch ins Restaurant oder Café einlädt, versuchen Sie nicht nach der Devise zu handeln, daß es für die Einheimischen zu teuer ist, Sie aber aufgrund des günstigen Wechselkurses die Taschen voller Geld haben. Darauf wird man verärgert reagieren. Lassen Sie Ihre Gastgeber zahlen; irgendwann können Sie sich entweder mit einer Gegeneinladung oder auch mit einer Kleinigkeit oder einer Dankespostkarte revanchieren, denn es gilt: Geben und nehmen.

Es ist selbstverständlich, daß einmal der eine, das nächste Mal der andere zahlt. Die Pfennige wird man dabei nicht zählen!

8.3
Geschäftliche Einladungen

Bei geschäftlichen Einladungen verfährt man sehr konform. Man verhält sich in den drei Ländern sehr formell, daß heißt, der Mann verhält sich wie ein Gentleman und die Frau wie eine Dame – und das wird generell erwartet. Gute Manieren sind noch gefragt. Der Mann hilft der Frau beim Ausziehen des Mantels. Er hält ihr die Tür auf, läßt sie als erste durch, wartet, bis sie Platz nimmt. Im Café bezahlt immer er. Im allgemeinen wartet er nicht, bis sie das tut.

8.3.1
Geschäftsessen

Geschäftspartner werden offiziell in ein Restaurant eingeladen, an der Bewirtung wird nie gespart. Meistens gibt es auch keine detaillierte Kalkulation für Gäste, bis zu welcher Höhe sie konsumieren können, höchstens einen groben Rahmen. Für seine Gäste zahlt man. Dies gilt nicht nur für das Geschäftsessen, sondern für Gäste allgemein, natürlich im Rahmen des Möglichen!

Den Gast umsorgt man fast rund um die Uhr. Es ist keine Seltenheit, seinen Gast vom Hotel oder seiner Unterkunft abzuholen und ihn zu begleiten. Man ist sehr bemüht, daß sich der Gast rundum wohlfühlt. Man möchte ihn ein wenig beschützen und bemuttern, weil man annimmt, daß er sich in der Stadt nicht auskennt und die einheimische Sprache nicht beherrscht. Einen Gast läßt man nicht ‚vereinsamen‘, sondern leistet ihm Gesellschaft.

8.3.2
Essen, Trinken und Geschäfte

Während des Essens spricht man nicht über Geschäfte (aber danach). Unterhaltung, Witze und Anekdoten stehen meistens an erster Stelle, erst dann geht man zum geschäftlichen Thema über. Über das ‚Private‘, das ‚Unterhaltsame‘ kommt man sich näher. Wenn sich die Atmosphäre gelockert hat, können Sie über Geschäfte oder Probleme und Schwierigkeiten meistens mehr erfahren, weil die Hemmungen abgebaut sind.

Das Essen selbst könnte für Sie als Salatesser zu mächtig sein. Die traditionelle Küche der drei Länder spart nicht an Kalorien und Fett, und dieses meist kalorienreiche Essen erfordert alkoholreiche Getränke, deshalb ist der Digestif ein gutes Verdauungsmittel.

Für die meisten Tschechen ist Bier die „Muttermilch" für Erwachsene. Sie sind auf ihr Bier sehr stolz und trinken es fast zu jeder Tageszeit. Vor der Wende waren viele der Überzeugung, daß es zu einer Revolution gekommen wäre, wenn die Regierung die Bierpreise so angehoben hätte, daß man es sich nicht mehr hätte leisten können, oder wenn das Bier aus irgendeinem anderen Grund nicht mehr erhältlich gewesen wäre. Ungarn bevorzugen ihre Weine und *Palinka* (Schnaps), Polen ziehen ebenfalls Weine und Schnaps vor.

8.3.3
Kleider machen Leute

„Kleider machen Leute!" – dieses Sprichwort hat im östlichen Mitteleuropa an Gültigkeit nicht verloren. Auf saubere, gebügelte, geschlechtsspezifische und konforme Kleidung legt man Wert. Dies hängt mit der Rollenverteilung und dem sozialen Status zusammen.

Sowohl zum Geschäftsessen als auch zu einer Einladung in die Familie geht man offiziell gekleidet. Das heißt für Männer: keine Radlerhose und kein T-Shirt, sondern Anzug und Krawatte, und für Damen: Kleider, Röcke, Kostüme.

8.4 Geschenke

8.4.1 Geschenke bei Privatbesuchen

Polen, Tschechen und Ungarn sind ‚schenkfreudige' Völker. Mit Geschenken bringt man die Wertschätzung des anderen zum Ausdruck. Das wird auch von der Gegenseite erwartet.

Wenn man in Urlaub war, ist es selbstverständlich, Geschenke für die ganze Familie (damit ist nicht nur die Kernfamilie gemeint) oder manchmal auch Kleinigkeiten für die Kollegen mitzubringen. Ohne Geschenke geht man nicht zum Besuch, ob man Zeit für den Einkauf hatte oder nicht. Es ist ein Muß! Für einen Gast, der privat eingeladen wird, gehört es sich, Geschenk(e) mitzubringen. Das kann eine gute Flasche Wein oder Cognac sein und für die Gastgeberin eine Schachtel Pralinen. Für Kinder eignet sich eine süße Kleinigkeit oder eine kleine Aufmerksamkeit wie zum Beispiel ein Buch oder Spielzeug.

Auch Schnittblumen sollten bei Besuchen nicht fehlen, sie sind obligatorisch. Aber bitte nicht gerade rote Rosen, denn die meisten Menschen im östlichen Mitteleuropa kennen die Farbsymbolik und beachten diese. Rot ist die Farbe der Liebe, also Vorsicht vor Mißverständnissen. Meistens schenkt man eine ungerade Anzahl von Blumen, entweder in Folie oder in Papier verpackt. Falls die Schnittblumen in Papier eingepackt sind, muß man sie vor der Übergabe auspacken. Das Papier entsorgt die Gastgeberin. Es ist unüblich, Topfpflanzen zu verschenken.

Auch an anderen Stellen bedankt man sich oder drückt seine Freundschaft und Anerkennung aus. Wenn Sie zu einem Geschäftspartner im östlichen Mitteleuropa regelmäßigen Kontakt unterhalten, wird er es schätzen, daß Sie an ihn gedacht haben und für ihn ein Mitbringsel mitgebracht haben. Damit erhalten Sie einen „Bonus", und der persönlichen Ebene wird es gut tun.

8.4.2 Geschenke sind die beste Werbung

Geschenke im Geschäftsleben helfen, die Beziehung zwischen den Geschäftspartnern zu verbessern, eine persönliche Ebene zu finden und zu pflegen. Sie haben einen höheren Stellenwert als in Deutschland, wo es vor allem um das Sachliche des Geschäfts geht.

In einer gemeinschaftsorientierten Gesellschaft spielen die zwischenmenschlichen Beziehungen eine viel größere Rolle. Bei Geschenken ist nicht so sehr der

Inhalt von Bedeutung als viel mehr die Geste an sich. Man hat den anderen Menschen nicht ‚vergessen'. Sowohl das Polnische und Tschechische als auch das Ungarische umschreiben dies mit dem gemeinsamen Sprichwort: „Einem geschenkten Gaul schaut man nicht ins Maul!"

„*Darowanemu koniowi nie patrzy sie v zeby.*" *(Polnisch)*
„*Darovanemu koni nekoukej na zuby.*" *(Tschechisch)*
„*Ajandék lónak ne nézd a fogát!*" *(Ungarisch)*

Das Geschenk sollte angemessen sein! Man sollte dabei nicht außer acht lassen, daß Geschenke die beste Werbung sind!

Geschenke werden nicht immer unmittelbar nach der Übergabe ausgepackt, denn das würde von der ‚Gier' des Beschenkten zeugen. Manchmal wird das Geschenk sogar erst geöffnet, wenn der Schenkende den Gastgeber verlassen hat, vor allem dann, wenn die Distanz zu dem Besucher größer ist. Meistens wird man den Satz der Verlegenheit hören: „Danke vielmals, aber das war doch nicht nötig!" Falls Ihr Geschenk nicht sofort ausgepackt wird, hat dies mit Beschämung zu tun und drückt kein Desinteresse oder Nichtgefallen aus.

Auch hier bemerkt man eine zunehmende Anpassung an den Westen.

8.5
Das sollten Sie beachten

- Als Gast sind Sie König;
- aber ohne Schuhe.
- Auf konforme Kleidung legt man Wert.
- Geschenke sind ein Muß.
- Schnittblumen (keine Blumentöpfe) für die Gastgeberin und kleine Präsente sollten nicht fehlen.
- Sie können essen, soviel Sie möchten, niemand wird Ihnen die Knödel auf dem Teller zählen. Nichts essen bedeutet: Es schmeckt Ihnen nicht.
- Im Restaurant sollten Sie den Gastgeber nicht finanziell ruinieren, das bedeutet aber nicht, daß sie nur ein ‚trockenes Brötchen' bestellen dürfen.
- Wenn Sie eingeladen worden sind, brauchen Sie nichts zu bezahlen.

KAPITEL 9

Sprache als Ausdrucksmittel der Kultur

9.1
Sprache ist verräterisch

Unsere Sprache ist verräterisch, denn sie bezeugt:

- woher wir kommen;
- wie wir uns fühlen;
- welche Einstellung wir haben;
- welches Weltbild wir vertreten.

Sprache ist eines der wichtigsten Elemente jeder Kultur. In der Sprache, in der Wortwahl, Syntax und Semantik realisieren sich kulturelle Normen und Werte. Unser Weltbild, das wir im ‚Hinterkopf' tragen, unsere Wahrnehmungen, Einstellungen und Gefühle vermitteln sich darin. Es wird oft behauptet, daß es leicht und schwer erlernbare Sprachen gibt, bezieht man sich aber auf das Verständnis des Weltbildes, das sich in den Sprachen manifestiert, kann man schnell zu einer anderen Schlußfolgerung kommen: Das Erlernen einer Sprache kann leichter erscheinen, je ‚näher' diese und ihr Weltbild der eigenen Sprache scheint und gemeinsame Wurzeln mit der anderen aufweist.

Falls man eine andere Kultur und vor allem deren Sprache nicht gut genug kennt, sollte man sehr vorsichtig mit fremdsprachlichen Formulierungen umgehen. Denn das, was in der eigenen Kultur eine positive Bedeutung hat oder auch nur als Scherz gilt, muß in der anderen Sprache bzw. Kultur nicht genauso verstanden werden. Dies kann negative Assoziationen beim Gesprächspartner verursachen, selbst wenn ganz anderes beabsichtigt wurde. Diese Fehler lassen sich nur schwer korrigieren oder erklären.

9.2
Die slawischen und finnougrischen Sprachen

9.2.1
Polnisch und Tschechisch – eine slawische Sprachfamilie

Polnisch und Tschechisch gehören zu den indoeuropäischen Sprachen und zur slawischen Sprachenfamilie. Angehörige beider slawischen Sprechergruppen können sich (von einigen Ausnahmen abgesehen, die auch zu komischen Situationen führen können), in ihren Sprachen unterhalten und verständigen. Ein Beispiel: Im Polnischen heißt Frau *Panna*, ein Tscheche wird diese Anrede zwar verstehen, aber die tschechische Bedeutung wird ihn im falschen Zusammenhang amüsieren, denn im Tschechischen heißt *Panna* Jungfrau.

Für Tschechen klingt das Polnische sehr weich. Polen behaupten wiederum, daß ihnen das Tschechische wegen der weichen Aussprache wie eine Kindersprache erscheint. Die Ähnlichkeit zwischen den beiden Sprachen ist groß. Das hat den Vorteil, daß sich diese beiden Gruppen ohne Hilfe einer dritten Sprache durchaus unterhalten können.

Während eines Anrufs bei einer polnischen Familie fragt ein Tscheche zunächst auf Deutsch, dann auf Englisch nach dem Gesprächspartner. Die Gegenseite versteht jedoch nicht. Als letzter Versuch bleibt das Tschechische. Er wird verstanden und der Gesprächspartner sofort herbeigerufen.

Für einen Ausländer, der eine slawische Sprache beherrscht, ist es meistens nicht so leicht, eine andere slawische Sprache sofort zu verstehen (wie oft behauptet wird), aber dennoch viel einfacher, sie zu erlernen, weil er die Struktur der slawischen Sprachen beherrscht.

9.2.2
Die russische Sprache

Es wurde gesagt, daß die kleinen Ostblockstaaten mit der Sowjetunion gleichgesetzt wurden und die Sowjetunion fast zu einem supranationalen Oberbegriff geworden war. Das betrifft auch die Identifizierung des Polnischen und Tschechischen mit dem Russischen. Auch hier ist es notwendig, informiert zu sein und zu differenzieren. Gemeinsame slawische Wurzeln sind vorhanden, aber die aktuellen Sprachen unterscheiden sich deutlich und erheblich voneinander.

Die Zugehörigkeit des Polnischen und Tschechischen zur slawischen Sprachenfamilie ist nicht zu leugnen, aber je weiter man nach Osten oder Süden kommt, desto schwieriger wird die Verständigung eines Slawen aus Mitteleuropa mit einem Russen oder Bulgaren.

Ein Pole steigt mit der bulgarischen Frau seines Freundes in die Bahn. Sie sagt auf Bulgarisch: „Dupcim!", in der Annahme, daß der bulgarische Ausdruck äquivalent mit dem Polnischen ist. Der Freund aber verstummt, und die Passagiere um sie herum ebenfalls. Nach einem Moment antwortet er völlig fassungslos: „Wie? – Jetzt?" Sie darauf: „Ja, ja! Jetzt sofort! Das muß man natürlich machen." Er denkt sich: Sie ist zwar die Frau meines Freundes, aber wenn sie darauf besteht ... Dennoch wendet er ein: „Aber es sind so viele Menschen hier!" Sie widerspricht mit ernsthafter Miene ganz laut: „Ja, das macht doch nichts, das ist doch natürlich!" Er meint darauf schockiert: „Ja, ja bei euch in Bulgarien vielleicht, aber nicht bei uns in Polen! Warte mal, bis wir zu Hause sind!"

- (*Dupcim* heißt auf Bulgarisch: ‚die Fahrkarte entwerten' oder ‚lochen', meint auf Polnisch aber ‚Geschlechtsverkehr haben'.)

Hier wird deutlich, daß manche Wörter im Polnischen und Bulgarischen zwar gleich lauten, aber mit anderen Inhalten besetzt sind, so daß es zu großen, manchmal auch komischen Mißverständnissen kommen kann. Hier handelt es sich um Sprachen, die die kyrillische Schrift verwenden und andere grammatikalische Regeln als das Polnische oder Tschechische haben. Hinter diesen Sprachen steht auch ein anderes Weltbild, dessen Ursprünge in der orthodoxen Religion liegen.

Falls Sie die Menschen aus dem östlichen Mitteleuropa nicht verstimmen wollen, wäre es besser, auf unmittelbare Vergleiche und den Einsatz der russischen Sprache oder überhaupt eines russischen Dozenten oder Dolmetschers zu verzichten, gleich ob er Polnisch, Tschechisch oder Ungarisch kann. Derjenige, der versuchen wird, den Einheimischen bestimmte Inhalte über das Russische zu vermitteln, würde keinen großen Respekt genießen. Niemand wird es Ihnen offen sagen, aber Sie werden es an den Auswirkungen und Ergebnissen sehen.

Die sozialistische Vergangenheit, die Bevormundung durch die ehemalige Sowjetunion hat in dieser Hinsicht tiefe Wunden im Bewußtsein der Menschen im östlichen Mitteleuropa hinterlassen.

9.2.3
Das Ungarische, eine finnougrische Sprache

Ungarisch ist eine besondere Sprache. Sie gehört zu den finnougrischen Sprachen, wie das Finnische und das Estnische. Ihren Ursprung hat sie im asiatischen Raum. Ungarn können sich mit ihren Nachbarn ohne Fremdsprache nicht verständigen.

Die Einflüsse unter der osmanischen Herrschaft wirkten sich auf die Entwicklung der ungarischen Sprache aus. Im Satzbau ähnelt es dem Türkischen, auch in der Bildung der grammatikalischen Formen durch das Anhängen von Silben, der Vokalharmonie sowie der Akzente. Die Mehrzahl wird zum Beispiel durch eine Zahl vor dem Nomen gebildet, wobei sich das Nomen nicht ändert (‚ein Kind', ‚zwei Kind'), das Verb ‚sein' fehlt gänzlich. Dies begegnet uns in vielen Sprachen des orientalischen Raums.

Im Unterschied zum Polnischen und Tschechischen gilt im Ungarischen beim Schreiben des Datums eine Besonderheit: Zuerst wird die Jahreszahl, dann der Monat und erst am Ende der Tag notiert.

9.2.4
Wenn Sie beschließen, Polnisch, Tschechisch oder Ungarisch zu lernen

Es gibt nur wenige Geschäftspartner, die eine der Sprachen ihrer östlichen Nachbarn beherrschen, obwohl allgemein erwartet wird, daß die Partner aus dem östlichen Mitteleuropa des Deutschen oder Englischen mächtig sind, und obwohl sich Sprachkenntnisse wenigstens einer Sprache aus dem östlichen Mitteleuropa durchaus bezahlt machen.

Wenn Sie beabsichtigen, nur das Nötigste zu erlernen, so daß Sie stotternd sagen können: „Ich spreche kein Polnisch (oder Ungarisch oder Tschechisch)", dann können Sie sich diese Mühe sparen. Diesen Satz verstehen die Menschen aus dem östlichen Mitteleuropa in fast allen Weltsprachen. Falls Sie eine der Sprachen mit Interesse lernen werden, so daß Sie sich verständigen können, werden Sie einen tieferen Zugang zu den Menschen und ihrer Kultur finden. Die Einheimischen werden das zu schätzen wissen. Auch wenn Sie Fehler machen, werden Sie Lorbeeren ernten und immer wieder zu hören bekommen, wie gut Sie die einheimische Sprache beherrschen. Im Gegensatz zu Deutschland werden Ihre Fehler nie korrigiert werden. Wenn Sie sich fragen, wie Sie dann Fortschritte erzielen können, müssen Sie wissen, daß Sie erst dann korrigiert werden, wenn es dem besseren Verständnis, d. h. der Präzisierung von Inhalten dient. Ansonsten wird man Ihre Fehler als unwichtig betrachten. Eher wird man würdigen, daß Sie sich die Mühe gemacht haben und die Sprache erlernten. Man wird sich auch niemals über Sie lustig machen oder Sie sogar auslachen, und man wird niemals Ihren Akzent nachmachen! Im Gegenteil: Ihre Aussprache und Ihre Fehler werden die Einheimischen eher rühren, und manche Tür wird sich für Sie öffnen.

Wenn Sie vorhaben, längere Zeit im jeweiligen Land zu verbringen, wäre es auf jeden Fall von Vorteil, die einheimische Sprache zu erlernen. Ihre einheimischen Freunde werden Ihnen dabei gern behilflich sein.

9.3
Die Verständigung in deutscher Sprache

9.3.1
Die Bereicherung der östlichen Sprachen durch die deutsche Sprache

Die deutsche Sprache hat aufgrund der Geschichte ihre Spuren im Polnischen, Tschechischen und Ungarischen hinterlassen. Lehnwörter aus dem Deutschen fanden auch hier durch den Kontakt mit dem deutsprachigen Adel und Bürgertum Eingang.

Das Deutsche ist zwar ebenfalls eine indoeuropäische Sprache, gehört aber zu einer anderen Sprachfamilie. Das Deutsche ist nicht nur aufgrund seiner Struktur, sondern auch in seiner Genauigkeit und seinem Perfektionismus allen drei Sprachen fremd. In dieser Hinsicht weist das Deutsche mit dem Polnischen, Ungarischen und Tschechischen wenig Ähnlichkeit auf. Ausnahme sind hier, wie bereits angesprochen, die dem Deutschen entlehnten Wörter. In den Umgangssprachen dieser Länder findet man eine ganze Menge deutscher oder ursprünglich deutscher Ausdrücke. Im Tschechischen sind das zum Beispiel: *Snupftychl* (Taschentuch), *verkcajk* (Werkzeug) und viele andere mehr.

9.3 · Die Verständigung in deutscher Sprache

Seit Jahrhunderten wird Deutsch gelehrt, gelernt und gesprochen. Diese Tradition wird bis heute fortgesetzt und erfreut sich großer Beliebtheit. Vor allem die ältere Generation beherrscht die deutsche Sprache. Aber auch die junge Generation lernt neben dem Englischen Deutsch.

9.3.2
Das ‚verlorene' deutsche Verb

Ist Ihnen schon einmal bei einer deutschen Talkshow aufgefallen, daß der Redner plötzlich verstummte, weil er nach einigen ineinander verschachtelten Sätzen nach dem ‚verlorengegangenen' Verb fahndete?

In den slawischen Sprachen und auch im Ungarischen wird das Verb im Nebensatz nicht wie im Deutschen an das Ende des Satzes geschoben. Im Gegenteil, das Verb steht direkt am Anfang des Satzes, wie folgendes Beispiel zeigt:

„Ich habe meine Firma verkauft, weil mein Geld nicht ausreichte!" In der Übersetzung würde der Satz so aussehen: ‚Ich habe meine Firma verkauft, weil ausreichte nicht das Geld!'

Wundern Sie sich also bei der Übersetzung Ihrer Rede nicht, wenn der Dolmetscher eine Weile schweigt, denn er wartet auf Ihr Verb!

9.3.3
Die ‚Kettenwörter' im Deutschen und die Nöte des Dolmetschers

In der deutschen Sprache ist es üblich, aus drei und vier oder noch mehr Wörtern einen neuen Begriff zu bilden. Das gibt es in kaum in einer anderen Sprache, und vor allem nicht im Polnischen, Tschechischen oder Ungarischen. Es ist äußerst schwierig, solche Konstruktionen in eine Fremdsprache zu übersetzen. Meist müssen solche Begriffe mit langen Sätzen umschrieben und erklärt werden. Es handelt sich also nicht um die Schwäche des Gesprächspartners, Übersetzers oder Dolmetschers!

9.3.4
Sagen Sie das, was Sie tatsächlich sagen möchten?

Sagen Sie das, was Sie tatsächlich sagen möchten, oder das, was Sie sagen können? Diese Schwierigkeit stellt sich ein, wenn sich Gesprächspartner mit Hilfe einer dritten Sprache verständigen wollen. Man darf dabei nicht vergessen: Wenn in eine dritte Sprache gedolmetscht oder übersetzt wird, betrifft dies auch die komplexen Gedanken in der eigenen Muttersprache. Diese ‚einheimischen' Gedanken werden in eine Fremdsprache transportiert – und das gleich zweimal. Hier kommt es sehr darauf an, wie gut die beiden Gesprächspartner die dritte Sprache beherrschen.

Wenn Sie sich nicht sicher sind oder die Aussage ihres Gegenübers nicht genau verstehen, bitten Sie lieber Ihren Gesprächspartner um eine Erklärung, und erläutern Sie ihm, wie Sie das bereits Gesagte verstanden haben. Er wird Ihnen sicherlich seinen Standpunkt hinsichtlich der Angelegenheit erklären. Umgekehrt gilt dies auch. Prüfen Sie nach, ob auch Ihr Geschäftspartner Sie richtig verstanden hat.

9.3.5
Umgangssprache, Dialekte und Anglizismen

Falls Sie auf Deutsch verhandeln, sind Sie gut beraten, wenn Sie sich bemühen, mit den Partnern aus Polen, Ungarn oder Tschechien nicht in der Umgangssprache oder sogar im Dialekt zu sprechen. Ihre Gesprächspartner haben alle in der Schule (genau wie Sie) Hochdeutsch gelernt. Man kann nicht erwarten, daß Geschäftspartner jedes Niveau einer fremden Sprache beherrschen. Wenn Sie sagen: „Ja, Sie müssen am Ball bleiben", sollte Ihr Partner nicht annehmen müssen, daß er nun Fußball mit Ihnen spielen sollte. Diese Äußerung wird keiner, der der Umgangssprache nicht mächtig ist, verstehen! Genauso verhält es sich mit Dialekten. Es macht für einen Fremden durchaus ein Unterschied, wenn Sie statt von ‚Obst' von schwäbischem *Obscht* reden.

Es ist deshalb ratsam, Rücksicht auf den Gesprächspartner zu nehmen, wenn er sich schon bemüht, Ihre Muttersprache zu sprechen. Sie sollten grundsätzlich langsamer als gewohnt sprechen, deutlicher artikulieren und keine Schachtelsätze mit Kettenwörtern bilden. Diese Regel sollten Sie auch dann beachten, wenn die Verhandlungen gedolmetscht werden.

Auch mit Anglizismen sollten Sie vorsichtig umgehen und diese nur dann benutzen, wenn diese sich, Ihrer Meinung nach, nicht vermeiden lassen. Aber die deutsche Sprache ist so reich und so präzise, daß sich für alles ein deutsches Wort finden läßt. Außerdem geht es nicht darum, Ihrem Gesprächspartner zu zeigen, daß sie das Englische beherrschen. (Es kann nämlich durchaus vorkommen, daß dieser besser Englisch spricht als Sie, was hierzulande oft Verwunderung hervorruft.) Es geht auch nicht darum, die Kenntnisse zu messen, sondern sich angemessen zu unterhalten und vor allem zu verständigen.

9.3.6
Einheimische Namen – ein wenig Mühe investieren!

Sie sollten ebenfalls darauf achten, die Städtenamen in der einheimischen Sprache zu erlernen (auch wenn man Deutsch spricht), und diese anstatt der deutschen Bezeichnungen verwenden. Das ist höflich und respektvoll, und es vermeidet die Erinnerung an die nationalsozialistische Vergangenheit.

Selbst wenn Ihnen die Nachnamen der Einheimischen schwierig erscheinen, lernen Sie diese richtig auszusprechen und richtig zu schreiben. Stellen Sie sich umgekehrt vor, daß aus Herrn ‚Liege' plötzlich ein Herr ‚Lüge' werden würde!

9.3 · Die Verständigung in deutscher Sprache

Versuchen Sie nicht, Ihre Gesprächspartner auf den Vornamen zu reduzieren. Im Ungarischen könnten Sie zwar Erfolg haben, weil die Ungarn sich häufig duzen, aber nicht in Polen und Tschechien. Namen richtig auszusprechen und zu schreiben, zeugt vom Respekt vor dieser Person. Häufig hört man leider: „Ach, Ihr Name ist so schwer, das kann ich mir nicht merken, ich nenne Sie einfach (...)!"

9.3.7
Das sollten Sie unterlassen

Sie sollten es unbedingt unterlassen, den fremden Akzent Ihres Gesprächspartners nachzuahmen! Auch nicht aus Spaß, wie Sie vielleicht meinen. Außerdem sollten Sie schon gar nicht versuchen, mit ihm in Infinitivsätzen zu sprechen. Stellen Sie sich auch an dieser Stelle die Situation umgekehrt vor!

9.3.8
Fachbegriffe – der Multiplikator als Zuchttier

Sie sollten darauf achten, welche Assoziationen und Bedeutungen die Begriffe bzw. Fachbegriffe bei Ihren Mitarbeitern, Seminarteilnehmern und Kunden aus dem östlichen Mitteleuropa auslösen. Vergewissern Sie sich, daß Sie ‚dieselbe' Sprache sprechen.

Falls Sie nämlich Ihrem polnischen Partner oder Mitarbeiter sagen, er sollte als *Multiplikator* dienen, wundern Sie sich nicht, wenn er seinen Lachanfall kaum zurückhalten kann, denn auf Polnisch können nur Zuchttiere ‚Multiplikatoren' werden und sich insofern multiplizieren!

Auch bei der Namensgebung von Produkten sollen Sie unbedingt die Assoziationen der Einheimischen beachten! Manche Produkte ließen sich in der Vergangenheit nicht verkaufen, weil die Namensgebung und Werbung andere Gefühle und Assoziationen geweckt hatte, als man glaubte. Den *MacFish* konnte man zum Beispiel nicht ins Ungarische übersetzen, denn der Name dieses belegten Brötchens würde ‚*Brötchen stirb!*' bedeuten.

Den *MacFish* hätte man mit *McHal* übersetzen müssen, ausgesprochen hätte man dieses Wort *mekhal*. Aber im Ungarischen gibt es ein sehr ähnliches Wort, *meghal* (ausgesprochen *mekhal*), das ‚*er stirbt*' bedeutet. Können Sie sich vorstellen, wieviele Kunden dieses Brötchen, bei dessen Verzehr man ans Sterben erinnert wird, gekauft hätten?

9.3.9
Witze und Vergleiche

Mit Witzen und Vergleichen sollten Sie vorsichtig umgehen. Manche Witze sind überhaupt nicht übersetzbar, in einer anderen Sprache gar nicht witzig oder bewirken das Gegenteil, denn die Assoziationen, die sich dahinter verbergen, rufen in einer anderen Sprache und Kultur nicht zwangsläufig dieselben Assoziationen hervor. Es kann dann passieren, daß Sie entweder alleine lachen oder dem ausländischen Partner ansehen müssen, daß er aus purer Höflichkeit mitlacht oder daß Sie ihn sogar ungewollt beleidigt haben.

Die Herren unter den Lesern sollten sich merken: Frauenwitze haben nicht nur in Verhandlungen, sondern überhaupt in Anwesenheit von Damen nichts zu suchen. Auch auf Vergleiche sollten Sie lieber verzichten, wenn Sie sich nicht sicher sind, was Ihr Gesprächspartner damit assoziieren wird.

9.3.10
Sprechen Sie dieselbe Sprache?

Polnisch, Tschechisch und Ungarisch sind von der sozialistischen Vergangenheit gekennzeichnet, genauso wie die anderen Sprachen der Länder des ehemaligen Ostblocks. Auch sie mußten sich auf die neuen Verhältnisse umstellen. Gelegentlich findet man noch Ausdrücke, die aus der sozialistischen Vergangenheit stammen, wie z. B. das Wort „Kader".

Weil die Wörter mit anderen, sozialistischen Inhalte gefüllt waren, ließen sie sich schwer entsprechenden westlichen Begriffen vergleichen. Sehr viele westliche Fachbegriffe existierten nicht, weil die westlichen Theorien verschiedenster wissenschaftlicher Bereiche und Technologien nicht bekannt und verbreitet waren.

Erst die politischen Transformationen zogen zwangsläufig die Veränderung der Sprachen und ihrer Inhalte nach sich. Viele sozialistische Begriffe wurden bereits verbannt, neue gebildet, aus den Fremdsprachen übernommen und/oder angepaßt.

Auch die Sprachen des östlichen Mitteleuropas entwickeln sich ständig weiter! Dies bedarf besonderer Beachtung, vor allem bei der Kommunikation mit einem Geschäftspartner und vor allem auch beim Einsatz eines einheimischen Dolmetschers. Vergewissern Sie sich, daß Sie dieselbe Sprache sprechen!

9.4
Das sollten Sie beachten

- Sprache ist ein Machtmittel.
- Polnisch und Tschechisch gehören zu einer Sprachenfamilie: Polen und Tschechen können sich ohne Hilfe einer dritten Sprache verständigen.
- Mit Russisch kommen Sie nicht weiter.
- Ungarisch ist eine ‚einsame' Sprache, Ungarn können sich ohne Hilfe einer dritten Sprache nicht mit ihren Nachbarn verständigen.
- Das Erlernen einer Sprache aus dem östlichen Mitteleuropa ist eine Investition in die Zukunft.
- Deutsche Ausdrücke findet man im östlichen Mitteleuropa vor allem in den Umgangssprachen.
- Bei Verhandlungen wartet der Dolmetscher auf Ihr Verb.
- Kettenwörter sind kaum in andere Sprachen übersetzbar.
- Gespräche in einer dritten Sprache können mühsam werden.
- Umgangssprache, Dialekte und Anglizismen gehören nicht in geschäftliche Verhandlungen.

9.4 · Das sollten Sie beachten

- Richtige Aussprache und Schreibweise ausländischer Namen zeugen von Respekt.
- Den Akzent des Gesprächspartners nachzuahmen ist beleidigend.
- Fachbegriffe dürfen nicht nur übertragen werden, sondern ihre Bedeutung in der einheimischen Sprache muß geprüft werden.

KAPITEL 10

Ausdrucksformen im östlichen Mitteleuropa

10.1
Eine Mischung aus Vergangenheit und Gegenwart

Der Zusammenbruch der Wirtschaft in diesen Ländern ging mit einer seelischen Belastung vieler Menschen einher, weil Neuanfang und Neuorientierung die ganze Gesellschaft von Grund auf betrafen. Das bedeutete, daß nicht nur neue Techniken, sondern auch neue gesellschaftliche Normen und Werte übertragen wurden. Unter dem enormen Druck der Veränderungen, die es zu verkraften und zu verarbeiten galt, wuchs die psychische Belastung enorm.

Nach wie vor mischen sich die tradierten Werte mit den neuen, was sich auch in Ausdrucksformen und Verhaltensweisen zeigt. Auch hier sind noch Ausdrucksformen sichtbar, die aus der Vergangenheit herrühren.

10.1.1
Vorsondieren statt direkter Fragen

"Bevor ich dem Geschäftsführer einer Firma mein Produkt anbiete, werde ich zu erfahren versuchen, wie er ist!"

Wir haben bereits gesehen, daß eine indirekte Ausdrucksweise zum typischen Verhalten im östlichen Mitteleuropa gehört. Darin äußern sich erneut die Reste der sozialistischen Vergangenheit, die Angst vor dem, der über Macht verfügt, vor Mißerfolg und schließlich Selbstschutz und Rücksicht auf die Gefühle anderer. Informationen auf informellem Weg zu erhalten, ist wichtig in einer wir-orientierten Gesellschaft, die vorzugsweise so kommuniziert, und in der der „Schneeballeffekt" allgemeine Gültigkeit hat.

Dieses Verhalten wird genauso in der Art und Weise des Fragens sichtbar. Sie werden wegen oben beschriebener Befürchtungen oft nicht direkt gestellt – vor allem im Arbeitsleben, aber auch im persönlichen Umgang miteinander. Es wird zunächst ‚vorsondiert'. Das bedeutet, daß man auf indirekte Weise versucht, seine Informationen zu erhalten, indem man zu indirekten Frageformen greift oder über dritte Personen vorgeht.

10.1.2
Ja oder Nein?

„Möchten Sie etwas trinken?" fragt der deutsche Gastgeber. „Nein, danke!" antwortet der Besucher aus dem östlichen Mitteleuropa.

Können Sie sich noch an dieses Beispiel erinnern, in dem der Gastgeber nicht bemerkt, daß sein Gast Durst hatte, weil ihm sein Höflichkeitsempfinden verbot, ein direktes „Ja!" zu äußern? Hier begegnet Ihnen eine indirekte Form, Informationen mitzuteilen.

Der Arbeitnehmer aus dem östlichen Mitteleuropa stellt bei einem westlichen Arbeitgeber einen Urlaubsantrag. Der Arbeitgeber fragt: „Möchten Sie drei Tage frei haben?" Der Arbeitnehmer wird mit größter Wahrscheinlichkeit antworten: „Ja, weil (wir unsere Wohnung renovieren möchten)!" Er wird sich für sein „Ja!" zu rechtfertigen suchen.

Wenn ein direktes Ja oder Nein artikuliert wird, dann meistens nur mit Ergänzungen. „Ja, wenn es möglich ist (...)", oder: „(...) wenn es keine Umstände macht". Ein bloßes Nein gibt es kaum, es wird durch Rechtfertigungen: „Nein, weil (...)" erweitert. Damit werden die ‚Schuldgefühle', die durch die Verneinung entstehen, ventiliert. Das Persönliche tritt somit stark in den Vordergrund, so daß sofort die Frage nach der ‚Schuldzuweisung' entsteht, selbst wenn es im westlichen Sinn um rein sachliche Vorgänge geht.

Wenn Sie jemanden aus Polen, Ungarn oder Tschechien fragen, was er von dieser oder jener Sache hält, bekommen Sie von jedem nahezu die gleiche Antwort: „Es geht!" oder auch „Es ist nicht schlecht!" Übersetzt heißt es: ‚Es ist gut!' Falls jemand mit: „Wir schauen mal!" antwortet, bedeutet das: ‚Ich mache, was ich kann!', aber für alle Fälle läßt man sich eine kleine Hintertür offen.

Wenn sich zum Beispiel jemand verletzt und Sie ihn fragen, ob er starke Schmerzen habe, wird er diese vermutlich herunterspielen und sagen: „Das wird schon wieder!" oder: „Es geht schon wieder!" Das bedeutet: ‚Ich habe Schmerzen, aber ich möchte Sie damit nicht belästigen!'

10.1.3
Humor

Sich auf indirekte Weise auszudrücken, gewährt dem Humor und der Doppeldeutigkeit Spielraum. Im östlichen Mitteleuropa nutzt man diesen in vollem Umgang. Humor, nicht selten auch schwarzer Humor, Ironie und Sarkasmus, Doppeldeutigkeiten und Übertreibungen gehören zu den gängigen Sprachspielen.

Je nachdem, wie etwas ausgedrückt wird, weiß man, ob das Gesagte ernst genommen werden kann. Man ist gewohnt, mit der eigenen Sprache regelrecht zu spielen. Das bedeutet, daß man nicht nur über andere, sondern auch über sich selbst lachen und viele Dinge mit einer gewissen Gelassenheit betrachten kann.

Dieses Verständnis von Humor unterscheidet sich deutlich vom deutschen. Menschen aus dem östlichen Mitteleuropa vermissen häufig diese Art der Sprachspiele oder meinen, auf Unverständnis zu stoßen. Sie glauben dann, daß in Deutschland fast alles zu ernst genommen wird, und daß das, was nicht ernstgenommen wird, als unseriös gilt.

Sicherlich prallen hier zwei kulturelle Muster aufeinander, eines, das locker mit seiner Sprache umgeht, und ein anderes, das sehr genau und präzise formulieren möchte, um abzusichern, daß das Gesagte nicht anders als gemeint interpretiert werden kann.

10.1.4
Versteckspiele hinter dem ‚Wir'

Eine andere häufige Angewohnheit ist, sich hinter einem ‚wir', ‚man' oder unpersönlichen ‚es' zu verstecken und dadurch zu schützen. Sie sprechen oft nicht in der Ich-Form, also für sich alleine, sondern schließen alle anderen in ihre Äußerung ein. Dadurch entzieht man sich der Verantwortung für seine eigene Aussage. In der Vergangenheit wurde man dadurch weniger angreifbar, denn wer genau war dieses ‚wir' oder ‚man'? Auch dieses Merkmal verdient Beachtung und kann unter Umständen zu Mißverständnissen führen. Es ist daher ratsam, den Gesprächspartner rechtzeitig darauf hinzuweisen, daß er seine Aussage präzisieren, die Verantwortung übernehmen und zu seiner Aussage stehen soll.

10.1.5
Notlügen im Privatbereich

„Ich bin zu spät gekommen, weil mein Wecker nicht geklingelt hat!"
„Ich kann nicht kommen, weil meine Tante erkrankt ist!"

Notlügen durchdrangen früher das tägliche Leben – und auch heute ist dies immer noch häufig der Fall. Notlügen gehören vielmehr zum Alltag als in Deutschland. Einerseits ist es eine Art von Höflichkeit, um den anderen nicht zu verletzen, auf der anderen Seite war und ist es eine Überlebensstrategie.

Wenn ein Pole, Tscheche oder Ungar eingeladen wird und keine Lust hat zu kommen, wird er es Ihnen nie direkt mitteilen. Er wird sich eine Notlüge ausdenken, z. B. daß seine Tante plötzlich erkrankt oder ein Unfall auf der Autobahn passiert sei, und er deshalb nicht kommen könne.

10.1.6
Notlügen im Geschäftsleben

Notlügen können außer in der Privatsphäre auch im Betrieb benutzt werden. Das kann Ihnen das Geschäft schwer machen, so daß Sie dem einheimischen Mitarbeiter gegenüber natürlich mißtrauisch werden. Bedenken Sie aber, daß es verboten war, ehrlich und direkt das zu äußern, was man dachte und was man für richtig hielt – und dies hat bis heute Folgen. Oft steckt Angst dahinter, wenn etwas nicht direkt zugegeben oder verlangt wird. Es ist die Angst, falsch verstanden zu werden und sich dadurch eigene Chancen zu verspielen.

Es ist klar, daß diese Notlügen Grenzen haben müssen. Sie sind meistens jedoch durchsichtiger, als derjenige, der sie sich ausgedacht hatte, glaubt. Falls es dazu kommen sollte, ist es ratsam, den Mitarbeiter zu einem Gespräch zu bitten, ihm zunächst einmal die Angst nehmen, und dann die daraus resultierenden Folgen zu erklären, vielleicht auch zu veranschaulichen, daß man die Notlüge durchschaut hat und man Direktheit eher schätzt.

Es ist nicht so, daß sich die Menschen aus dem östlichen Mitteleuropa dieser Notlügen nicht bewußt wären. Sie werden versuchen, Notlügen im nachhinein auf einer persönlichen Ebene zu rechtfertigen.

10.1.7
Ein Beispiel nonverbaler Kommunikation

Weil man nicht direkt ist, ist man auf die eigene Wahrnehmung der nonverbalen Kommunikation angewiesen. Wenn Worte zweitrangig sind, kommt ihr eine wichtige Bedeutung zu. Durch sie nimmt man wahr, in welcher Gemütslage sich der andere befindet – und vor allem, wer er ist. Danach richtet sich der Umgang mit ihm.

Wenn zum Beispiel ein Gast eingeladen ist, der bis spät in die Nacht bleibt und keine Rücksicht darauf nimmt, daß der Gastgeber am nächsten Morgen früh zur Arbeit fahren muß, wird er trotzdem nicht ‚hinauskomplimentiert', auch wenn der Gastgeber gezwungen ist, mit ihm todmüde bis kurz vor seiner Abfahrt zur Arbeit im Wohnzimmer sitzen zu bleiben. Der Gast bekommt nicht zu hören: „Entschuldigen Sie, aber ich muß morgen früh (...)", sondern der Gastgeber wird Signale der nonverbalen Kommunikation vorziehen. Dies kann unter anderem mit einem Gähnen anfangen, in der Überzeugung, daß der Gast dies als deutliches Signal zum Abschied verstehen wird.

10.2
Siezen oder duzen?

Häufig äußern die Menschen aus dem östlichen Mitteleuropa ihre Verwunderung darüber, daß man sich in Deutschland vor allem im Berufsleben mit den Kollegen seltener als bei ihnen duzt. Sie empfinden das als unnatürlich. Das hängt von der persönlichen Art des Umgangs miteinander ab. Die Du-Form verbindet zwei Menschen mehr als die Sie-Form, die Distanz schafft. Beim Duzen geht sie verloren, denn beim Duzen rückt man viel näher zueinander, der Kontakt wird persönlicher. Wenn man jemandem das Du anbietet, geht man mit ihm eine persönliche Beziehung ein. Gerade zu einem Duz-Freund „Nein!" zu sagen, ist dann äußerst schwierig, denn Freunde helfen einander. Einem Freund kann man nicht so leicht etwas abschlagen, ohne daß die Beziehung beeinträchtigt würde.

10.2.1
Polen und Tschechien

In Polen und Tschechien duzt man sich rascher als in Deutschland, dabei werden jedoch Hierarchien, wie Stellung und Alter, unbedingt in die Überlegung, ob man jemanden duzt oder siezt, einbezogen. Respektspersonen werden mit *Sie* angesprochen, dabei ist es aber selten, daß man nach der Erlaubnis, jemanden zu duzen, fragt. Gleichaltrige duzen sich meistens.

10.2.2
Die Unterschiede in Ungarn

Vor allem in Ungarn ist das gegenseitige Duzen noch verbreiteter als in Polen und Tschechien. Auch zwischen dem älteren Vorgesetzten und einem jüngeren Mitarbeiter ist die Duzform häufiger. Das bedeutet aber nicht, daß man den Respekt vor dem höhergestellten oder älteren Kollegen verliert. Er oder sie nimmt mehr eine ‚väterliche' oder ‚mütterliche' Rolle ein. Allerdings muß normalerweise die höhergestellte oder ältere Person das Duzen vorschlagen. Dies verhält sich genauso wie in Polen und Tschechien.

10.2.3
Das kumpelhafte Du unter Männern

Vor allem unter Männern ist das ‚kumpelhafte' Du häufig. Diese Anrede kann Vorteile, aber auch Nachteile mit sich bringen. In dieser Hinsicht ist vor allem bei Geschäften Vorsicht geboten. Man sollte nicht mißtrauisch werden, wenn der Geschäftspartner seine Freundschaft im Du anbietet, aber es kommt immer darauf an, unter welchen Umständen und in welchem Kontext dies geschieht.

Bei der neutralen Sie-Form ist man möglicherweise unabhängiger und beweglicher und hat mehr Entscheidungsfreiheit. Man verpflichtet sich nicht, den ‚Freundschaftsvertrag' mit persönlichen Pflichten zu füllen und unterliegt keinen diesbezüglichen Zwängen. Das Motto: „*Du* bist mein Freund, aber *Sie* sind mein Partner!" sollte man nicht außer acht lassen. Allerdings sollten Sie wissen, daß es als unhöflich gilt, einem Partner aus dem östlichen Mitteleuropa das vorgeschlagene Du abzuschlagen.

10.3
Das sollten Sie beachten

- Man drückt sich häufig auf indirekte Weise aus.
- Man spielt gern mit der Sprache: Humor, Ironie, Sarkasmus und Doppeldeutigkeiten gehören dazu.
- Notlügen dienen meist dazu, sich zu schützen und andere nicht zu verletzen.
- Auf nonverbale Kommunikation wird Wert gelegt.
- Siezen oder Duzen: Wer hat die Wahl, hat die Qual!

KAPITEL 11

Zwei unterschiedliche Weltbilder

Anhand der beschriebenen Weltbilder wird klar, daß es sich um zwei sehr verschiedene Kulturmuster handelt: das eine mit stark individualistischer Ausprägung und flachen Hierarchien, das andere sehr gemeinschaftsorientiert und viel stärker hierarchisch geordnet. Es ist schwer abzuschätzen, was aus den Ländern des östlichen Mitteleuropa geworden wäre, wenn sie nicht fünfzig Jahre Sozialismus hätten erleben müssen. Welchen Stellenwert würde die Gemeischaftorientierung heute haben?

Die Geschichte dieser Länder ist jedoch von fünfzig Jahren Sozialismus, Isolierung, Unterdrückung und Umkehrung der Normen und Werte geprägt worden. Dies hinterließ tiefe Spuren in jedem gesellschaftlichen Segment, Spuren, die sich zehn Jahre nach der Wende mit denen anderer, neuer Wertesysteme zu überlagern beginnen.

Die Ängste in diesen Ländern werden unterschiedlich ausgedrückt und verarbeitet. Im östlichen Mitteleuropa bewältigt man sie in der Gemeinschaft. Das heißt, daß das Individuum Rückhalt in der Gesellschaft findet, die es auffängt, die ihm hilft, sein Bedürfnis nach Sicherheit und Geborgenheit zu befriedigen. Das Individuum dagegen ist nach wie vor mehr oder weniger verpflichtet, sich der Gemeinschaft gegenüber loyal zu verhalten, wodurch eine gegenseitige Abhängigkeit vorprogrammiert ist, vor allem in dieser historischen Phase, die durch ständige Veränderungen in allen gesellschaftlichen Bereichen gekennzeichnet ist.

Da die gesellschaftlichen Systeme nicht ausgereift sind, ist es dem Individuum nicht möglich, sich vor allen Gefahren abzusichern, und das ist es auch nicht gewohnt. Es bleibt die Frage, ob man das jemals in dem Umfang wie der deutsche Nachbar tun würde, selbst wenn man die Möglichkeiten dazu hätte. Deshalb ist auch der Umgang mit Gesetzen, Regelungen und Vorschriften nicht so streng. Man verläßt sich eher auf die Gemeinschaft, die dem Empfinden nach mehr Sicherheit bietet. Dabei übernimmt die soziale Kontrolle jene Aufgaben, für die es keine Vorschriften und Regelungen gibt.

Die Vorstellungen von Arbeit und Leistung weichen insofern vom deutschen Muster ab, als das Leben, das Persönliche und die Beziehungen zueinander Vorrang haben. Das bedeutet nicht, daß die Arbeitnehmer keine Leistung erbringen. Das vorhandene gesellschaftliche System im östlichen Mitteleuropa erfordert enorme Anstrengungen und Leistungsbereitschaft. Aufgrund eines Weltbildes, das die ‚Rücksichtnahme' zum Hauptmerkmal hat, bleiben aber die persönlichen vor den rein sachlichen Zusammenhängen vorherrschend. Arbeit und Leistung sind notwendige Mittel, um die eigene Existenz zu sichern, aber man arbeitet um zu leben, und nicht umgekehrt.

Die gelegentlichen Rufe nach dem Sozialstaat hingegen beruhen auf einer Idealisierung der sozialistischen Vergangenheit, die man am liebsten mit den Vorzügen der Gegenwart verbinden möchte. Der Staat soll sich kümmern, aber nicht der Mensch. Diese gelegentlichen Rufe sind entweder Zeugnis der partiellen Überforderung oder der Desorientierung in einem unverstandenen und noch nicht verarbeiteten marktwirtschaftlichen System.

Der soziale Umgang wird im östlichen Mitteleuropa mehr oder weniger durch konforme und persönliche Töne bestimmt, ist jedoch gegenüber Fremden und sich anders Verhaltenden, die deshalb ‚verdächtig' erscheinen mögen, distanzierter und indirekter. Nonkonformes Verhalten wirkt bedrohlich und führt nicht selten zu Intoleranz.

In Deutschland dagegen, wo der Individualismus vorherrschend und das Individuum auf sich gestellt ist – nach dem Motto: „Do it yourself!" –, äußert sich das Bedürfnis nach Sicherheit in einer ‚Rumdum'-Absicherung, durch Gesetze, Vorschriften und stets neue Regelungen, in einem genauen Gebrauch der Sprache, in der strukturierten Denkweise und Präzision der Arbeit. Denn Ungeregeltes verursacht hier Unsicherheit und erzeugt Angst.

Ein lockerer Umgang mit dem Unvorhersehbaren ist kaum möglich. Nicht das unkonforme Verhalten selbst scheint hier Kreativität und Produktivität zu hemmen, sondern die Angst vor den Folgen des Unvorhersehbaren läßt wenig Freizügigkeit und Spontaneität zu. Das Bedürfnis nach Absicherung bewirkt, daß man sich selbst noch stärker unter Druck und Anspannung setzt, sich noch mehr kontrolliert und anstrengt, um noch mehr zu leisten und zu arbeiten. Dies erfordert sehr viel Energie. Außerdem wird die Bewegungsfreiheit dadurch stark eingeschränkt.

Zeit hat im östlichen Mitteleuropa einen anderen Stellenwert als in Deutschland. Zeit wird dort als ein Mittel sozialer Orientierung betrachtet, an der man sein Leben ausrichtet.

In Deutschland dagegen steht die Zeit selbst an erster Stelle. Die Zeit wird in kleinste Einheiten zerlegt und bestimmt in hohem Maß das Lebenstempo. Deshalb bewertet man die Nichteinhaltung von genau festgelegten Zeiträumen als Mißachtung. Die Zeit ist wichtiger als die sozialen Beziehungen.

Der ausgeprägte Individualismus in den Alten Bundesländern erlaubt individuelle Lebensformen und individuellen Umgang miteinander. Er läßt Offenheit gegenüber sich Andersverhaltenden und Fremden zu. Er verursacht aber auch, daß das Individuum zuallererst seine eigenen Interessen wahrnimmt. Das führt zu der in Deutschland oft beklagten „sozialen Kälte", die auch von den Menschen aus dem östlichen Mitteleuropa so empfunden wird.

Diese beiden in ihren Grundlagen völlig verschiedenen Kulturmuster mögen auf den ersten Blick so ähnlich erschienen sein: Die gravierenden Unterschiede werden jedoch in der internationalen Zusammenarbeit selten beachtet, ein Umstand, der dann zu unnötigen Mißverständnissen führen kann.

11 · Zwei unterschiedliche Weltbilder

Zusammenfassend lassen sich diese Unterschiede in einem Überblick darstellen, der dazu dienen soll, die Arbeitsabläufe und Verhandlungen vor Ort vor diesem Hintergrund besser zu verstehen.

Tab. 11.1. Die wichtigsten soziokulturellen Unterschiede

Deutschland	Östliches Mitteleuropa
Wohlstand und Konsumgesellschaft	Verbrauchergesellschaft
Individualistische Gesellschaft	Gemeinschaftsorientierung
Flache Hierarchien	Hierarchiepyramide
Unabhängigkeit des Individuums	Abhängigkeit des Individuums
Konkurrenz zwischen Individuen	Rücksicht auf andere
Individualistisches Verhalten	Konformes Verhalten
Wahrung der eigenen Interessen	Harmoniebedürfnis
Selbstverwirklichung und Eigenverantwortung	Verantwortung gegenüber der Gemeinschaft
Souveränität	Bescheidenheit
Individualistische Lebensformen	Konforme Lebensformen
Emanzipation	Geschlechtsspezifische Rollenverteilung
Sachlicher Umgang	Persönlicher Umgang
Juristische Denkweise	Autoritäre Denkweise
Leistungsprinzip	Senioritätsprinzip
Das Leben erfordert viel Energie	Die „Leichtigkeit des Seins"
Sachliche Genauigkeit, Präzision	soziale Orientierung
Ernsthaftigkeit, Selbstkontrolle	Spontaneität

KAPITEL 12

Die Entsendung des Managers

12.1
Die ‚Mutterrolle' von Firmen und Institutionen

Seit zehn Jahren werden im östlichen Mitteleuropa Geschäfte aktiv nach marktwirtschaftlichen Prinzipien betrieben. Der Markt dort ist kein Neuland mehr und die Konkurrenz zwischen den Unternehmen wächst stetig. Die Mutterunternehmen und/oder -institutionen schließen Verträge mit Einheimischen ab, entsenden Führungs- und Fachkräfte, stellen einheimische Mitarbeiter ein. Diplomatie und Verwaltungen bereiten den Boden für die Wirtschaft. Auch die staatlichen Institutionen errichten Büros in diesen Ländern, um dort präsent zu sein. Geschäftsleute schließen Verträge ab und pendeln somit zwischen mehreren Kulturen.

Es gibt zwei Gruppen von Führungs- und Fachkräften, die von Mutterunternehmen und -institutionen ins östliche Mitteleuropa entsandt werden:

- Die eine Gruppe besteht aus Mitarbeitern, die mehrere Monate oder Jahre in dem jeweiligen Land bleiben.
- Die andere umfaßt jene Mitarbeiter, die nur für ein paar Tage oder Wochen auf Dienstreise in das Land fahren, um Verhandlungen zu führen und Geschäftliches zu erledigen.

Wir widmen uns zunächst der ersten Gruppe, den Managern, die Monate bzw. Jahre im östlichen Mitteleuropa arbeiten werden.

12.2
Mehrjährige Auslandsaufenthalte

Diese Gruppe von Managern, Entsandten und Führungskräften hat am meisten unter einer mangelhaften Vorbereitung auf ihren Auslandseinsatz zu leiden, denn diese hätte lange vor der Ausreise bereits im Mutterunternehmen beginnen sollen.

Aber wie sieht die Situation in den meisten Mutterunternehmen und -institutionen diesbezüglich aus? Was wird dem Manager diesbezüglich geboten und was von ihm erwartet?

Weil enormer Termin- und Leistungsdruck herrscht sowie hohe Effizienz, Sachlichkeit und Ich-Orientierung die wesentlichen Merkmale der Arbeitsstrukturen in Deutschland sind, spielt der persönliche Umgang mit dem Arbeitnehmer und somit auch mit dem ausländischen Partner meistens eine zweitrangige Rolle. Von einem Mitarbeiter wird aus diesen Gründen vor allem die sachliche Fachkompetenz erwartet: Andere Probleme sollen sich ‚von selbst' lösen. Meistens soll der ausländische Partner alles hinnehmen und sich dem Gast anpassen, nicht umgekehrt.

Nach der Ankunft des Managers vor Ort müssen vor allem die Zahlen stimmen, und die muß er sobald wie möglich vorweisen, weil die Zahlen nicht nur den Beleg für die geforderte Effizienz liefern, sondern auch eine Kontrollmöglichkeit darstellen. Der Mitarbeiter und sein Umfeld sollen genauso wie in der Heimat funktionieren. Gerade diesbezüglich hört man nicht nur von deutschen Managern Klagen, sondern auch von den Managern aus dem östlichen Mitteleuropa.

Das Mutterunternehmen interessieren kulturelle Unterschiede und Spezifika wenig, lediglich Geschäftsberichte, in denen es von Zahlen wimmelt, sind geeignete Beweismittel, sie hinterlassen keine Spuren von den Menschen. Dies entspricht dem deutschen Weltbild, in dem Leistung und Zeit vor allem im Arbeitsleben so eng miteinander verknüpft sind, daß jedes der strukturellen ‚Puzzleteile' schnellstens an der vorgesehenen Stelle plaziert werden muß, um das komplexe System nicht zusammenbrechen zu lassen.

Auf der anderen Seite jedoch steht ein anderes Weltbild, in dem mehr oder weniger eine Wir-Orientierung für das eigene Handeln maßgeblich ist. Zeit, Arbeit und Leistungstempo haben hier einen anderen Stellenwert als im Heimatland von Mutterunternehmen oder -institution des entsandten Mitarbeiters. Er trifft auf eine wir-orientierte Gesellschaft, die sich als Gemeinschaft begreift, in der gerade das Persönliche eine wichtige Rolle spielt und ‚Zeit' mehr oder minder als Ressource zur Orientierung des Handelns betrachtet wird.

Nach Mißverständnissen oder Mißerfolgen liegt es auf der Hand, wem der ‚Schwarze Peter' zugeschoben wird: seitens des Mutterunternehmens dem entsandten Manager, war dieser doch nicht fähig, effizient zu arbeiten; und von dessen Seite dem Land und letzten Endes dem einheimischen Partner.

12.3
Der Auslandseinsatz – die Vorbereitung in Deutschland

Es sollte im Interesse des Mutterunternehmens sein, genau zu überlegen,

- wer für den Auslandseinsatz geeignet ist;
- welche Voraussetzungen er mitbringt;
- wie er auf seinen Einsatz vorbereitet wird.

Die Entscheidung für einen bestimmten Mitarbeiter richtet sich zwar nach der Fachkompetenz, die übrigen aber, die sozialen und interkulturellen Kompetenzen werden nicht selten mit Verweis auf ein „learning by doing" vernachlässigt. Da kann man nur sagen: was für eine Anmaßung – nicht nur für den zu entsendenden Mitarbeiter, sondern auch für das jeweilige Land!

Eine Auslandstätigkeit ist keine Pauschalurlaubsreise, von der man sich etwas Erholung am Swimmingpool erhofft. Jeder kann sich gut erinnern, wie man sich nach der Ankunft in einem fremden Land fühlt, und wie lange es dauert, bis man sich orientieren kann. Dabei war das kein Arbeitseinsatz.

Das Prinzip, erst vor Ort durch eigene Erfahrungen zu lernen, ist eine schlechte Voraussetzung, unabhängig davon, ob es sich um einen kürzeren oder längeren Aufenthalt im Ausland handelt, denn solches Lernen vor Ort ist kostspieliger als die Investition in eine gründliche Vorbereitung. Interkulturelle Seminare sollten eine wichtige Rolle spielen, so wie dies vor allem bei großen, finanzkräftigen Unternehmen bereits der Fall ist. Schlechter sieht es dagegen bei den kleinen und mittelständischen Unternehmen und Verwaltungsinstitutionen aus, die gerade an interkulturellen Seminaren sparen oder aber ihr Soll mit interkulturellen ‚Modeseminaren' fragwürdiger Qualität zu erfüllen suchen (vgl. dazu Abschn. 12.3.4).

Eine gute Vorbereitung auf den Einsatz im Ausland ist die beste Voraussetzung für erfolgreiche Geschäfte! An welcher Stelle soll sie beginnen? Natürlich im Mutterunternehmen bzw. in der Mutterinstitution.

12.3.1
Die Auswahl – Wer soll fahren, wer nicht?

Ausgewählt werden sollte, wer sein Ego zurückstellen kann und zwischen den verschiedenen Welten wenigstens ‚pendeln' kann. Gefragt sind erfahrene Personen, die nicht nur über Fachwissen, sondern ebenso über soziale und interkulturelle Kompetenzen, eine Art ‚Pfadfindergeist' verfügen. Wer sollte nicht fahren?

- Alte Kader – das östlichen Mitteleuropa hat selbst genug von diesem Personenkreis. Die Entsendung alter kommunistischer Kader wird von den Geschäftspartnern als Hohn empfunden. Sie haben nach der Wende ihre Kader zum großen Teil entmachtet und aus wichtigen Positionen entfernt. Außerdem können sich Seilschaften aus früheren Tagen, mit denen sie häufig prahlen, als schädlich für das Geschäft erweisen, weil Sie sich nicht sicher sein können, wessen Interessen Ihr Geschäftspartner eigentlich vertritt.
- Frische Hochschulabsolventen ohne Berufs- und Auslandserfahrung, trotz einiger Sprachkenntnisse. Zunächst sollten sie persönliche und berufliche Reife erlangen und erst dann in fremde Länder entsandt werden.
- Manager, die nur ihre baldige Pension vor Augen haben.
- Pensionäre, die sich bloß die Langeweile vertreiben wollen und sich etwas Zuverdienst versprechen.
- Manager, die ‚kleinkarierte' Hemden tragen und nicht über den Vorgarten ihres ‚Häusles' hinaussehen können!

12.3.2
Die Aufgabe von Mutterunternehmen und -institution

Nicht nur der Manager sollte interkulturelle Seminare besuchen, sondern auch die Verantwortlichen in Mutterunternehmen oder -institution, die mit dem jeweiligen

Land Geschäfte machen möchten oder bereits tätigen. Auch sie sollten sich mit den Spezifika der anderen Kultur auseinandersetzen, damit sie mit dem Manager, der auf Reisen geht, die gleiche ‚Sprache' sprechen und gegebenenfalls die Schwierigkeiten vor Ort verstehen. Eine gute Vertrauensbeziehung sollte Vorrang vor reiner Sachlichkeit haben.

Das Mutterunternehmen oder die -institution sollte nicht nur ihre Produkte und ihren Produktmanager, sondern auch den Menschen hinter ihrem Mitarbeiter sehen. Er wird seine Stärken, aber auch seine Schwächen haben und Fehler machen. Wenn er aber auf seine Aufgaben vor Ort gut vorbereitet ist und voller Vertrauen ins Ausland reist, werden Fehler minimiert, und der Weg zum Erfolg wird bestens bereitet sein!

12.3.3
Familienangehörige, und was nun?

Meistens ziehen bei längerfristigen Auslandsaufenthalten die Partner mit. Nicht nur der Entsandte erhält eine Schlüsselrolle, sondern auch seine Familienangehörigen. Sie geben meistens ihre Arbeit auf, und vor Ort ist ihnen keine Arbeitsaufnahme erlaubt. Und nicht selten fallen sie in einen ‚Leerraum', mit dem sie fertig werden müssen. Das ist deshalb schwierig, weil der Partner, der aus einer ich-orientierten Gesellschaft kommt, in der die Selbstverwirklichung einen hohen Stellenwert hat, plötzlich gezwungen ist, darauf mehr oder weniger zu verzichten und seine individuellen Bedürfnisse zurückzustellen. Er (bzw. meistens ist es eine Sie) gerät zwangsläufig in die Position einer Wir-Orientierung, noch dazu in einer fremden Kultur, von einem möglichen Kulturschock ganz zu schweigen, der sich nach der anfänglichen Idealisierung der einheimischen Kultur einstellen wird. Folge davon können Unzufriedenheit und Konflikte zwischen den Partnern sein. Dies wiederum kann den Einsatz des Managers beeinträchtigen. Hier ist vorab zu prüfen, inwieweit die Familienverhältnisse des Reisenden einen möglichst ‚ungestörten' Auslandseinsatz überhaupt ermöglichen.

12.3.4
Interkulturelle Seminare

Interkulturelle Seminare erleben gerade einen Boom. Im Rahmen der Globalisierung ist man längst zu der Erkenntnis gelangt, daß eine länderübergreifende Zusammenarbeit ohne gründliche Kenntnisse anderer Kulturen nicht möglich ist. Aber das bleibt immer noch mehr Theorie als Praxis, außerdem hält sich auf diesem Gebiet seltsamerweise fast jeder für kompetent.

Das Thema der interkulturellen Zusammenarbeit wird uns im 21. Jahrhundert vor allem im Rahmen der Globalisierung weiter beschäftigen, denn dort, wo Grenzen verschwinden und Kulturen enger zusammenrücken, wo ausländische Mitarbeiter und Einheimische zusammenarbeiten müssen, sind Kenntnisse im Umgang mit fremden Kulturen lebenswichtig.

Eine Voraussetzung für gute interkulturelle Seminare ist ein Dozent, der entweder aus dem jeweiligen Kulturkreis stammt oder längere Zeit in dem jeweiligen Land verbrachte. Er sollte jedoch nicht nur die Kulturen gründlich kennen, er sollte auch fähig sein, sie zu reflektieren und seine Erkenntnisse weiterzugeben. Er sollte fähig sein, zu abstrahieren und Probleme differenziert zu betrachten. Und das will gelernt sein! Denn es reicht nicht, jemandem zu erklären, daß man vor Ort mit Messer und Gabel zu speisen pflegt, wenn man nicht erklären kann, warum das so ist und welchen Hintergrund bestimmte Verhaltensweisen haben.

Die eigene Kultur von außen zu betrachten und sich in die andere Kultur einfühlen zu können, sind wichtige Aspekte und Voraussetzungen für die Durchführung eines erfolgreichen interkulturellen Seminars. Nur so kann man nicht nur zur „Völkerverständigung" beitragen, sondern vermag vor allem auf dem ausländischen Markt richtig zu agieren, zu reagieren und Geschäftsvorhaben erfolgreich zu realisieren. Tips aus dem Reiseführer oder von touristischen Ausflügen, die häufig nur Fehleinschätzungen und Klischees verbreiten, sind hier fehl am Platz.

Vielen Dozenten fehlt die Erfahrung eines Auslandseinsatzes oder einer Zusammenarbeit mit den einheimischen Mitarbeitern. Sie und die Unternehmen, die sie engagieren, unterschätzen die Auswirkungen von oberflächlichen und sachlich unkorrekt durchgeführten interkulturellen Seminaren. Die Folge kann sein, daß man bestehende Vorurteile eher verstärkt als abbaut. Dies geschieht nicht nur in interkulturellen Seminaren für deutsche Manager, die ins Ausland gehen, sondern genauso in jenen für Führungskräfte aus Polen, Tschechien und Ungarn, die in Deutschland weitergebildet werden. Nicht selten wird letzteren nur das technische Know-how vermittelt, die gesellschaftlichen und kulturellen Rahmenbedingungen aber nicht in die Erklärungen einbezogen.

Falls sich diese Einstellung nicht ändert und interkulturelle Kompetenz nicht ernstgenommen wird, wird man sich auch über anhaltende Mißerfolge nicht wundern dürfen.

12.4
Die Einarbeitung des Nachfolgers

Hier soll das in vielen Firmen und Institutionen ‚leidige' Thema der Einarbeitung angesprochen werden, das nicht selten auch in Deutschland unterschätzt wird. Es kann nicht sein, daß der entsandte Manager bei Null anfängt, weil sein Vorgänger aus irgendeinem Grund nicht mehr erreichbar ist oder keine Zeit für die Erfüllung dieser Aufgabe erübrigen kann. Wer könnte einen Nachfolger besser einarbeiten als sein Vorgänger, der mehrere Jahre geschäftlich im Land verbrachte?

Vor Ort ist er mit Vorbereitungen für seine endgültige Abreise beschäftigt, so daß Erfahrungsaustausch an Ort und Stelle kaum möglich ist. Es wäre jedoch angebracht, den Kontakt zwischen dem alten und dem neuen Mitarbeiter so zu organisieren, daß für einen Austausch genügend Zeit bleibt, denn das Know-how geht sonst verloren, so daß der neue Mitarbeiter tatsächlich von vorne beginnt. Und das ist teuer.

Die Mitarbeiter, die aus dem Ausland zurückgekehrt sind, finden ihre Stelle nicht selten besetzt und müssen entweder irgendwo anders untergebracht werden oder ihren Tätigkeitsbereich wechseln, so daß ihre Erfahrungen ebenfalls verlorengehen. Auch hier sollte man eine Möglichkeit finden, die Weitergabe von Kenntnissen aus dem jeweiligen Land an den Nachfolger zu garantieren.

Außerdem sollte man nicht auf die Erfahrungen von Mitarbeitern anderer Institutionen verzichten. Auch sie haben sicherlich Interessantes zu berichten. Eine Vernetzung von Kontakten, Erfahrungsbeständen und Interessen ist gerade angesichts der Globalisierung sinnvoll.

Für die Einarbeitung sollte mehr Zeit eingeplant werden, um dort anknüpfen zu können, wo andere Mitarbeiter aufgehört haben. Mit der Einarbeitung ist hier nicht nur die Übergabe von Ordnern und Aufgaben gemeint, sondern auch die Fortsetzung der guten, persönlichen Beziehungen zu den Geschäftspartnern, Behörden und den einheimischen Mitarbeitern vor Ort, denn das Persönliche hat hier ein größeres Gewicht als in Deutschland. Diese bestehenden Beziehungen müssen über den Mitarbeiterwechsel hinaus gepflegt werden. Natürlich erfordert das Zeit, meistens viel mehr als in Deutschland üblich ist, wo die sachlichen Beziehungen im Vordergrund stehen – aber es zahlt sich aus!

12.4.1
„Vertrauen ist gut, Kontrolle ist besser!"

Der entsandte Manager muß einen Spagat zwischen Mutterunternehmen/-institution und der Niederlassung vor Ort zustande bringen. Er ist dem Druck und den Erwartungen seitens des Mutterunternehmens und vor Ort außergewöhnlichen Belastungen ausgesetzt. Er muß sich ‚rundum' anpassen, zunächst in zwei Weltbildern denken und manchmal sogar ‚zaubern'. Nicht nur der Mitarbeiter selbst muß lernen, in anderen Kategorien zu denken und zu handeln, auch dem Mutterunternehmen stellt sich diese Aufgabe.

„Vertrauen ist gut, Kontrolle ist besser!" Dieser Satz drückt ein grundsätzliches Mißtrauen dem anderen gegenüber aus. Einerseits ist das verständlich, denn konkrete Zahlen lassen sich messen und vergleichen, Kontrollen verhindern persönliche Willkür. In Deutschland ist das Bedürfnis nach Sicherheit und Absicherung stark ausgeprägt, kontrollierbare, nachprüfbare Zahlen sind das A und O jeden Geschäfts. Andererseits aber läßt sich der Aufbau einer guten Geschäftsbeziehung nicht nur in Zahlen ausdrücken. Bestimmte Qualitäten lassen sich nicht messen. Man darf auch nicht vergessen, daß hinter den Zahlen zwischenmenschliche Beziehungen stehen. Wenn gerade im östlichen Mitteleuropa eine gute Beziehung nicht gepflegt und fortgesetzt wird, werden irgendwann auch die Zahlen darunter ‚leiden'. Deshalb sollten nur wirkliche Vertrauensleute (Männer wie Frauen) des Unternehmens ins Ausland geschickt werden. Selbst wenn diese Mitarbeiter nicht sofort die gewünschten Zahlen liefern, kann man darauf vertrauen, daß sie an guten Beziehungen arbeiten, die sich entsprechend in den Zahlen niederschlagen werden.

12.4.2
Die Anpassung des Mitarbeiters vor Ort

Wenn der Manager über einen längeren Zeitraum im Ausland tätig ist und den Kulturschock überwunden hat, kann es passieren, daß die Mitarbeiter in der Zentrale plötzlich merken, daß das nicht mehr der alte, sachliche Herr Müller ist, den sie in einen längeren Auslandsdienst geschickt haben, sondern daß er ein anderer geworden ist, was ihm selbst vielleicht zunächst gar nicht bewußt wird. Sein Verhalten wird den Mitarbeitern in der Zentrale vielleicht persönlicher vorkommen, seine Briefe werden vielleicht umständlicher sein, als man sie sonst von ihm kannte. Darauf muß nicht nur Herr Müller gefaßt sein, sondern auch das Mutterunternehmen. Der Prozeß der Anpassung an die fremde Kultur, wie er in Kap. 4 („Der Kulturschock") dargestellt wurde, hat sich vollzogen. Seine Denk- und Handlungsmuster weisen eine Mischung beider Kulturen auf!

12.4.3
Die Rückkehr zum Mutterunternehmen

Wenn man die Zentrale in Deutschland als Mutterunternehmen (oder -institution) bezeichnet, sollte man annehmen dürfen, daß diese sich ebenso fürsorglich wie eine ‚Mutter' zu ihrem aus dem Ausland zurückkehrenden ‚Kind', dem Mitarbeiter, verhält. Die ‚Mutter' sollte auf ihren Mitarbeiter stolz sein, denn neben dem rein wirtschaftlichen Gewinn hat sie einen Weltbürger geschaffen und somit einen Beitrag zur Globalisierung und Völkerverständigung geleistet.

Der Mitarbeiter bringt einen ‚Schatz' an Erfahrungen mit, von dem das Mutterunternehmen und die Mitarbeiter zehren können. Dazu muß aber gewährleistet sein, daß er nach seiner Rückkehr und Wiedereingliederung einen geeigneten Platz in seinem Mutterunternehmen findet, sonst profitieren niemand oder gar andere davon.

12.5
Auslandsreisen von Führungskräften

12.5.1
Nur ein paar Tage

Wir kommen auf die Gruppe der Führungskräfte zurück, die sich für wenige Tage auf Dienstreise ins östliche Mitteleuropa begibt. Diese Reisenden sind sicherlich (oder: leider) nicht durch einen Kulturschock gefährdet wie die soeben vorgestellte Gruppe. Wären sie auch ‚gefährdet', würde es ihnen eher zugute kommen. Der Kulturschock würde ihnen einen anderen Zugang zur fremden Kultur eröffnen und dadurch einen anderen Umgang mit den Einheimischen ermöglichen. So aber sind sie aus ihrer Kultur, ihrem sozialen Umfeld, aus ihrer Arbeit für einige Tage herausgerissen worden. Schnell werden die Koffer gepackt, vom Flugzeug ins Hotel ist es ein kurzer Weg. Anschließend hetzen sie von einem Termin mit ihren ausländischen Partnern zum nächsten. Sie sind bemüht, mit dem von Zuhause mitgebrachten Tempo möglichst alles in der kurzen Zeit zu besprechen und zu erledigen. Nach der Dienstreise hört man dann:

„Ich habe nur das Hotelzimmer gesehen!"
„Es mußte alles so schnell gehen!"
„Ich muß doch zu meinen Ergebnissen kommen!"
„Es kommt mir so vor, als ob ich nicht von Zuhause weggewesen wäre!"

Im Arbeitseifer wird kaum wahrgenommen, daß man sich in einem anderen Land befindet, in dem andere Gepflogenheiten herrschen und die Menschen andere Befindlichkeiten haben. Von der einheimischen Seite hört man dann etwa folgendes:

„Sie waren so unfreundlich, gehetzt und aufdringlich!"
„Sie nahmen keine Rücksicht auf uns!"
„Hier geht es nicht so wie in Deutschland!"
„Mein Chef war sehr verärgert, aber aus Höflichkeit sagte er nichts!"
„Sie denken, wenn Sie kommen, lassen wir alles liegen!"

Es ist also ratsam, daß sich diese Führungskräfte und ihre Vorgesetzten gut überlegen, ob solche Verhaltensweisen und daraus resultierende Verhandlungsstrategien die geeigneten sind; zumal viele dieser Führungskräfte sowohl aus Wirtschaft als auch Verwaltung die Wegbereiter für eine langfristige Zusammenarbeit sind. Sie sollten nicht meinen, daß gerade sie die unentbehrlichen Partner für das östliche Mitteleuropa sind, denn mittlerweile ist der Wettbewerb so groß, daß man durchaus die Wahl hat, wer als ausländischer Partner in Frage kommt. Außerdem geht es dabei nicht nur im östlichen Mitteleuropa, sondern auch in Deutschland um die Erhaltung von Arbeitsplätzen und schließlich um Geld: Der Markt hinter der Grenze wächst ständig, und die ganze, auch die westliche Welt wünscht sich ein Stück von diesem ‚Kuchen'.

Interkulturelle Trainings sind infolgedessen auch dieser Gruppe von Managern sehr zu empfehlen! Auch sie sollten sich einfühlen können, über fremde Gepflogenheiten Bescheid wissen und sich dementsprechend anpassen können, schließlich erwarten sie dies im umgekehrten Fall auch von den ausländischen Partnern.

KAPITEL 13

Das Unternehmen vor Ort

13.1
Ansichten einheimischer Mitarbeiter

„Wir haben wenig Erfahrung im Controlling!"
„Ich würde mir gern mehr Erfahrungen im Marketing des Innen- und Außenhandels aneignen wollen."
„Marktforschung ist uns noch fremd!"
„Wie bringe ich die Produkte auf den Markt?"
„Es kommt häufig zu Mißverständnissen, weil die Leute nicht wissen, was Marketing ist. Die Zusammenhänge fehlen!"
„Man sollte bei uns nicht das ausländische System übertragen! Das wird nie gut gehen!"
„Am Personal sollte man hier nicht sparen. In unserer ausländischen Mutterfirma hat jede Abteilung einen Marketingabteilungsleiter. Bei uns sind es im ganzen Haus nur zwei, und das reicht nicht!"
„Die ausländische Firma hat kein Interesse an den einheimischen Mitarbeitern. Sie bekommen keine richtige Einarbeitung und schon gar keine Weiterbildung! Nur Mitarbeiter aus dem hohen Management werden weitergebildet!"
„Manchmal handeln die ausländischen Firmen bei uns nach dem Motto: Wenn es dir nicht paßt, dann geh' doch, es gibt genug andere auf der Straße!"
„Der beste Weg ist, sich in der Mitte zu treffen!"
„Der Chef ist nett!"

13.2
Ausländische Consultingfirmen – Erfahrungen der Ostmitteleuropäer

Sie sollten wissen, daß nach der Wende die vielen Consultingfirmen die Länder des östlichen Mitteleuropas regelrecht überschwemmten. Das war deren erste Begegnung mit ausländischen Firmen. Einen Vergleich hatte man bis dahin nicht. Viele dieser Firmen waren als Mittler zwischen den einheimischen und westlichen Firmen tätig. Zu häufig versprachen sie den einheimischen Unternehmern mehr, als sie schließlich halten konnten. Dadurch kam es zu vielen Enttäuschungen, sowohl auf der westlichen als auch auf der östlichen Seiten. Verträge kamen entweder nicht zustande, oder die einheimischen Unternehmer fühlten sich betrogen.

Seitdem werden Unternehmensberatungen mit großer, manchmal übergroßer Vorsicht betrachtet, denn in dieser Hinsicht haben sie großen Schaden verursacht. Falls Sie also auf ein Übermaß an Vorsicht bei den Managern im östlichen Mitteleuropa treffen, ist es wahrscheinlich auf diese Erfahrungen zurückzuführen.

13.3
Einheimische Bewerber

13.3.1
Die Einstellung eines einheimischen Mitarbeiters

Die Einstellung eines Mitarbeiters spielt sich für die einheimische Seite vor dem Hintergrund des Weltbildes einer wir-orientierten Gesellschaft ab.

In Deutschland dagegen ist meist die Fachkompetenz entscheidend. Die sozialen Kompetenzen und die menschliche Eignung sind hier oftmals zweitrangig. Manchmal könnte man glauben, daß sie sogar vergessen werden, daß nur eine Kostennutzen-Relation den Vertrag zwischen Arbeitgeber und Arbeitnehmer bestimmt.

Im östlichen Mitteleuropa wäre das eine ganz falsche Perspektive. Wie wir gesehen haben, spielt die persönliche Ebene eine größere Rolle als in Deutschland.

13.3.2
Die Auswahl eines einheimischen Mitarbeiters

Bei der Auswahl eines einheimischen Mitarbeiters sollten nicht unbedingt nur Fachkompetenzen Vorrang haben. Es ist klar, daß ein Automechaniker darüber verfügen muß. Vor allem aber dort, wo der Umgang mit Kunden wichtiger ist, sollte die Persönlichkeit Vorrang haben, denn technisches Können ist erlernbar. Die Gründe dafür liegen in der Tatsache, daß Seviceleistungen nicht überall genügend kundenorientiert sind, und der Kunde noch nicht überall der König ist!

Außerdem darf man nicht aus den Augen verlieren, daß der ausländische Arbeitgeber im östlichen Mitteleuropa auf die landesüblichen Normen und Werte angewiesen ist. Nicht nur Sachlichkeit, sondern gerade die moralische Verantwortung zwischen Arbeitgeber und Arbeitnehmer spielt hier eine wichtige Rolle.

13.3.3
Das Bewerbungsgespräch mit einem einheimischen Mitarbeiter

Beim Vorstellungsgespräch mit einem Bewerber aus dem östlichen Mitteleuropa spielt, wie bereits erwähnt, sehr häufig der Aspekt einer ‚geistigen Bescheidenheit' eine bedeutende Rolle. Oft äußert sie sich darin, daß man sich selbst auf dem Arbeitsmarkt nicht gut ‚verkaufen', seine Gaben, Talente, Kenntnisse und sein Wissen nicht gut genug präsentieren kann, denn man würde das in der gemeinschaftsorientierten Gesellschaft als Angeberei verstehen. Hier setzt man voraus, daß der Personalchef schon bei zurückhaltenden Äußerungen des Bewerbers zwischen den Zeilen lesen und somit die für die Besetzung der Stelle wichtigen Informationen herausfiltern kann. Skeptischer sollte man dagegen gerade im umgekehrten Fall sein, wenn der Bewerber mit seinen Kenntnissen prahlt. Die Tatsache, daß sich die Bewerber in Bewerbungsschreiben, Vorstellungsgesprächen und bei Auftritten vor offiziellen Stellen eher bescheiden geben, läßt sich im Unterschied zu deutschen Bewerbern häufig beobachten: Man möchte in den Augen anderer nicht als unhöflich und maßlos gelten.

Deshalb kann es vor allem bei Vorstellungsgesprächen mit ausländischen Arbeitnehmern zu Mißverständnissen kommen. Der Personalchef könnte die tatsächlichen Qualifikationen des einheimischen Bewerbers unterschätzen, weil dieser sich in seinen Augen nicht richtig ‚verkaufen' kann.

Nicht zu vergessen ist, daß bei der Bewerbung eines Einheimischen bei einem ausländischen Arbeitgeber die Zurückhaltung in Hemmungen umschlagen kann. Sie können aus einem Gefühl der eigenen Unterlegenheit und der Unsicherheit angesichts der Erwartungen, Ansprüche und Vorstellungen des unbekannten ‚Fremden' resultieren.

Hier sind wieder interkulturelle Kompetenzen gefragt, den derjenige, der für die Auswahl von einheimischem Personal zuständig ist, sollte mit Fingerspitzengefühl vorgehen und zwischen den Zeilen lesen können, um die richtige Wahl zu treffen. Er sollte dem einheimischen Mitarbeiter bei einem Vorstellungsgespräch mehr Zeit zur Verfügung stellen, um sowohl ihm die Möglichkeit zu geben, sich auf seine Weise darzustellen, als auch sich selbst die Chance einzuräumen, die Hintergründe und Qualifikationen des Bewerbers genauer prüfen und einschätzen zu können.

13.4
Strukturen im Unternehmen vor Ort

13.4.1
Die Pyramide

So wie die gesamte Gesellschaft in Polen, Ungarn und Tschechien hierarchisch geordnet und wir-orientiert ist, sind auch Führungsstruktur und -stil im Unternehmen ausgerichtet.

Diese Strukturen ähneln häufig einer Pyramide. In kleinen Unternehmen fehlt es oft an der Möglichkeit, Befugnisse an die Mitarbeiter zu delegieren. In diesem Fall kommt hier ein Mißtrauen zum Ausdruck, das sicherlich der allgemeinen Verunsicherung entspringt. Andererseits gibt es auch viele, die nicht qualifiziert genug sind oder das Vertrauen des Geschäftsinhabers tatsächlich mißbrauchen.

13.4.2
Die Unternehmenskultur

Es gibt verschiedene Arten der Zusammenarbeit mit dem östlichen Mitteleuropa. Sie kann durch Aufbau einer Niederlassung, durch eine internationale Fusion,

Joint-ventures, Teilkooperationen oder Übernahme eines einheimischen Unternehmens erfolgen. Andere Gesellschaften und Institutionen errichten ihre Büros vor Ort. Bei jeder Form der Zusammenarbeit sind die Normen und Werte der einheimischen Mitarbeiter zu berücksichtigen. Am stärksten natürlich dann, wenn ein einheimisches Unternehmen samt Strukturen von einem ausländischen übernommen wird – hier wird zusätzlich noch die einheimische Kultur übernommen. Gerade hier ist das Fingerspitzengefühl des ausländischen Managers gefragt. Das bedeutet für ihn, daß er sein eigenes Weltbild nicht einfach übertragen darf, sondern an die vor Ort gegebene einheimische Kultur anpassen muß.

13.4.3
Die Unternehmenskultur als Visitenkarte

Die Unternehmungskultur und das Betriebsklima sind Ihre Visitenkarte. Diese Kultur setzt sich von oben nach unten durch – und nicht umgekehrt.

Je nach Art der Unternehmungskultur werden Sie die Unterstützung der Mitarbeiter erfahren oder auch nicht, denn der Aufbau einer Unternehmenskultur ist ein dynamischer, wechselseitiger Prozeß zwischen einem Unternehmen und seinen Mitarbeitern, die aufeinander Einfluß ausüben.

Das folgende Sprichwort findet hier Anwendung:

„Wie man in den Wald hineinruft, so schallt es zurück!"

In jedem Unternehmen existiert eine Unternehmenskultur, und in den letzten Jahren gewinnt die Auseinandersetzung mit ihr vor allem im Rahmen der Globalisierung und Internationalisierung an Bedeutung. Die Unternehmenskultur trägt in hohem Maß zum Erfolg eines Unternehmens bei.

Unter der Oberfläche, im Herzen eines Unternehmens liegen die Normen und Werte, die seine Grundlage bilden. Das Verhalten der Mitarbeiter beeinflußt aufgrund ihrer je eigenen Wertvorstellungen die gesamte Unternehmenskultur. Die Mitarbeiter sollten sich mit der Unternehmenskultur identifizieren können, das Gegenteil ist kontraproduktiv und behindert den Erfolg eines Unternehmens. Schlechte Unternehmenskultur führt zur Demotivation der Mitarbeiter, was sich wiederum in der Qualität der Arbeit niederschlägt. Die Unternehmenskultur sollte nicht mit der technischen Ausstattung verwechselt werden.

Um mehr über die Unternehmenskultur in einem einheimischen Unternehmen zu erfahren, bedarf es einer Kulturanalyse. Falls man eine neue Unternehmenskultur einzuführen beabsichtigt, sollte diese an die landesüblichen Normen und Werte der Mitarbeiter anknüpfen und aus diesen herausgearbeitet werden, denn neue, aufgezwungene Verhaltensweisen werden nicht angenommen, sondern meist stillschweigend boykottiert.

13.4.4
Die Identifizierung mit dem Unternehmen

Ob sich der Mitarbeiter mit der Unternehmensphilosophie identifiziert oder nicht, liegt auch an der betrieblichen Praxis. Identifikation sollte bedeuten, daß sich die meisten Unternehmensziele mit den Zielen der Mitarbeiter decken. Zu der Tatsache, daß diese Ziele verfolgt werden, gehört auch, daß die Mitarbeiter dazu entsprechend motiviert werden, daß sie Interesse an ihrer Arbeit haben und für ihre Arbeit entsprechend materiell und geistig (z. B. durch Anerkennung) belohnt werden. Die Mitarbeiter sollten sehen und spüren, daß sie dem Unternehmen nicht gleichgültig sind, daß sie keine auswechselbaren Maschinen sind. Dann werden auch sie mit Verantwortung ihre Aufgaben wahrnehmen und nach dem Motto handeln: „Es geht um unsere Sache, wenn es dem Unternehmen schlecht geht, geht es auch mir schlecht." Sie werden sich ihrem Unternehmen gegenüber loyal verhalten. Im umgekehrten Fall werden sie sich kontraproduktiv verhalten, vor allem in den Ländern, wo Kontraproduktivität fünfzig Jahre lang ‚Tradition' war.

Die Unternehmenskultur sollte eine homogene und stabile Struktur haben, in der Mitarbeiter ‚an einem Strang ziehen' und sich wir-orientiert verhalten. Es kann deshalb nicht im Interesse des Unternehmens sein, daß auf jeder Etage andere Gepflogenheiten herrschen.

Die Mitarbeiter sollten außerdem den Sinn ihres Handelns verstehen. Sie sollten Zusammenhänge erkennen, sie einsehen, die daraus resultierenden Erkenntnisse annehmen und dann danach handeln können. Dazu sind nicht nur Personalentwicklungsseminare, sondern vor allem Zeit und Erfahrung nötig. Dies sollte im Unternehmen ebenfalls nicht als bloße Theorie betrieben werden, sondern in die Tat umgesetzt und vor allem kontrolliert werden. Es ist nämlich blauäugig, zu glauben, daß ein Wertewandel im Unternehmen nur durch das Abhalten von Führungskräfteseminaren bewirkt werden kann. Hier wäre ein bloßer Appell an die Vernunft der Führungskräfte wirkungslos.

Eine Unternehmungskultur zu ändern, ist ein mühsamer Prozeß, denn kein Mensch wird sich ändern, wenn er dazu nicht gezwungen wird oder die Änderung einsieht. Man kann diesen Prozeß praktisch unterstützen, indem man aufmerksam zuhört, steuert, lenkt und immer wieder erklärt, Zusammenhänge aufzeigt und die Ergebnisse prüft.

13.4.5
Die Unternehmensstruktur als organische Einheit

Die Unternehmenskultur kann man mit einem Menschen vergleichen, der in einer bestimmten Kultur sozialisiert wurde. Um die weitere Entwicklung kontinuierlich im Einklang zu seinem Umfeld zu halten, müssen seine Normen und Werte so entwickelt und angepaßt werden, daß er Neues aufnehmen kann.

Auch das Unternehmen ist eine organische Einheit. Sie besteht nicht nur aus Zahlen, sondern aus Menschen, die sich im Hinblick auf die Entwicklung auf dem Weltmarkt, die Globalisierung und Internationalisierung mit ihrer eigenen Kultur beschäftigen sollten. Sie sollten sich an diese Entwicklungen anpassen können, um effizient und gewinnorientiert zu arbeiten. Dazu bedarf es einer auf Langfristigkeit angelegten Strategie. Denn in Zukunft werden nur solche Unternehmen im wachsenden Konkurrenzkampf erfolgreich sein, die es verstehen, nicht nur nach außen den Veränderungen standzuhalten, sondern auch die inneren Unternehmensstrukturen kontinuierlich mit den äußeren Entwicklungen abzustimmen.

In einem Unternehmen vor Ort sollte eine Kultur geschaffen werden, die die Mitarbeiter verbindet. Das heißt vor allem, daß sich die Landeskultur von der Unternehmenskultur nicht zu sehr unterscheiden darf, so daß zwei gegensätzliche Wertesysteme entstehen.

Im Gegenteil: Durch die aus der Landeskultur in die Unternehmenskultur übernommenen Normen und Werte kann man gegenüber der Konkurrenz durchaus profitieren. Normen und Werte aus dem einheimischen Weltbild, d. h. die Gemeinschaftsorientierung, allgemeine Gepflogenheiten, das Sicherheitsbedürfnis, die Gestaltung der Arbeitszeit, Urlaub u. a. m., sollten einbezogen werden und in die Unternehmenskultur einfließen. Diesbezüglich ist jedoch noch eine andere Strategie zu bedenken: Wie kann eine Kontrolle der tatsächlichen Einhaltung und Steuerung der Unternehmenskultur ermöglicht werden?

Bei Nichtbeachtung dieser Aspekte ist mit Mißerfolgen zu rechnen. Somit steigen auch die Anforderungen an die Manager, die vor Ort tätig sind, wenn sie langfristige Erfolge erzielen wollen.

13.5
Der Vorgesetzte

„Er ist nett!"

Wie werden Sie als Vorgesetzter von einem Mitarbeiter im östlichen Mitteleuropa beurteilt? Das oben angeführte Zitat drückt es deutlich aus: Man wird Sie zunächst auf der persönlichen Ebene und dann erst als Fachmann oder Fachfrau beurteilen. Vor allem Ihr persönlicher Stil und Umgang mit anderen wird bewertet! Es wird Ihnen vieles verziehen, wenn Sie sich als ‚guter Mensch' zeigen.

Unabhängig von Ihren Fachkenntnissen werden Sie für das Geschäft und auch für sich persönlich Nachteile in Kauf nehmen müssen, wenn Sie sich als ‚schlechter' Vorgesetzter, etwa als autoritärer und cholerischer ‚Vater' präsentieren, der wegen jeder Kleinigkeit um sich schlägt. Sie werden von der einheimischen Belegschaft stillschweigend schlechte Karten bekommen.

Sich als ‚guter Mensch' und Vorgesetzter zu zeigen, bedeutet, daß Sie gute persönliche Beziehungen zu Ihren Mitarbeitern aufbauen sollten. Genauso wie in der Familie nehmen Sie die Rolle des Oberhaupts ein. Das kann zwar streng sein, muß dabei aber gerecht handeln, sich um seine ‚Familie' kümmern. Dann ist ihm die Loyalität der ‚Familienmitglieder' sicher. Dann erhalten Sie auch auf der sachlichen Ebene Informationen, die für die Arbeit und den Erfolg notwendig sind.

„Er ist nicht nett!"

Dazu das folgende Beispiel:

Ein Angestellter aus dem östlichen Mitteleuropa arbeitet seit zehn Jahren in einem ausländischen Unternehmen in seiner Heimat. Jeden Tag beginnt er um sieben Uhr morgens und arbeitet bis sechzehn Uhr, also insgesamt neun Stunden pro Tag. Er hat sich nie etwas zuschulden kommen lassen, ist fleißig und kollegial. Eines Tages nach seinem Urlaub muß er morgens einen Arzt aufsuchen, es ist ein Notfall. Er ruft um halb acht morgens im Büro an, es ist jedoch keiner da. Nach der ärztlichen Untersuchung fährt er direkt ins Büro und hat somit zwei Stunden Verspätung. Am nächsten Tag bekommt er per Hauspost einen Vermerk von seinem Vorgesetzten, der der Personalakte beigefügt wird. Dem Mitarbeiter wurde kein Vertrauen geschenkt – so würde es ein Mitarbeiter aus dem östlichen Mitteleuropa deuten.

Im östlichen Mitteleuropa wäre das ein undenkbarer Vorfall, denn ein einheimischer Vorgesetzter würde sich großzügig zeigen. Er würde gar nicht reagieren, weil er genau weiß, daß gerade dieser Angestellte in zehn Jahren nie zu spät kam, und würde sich im Gegenteil nach dessen Gesundheitszustand erkundigen.

Hier hatte jedoch etwas anderes Vorrang, nämlich die Sachlichkeit, denn die Mitarbeiter müssen spätestens um neun Uhr anwesend sein. Zudem konnte der Angestellte seinen Anruf in der Firma vor seinem Arzttermin nicht beweisen.

13.6
Die Macht der Sekretärin

Auf die Frage, an wen Sie sich in einem Unternehmen wenden würden, wenn Sie ein bestimmtes geschäftliches Vorhaben mit dieser Firma verwirklichen wollen, lautet die Antwort: „Bevor ich den Chef anrufen würde, würde ich mich zunächst an seine Sekretärin wenden!" Als man den Interviewten nach dem Grund fragt, gibt er zur Antwort: „Um zu sondieren, welche Chance ich habe und wie der Chef ist!" Eine Sekretärin aus dem östlichen Mitteleuropa, die sich diese Aussage anhört, nickt zufrieden und fügt hinzu: „Ja, ich bin schließlich die Sekretärin!"

Dieses Beispiel besagt: Weil ich Sekretärin bin, verfüge ich über einen besonderen Status und besonderes Ansehen; ich habe Macht.

Das zeigt deutlich, daß der Stellenwert einer Sekretärin im östlichen Mitteleuropa ein anderer, wesentlich höherer ist als in Deutschland. Sie ist im östlichen Mitteleuropa eine ‚Machthaberin'. Sie kann ihrem Vorgesetzten helfen oder ihm Unglück bringen. Sie kann ihrem Vorgesetzten insofern helfen, als sie durch den ‚Schneeballeffekt' verschiedene Informationen einholen kann. Unglück kann sie ihm bringen, wenn sie für eine andere Seite Informationen sammelt oder ihre Macht ausspielt.

Viele Sekretärinnen im östlichen Mitteleuropa wissen um ihre Macht und üben sie gelegentlich aus. Durch ihre direkte Verbindung zur nächsthöheren Ebene kann man sich bestimmte Informationen erhoffen.

13.7
Der Umgang mit Mitarbeitern aus dem östlichen Mitteleuropa

Wenn es um den Transfer von Know-how geht, sollte man bedenken, daß nicht nur Technologien und Wissen, sondern auch Denk- und Verhaltensweisen übertragen werden. Als westlicher Manager nehmen Sie zwangsläufig eine Vorbildrolle ein, an der man sich orientieren wird. Diese Verantwortung wird Ihnen mit Ihrer Funktion übertragen.

Als ausländischer Partner oder Vorgesetzter werden Sie im östlichen Mitteleuropa besonders kritisch beobachtet. Sie werden auf Klischees ‚getestet', vor allem auf Arroganz und Anmaßung, und ob Sie auf die Mitarbeiter herabblicken. Das sind die häufigsten Befürchtungen seitens der Mitarbeiter aus dem östlichen Mitteleuropa. Sie möchten als gleichwertige Menschen behandelt werden. Selbstverständlich können Sie Kritik äußern, aber vorsichtig und indirekt, denn diese Art von Kritik verstehen die Menschen aus dem östlichen Mitteleuropa nicht.

Jede Handlung und Bewegung von Ihnen wird besonders auffallen und beurteilt. Sie werden davon wenig direkt erfahren, bekommen es aber zu spüren. Deshalb sollten Sie Vertrauen nicht nur durch Ihr fachliches Können und Wissen, sondern durch Ihre soziale Kompetenz gewinnen, die eine wichtige Rolle spielen wird. Dazu ist es wichtig, regelmäßig Arbeitssitzungen und Gesprächskreise mit Ihren ausländischen Kollegen anzuberaumen, in denen die Arbeitsschritte und Arbeitsweise besprochen werden – und auch das Betriebsklima sollte ein Thema sein. Fragen Sie Ihre Mitarbeiter nach Ihren Vorstellungen, Meinungen und Vorschlägen dazu. Fragen Sie sie, was sie von Ihnen erwarten. Erklären Sie ihnen Ihre Erwartungen, Regeln, Vorschriften in Zusammenhängen und mit Hintergründen, und suchen Sie gemeinsam nach Lösungen. Einen Sprecher aus dem Mitarbeiterkreis zu wählen, der die Probleme und Schwierigkeiten an Sie weiterleitet, empfiehlt sich ebenfalls, vor allem für diejenigen, die es, gleich aus welchem Grund, scheuen, Sie persönlich anzusprechen. Das Senioritätsprinzip sollten Sie dabei nicht vergessen. Ein älterer Mitarbeiter genießt mehr Respekt in der Belegschaft als ein jüngerer.

13.7.1
Die Kommunikation im einheimischen Unternehmen

Gesellschaften, die gemeinschaftsorientiert sind, erfordern ein höheres Maß an Kommunikation, denn es geht nicht nur um individuelle Belange, sondern um Gruppeninteressen. Wenn es um den Zusammenhalt, um gruppenkonformes Verhalten und soziale Kontrolle geht, bedarf es intensiverer Kommunikation, um sich angemessen zu verständigen. Und im östlichen Mitteleuropa ist man sehr kommunikativ.

Am Arbeitsplatz wird meistens persönlicher kommuniziert als in Deutschland, wo sich die Kollegen eher mit einer gewissen Sachlichkeit gegenüberstehen. Im östlichen Mitteleuropa nimmt die Form, in der man miteinander verkehrt, viel Zeit in Anspruch, was aber nicht zwangsläufig besagt, daß dadurch die Leistungen sinken. Der ‚Schneeballeffekt' informeller Kommunikation funktioniert hier ebenfalls hervorragend.

13.7.2
Konflikte und Konfliktlösung

In den wir-orientierten Gesellschaften im östlichen Mitteleuropa werden Konflikte nicht offen ausgetragen wie in Deutschland. Nach außen versucht man Harmonie und Wir-Gefühl zu wahren, damit die anderen nicht ihr Gesicht verlieren. Ein Unternehmen oder eine Institution kann man mit einer Großfamilie vergleichen, in der jeder gemäß seinem Status eine bestimmte Funktion übernimmt. Dabei werden hierarchische Stufen beachtet. Konflikte werden meist gemieden, wobei oft der in der Hierarchie Niedrigerstehende nachgibt.

Kritik wird indirekt, durch Umschreibung, einen Verweis auf andere Sachverhalte, durch Vergleiche, Ironie oder Doppeldeutigkeiten ausgedrückt. Sie wird mehr oder weniger mittels anderer Botschaften vermittelt. Dadurch wird einerseits garantiert, daß man den anderen nicht verletzt. Andererseits dient dies dem Selbstschutz, denn man hat niemanden direkt verletzt und angegriffen. Sachliche und direkte Kritik, wie sie vor allem in Deutschland geübt wird, gibt es im östlichen Mitteleuropa kaum. Stehen die Personen auf der gleichen Hierarchieebene, sucht man nach einer gemeinsamen Lösung, wobei jede Partei versucht, ihre Interessen ein Stück zurückzunehmen, damit man sich in der Mitte treffen kann.

Das konforme Verhalten, die höflichen Umgangsformen, die sich zum Beispiel darin äußern, daß man sich sehr oft bedankt, dienen dazu, Konflikte möglichst zu vermeiden. Offener Streit und offene Auseinandersetzungen sind selten zu beobachten – am ehesten dann, wenn das Faß überläuft und jemand tief verletzt wird.

Entstehen Konflikte im einheimischen Unternehmen, sollte man auf die Hilfe eines beiden Seiten vertrauten einheimischen Mitarbeiters zurückgreifen, der vielleicht einen besseren ‚Draht' zur einheimischen Belegschaft hat. Es muß aber tatsächlich jemand sein, der von der einheimischen Seite geschätzt wird, andernfalls wird er eher Mißtrauen erregen und noch mehr Schaden verursachen. Man sollte dabei bedenken, daß man einen einheimischen Mitarbeiter, der sich zu loyal auf Ihre Seite stellt, auch unter die Lupe nehmen wird. Das sind die Folgen der sozialistischen Vergangenheit.

13.8
Der Kunde, der kein „Untertan" mehr ist

13.8.1
Die Kundenorientierung des einheimischen Mitarbeiters

Wenn man die Kundenorientierung im Geschäft vor Ort verbessern möchte, sollte man dies mittels bestimmter Elemente im Weltbild des östlichen Mitteleuropa versuchen. Dem Mitarbeiter sollte das Gefühl der ‚Großfamilie' vermittelt werden, in der gegenseitige Hilfe eine Selbstverständlichkeit ist. Die Aufgabe des einheimischen Mitarbeiters sollte dann darin bestehen, den Kunden systematisch in den erweiterten ‚Familienverband' zu integrieren. Voraussetzung dafür ist jedoch die Einsicht in die wechselseitige Abhängigkeit von Anbieter und Kunde.

Auf der anderen Seite hängt es vom ausländischen Vorgesetzten ab, inwieweit er fähig ist, die einheimischen Mitarbeiter zu motivieren, damit die gut ausgebildeten unter ihnen auch im Unternehmen bleiben. Denn mittlerweile wissen sie um ihren Marktwert.

13.8.2
Die Kunden

Wer ist der Kunde im östlichen Mitteleuropa? Er ist Wohlstand und Überfluß nicht gewohnt. Er ist bescheiden, sparsam, lebt nicht in einer Wegwerfgesellschaft, sondern repariert und ‚tüftelt' gerne. Der Kunde orientiert sich vor allem an Preisen. Er verlangt meistens nicht nach Luxus, sondern nach praktischen Dingen, die ihm das Leben erleichtern. Er braucht fachliche und kundenfreundliche Beratung, die er immer noch oft vermißt; „Der König Kunde" ist zwar auf dem Vormarsch, aber noch nicht überall im östlichen Mitteleuropa.

Je kundenorientierter Waren angeboten werden, je mehr Vorteile durch Serviceleistungen für den einheimischen Kunden sichtbar sind, desto höhere Gewinne werden erreicht. In die Überlegung, welche Ware und welche Serviceleistung einen hohen Absatz garantieren kann, sollten das soziale Umfeld und die Gepflogenheiten der Kunden, ihre Feste (wie Weihnachten), die sehr traditionell und meistens im großen Familienrahmen gefeiert werden, einfließen, aber auch die mangelnde Infrastruktur, die es dem Kunden nicht ermöglicht, an bestimmte Waren überall heranzukommen oder sie zu transportieren. Man muß bedenken, daß nicht jeder über ein Verkehrsmittel verfügt. Auch die vor Ort üblichen Öffnungs- und Arbeitszeiten dürfen dabei nicht außer acht gelassen werden.

13.9
Frauen als Geschäftspartnerinnen

Auf unternehmerischem Gebiet werden Sie positiv überrascht sein, was Frauen als Geschäftspartnerinnen, als Unternehmerinnen und Angestellte anbelangt. Denn es ist bekannt, daß sie korrekt, gründlich, zuverlässig, fleißig, zäh und belastungsfähig sind.

Nach der Wende mußten sich auch die Frauen umorientieren, weil viele ihre Arbeit verloren haben. Viele von ihnen versuchen sich in der Selbständigkeit, und das mit Erfolg. Es ist auch allgemein bekannt, daß Frauen nicht so risikofreudig sind, sondern mehr die Sicherheit schätzen. Deshalb planen und prüfen sie ihre Geschäftsvorhaben und ihre Ziele viel gründlicher, damit der Erfolg langfristig sichergestellt wird. Sie sind pragmatischer. Am Anfang geben sie sich meist mit kleineren Umsätzen zufrieden und verfolgen ihre Ziele sehr ehrgeizig und hartnäckig. Nicht nur ihre oft hohe Ausbildung ist dafür ausschlaggebend, sondern auch ihr geschlechtsspezifisches Rollenverhalten. Sie können haushalten, und sie organisieren perfekt Privat- und Geschäftsleben. Sie können in dieser Hinsicht sehr wohl zwischen Persönlichem und Sachlichem unterscheiden. Sie arbeiten mit hohem persönlichem Einsatz und sind bestens informiert. Frauen im östlichen Mitteleuropa können sich immer anpassen und haben eine besonders gute Urteilsfähigkeit. Dadurch ist es ihnen möglich, Situationen rechtzeitig zu erkennen und entsprechend zu reagieren. Sie betätigen sich als Anwältinnen, Notarinnen, Ärztinnen, in der Gastronomie und im Hotelwesen. Viele sind Geschäftsinhaberinnen.

Außer ihrer häufigen Tätigkeit in kaufmännischen Berufen haben sie auch im mittleren Management oft das Sagen. Nur im hohen Management dominieren die Männer. Die einheimischen Männer wissen um diese Qualitäten der Frauen, deshalb werden diese nicht selten auch in Schlüsselpositionen eingesetzt und als kompetente Partnerinnen respektiert.

13.10
Das sollten Sie beachten

- Aufgrund der vielen negativen Erfahrungen direkt nach der Wende sind Geschäftsleute im östlichen Mitteleuropa im Umgang vor allem mit Unternehmensberatungen aus dem Westen vorsichtiger geworden.
- Bei der Auswahl einheimischer Mitarbeiter kommt es nicht immer nur auf das technische Know-how an.
- Lassen Sie sich mehr Zeit für ein Bewerbungsgespräch mit einem einheimischen Bewerber!
- Die Strukturen in vielen einheimischen Unternehmen ähneln einer Pyramide.
- Die Unternehmungskultur ist Ihre Visitenkarte.
- Ob sich der einheimische Mitarbeiter mit der Unternehmensphilosophie identifiziert, hängt von der betrieblichen Praxis ab.
- Die Unternehmungskultur sollte sich auf die Effekte der Globalisierung einstellen.
- Sind Sie als ausländischer Vorgesetzter nett?
- Im Unternehmen vor Ort geht es nicht nur um die Übertragung von westlichem Know-how.
- Kritik wird häufig persönlich genommen.
- Vergessen Sie nicht: Die Sekretärin im östlichen Mitteleuropa hat Macht.
- Die gut ausgebildeten einheimischen Mitarbeiter kennen ihren Marktwert.
- Der Kunde sollte im östlichen Mitteleuropa in den ‚Familienverband' aufgenommen werden.
- Frauen als Geschäftspartnerinnen arbeiten mit hohem persönlichem Einsatz.

KAPITEL 14

Geschäfte im östlichen Mitteleuropa

14.1
Was schätzen die einheimischen Arbeitnehmer an deutschen Kollegen?

„Deutsche Arbeitnehmer sind viel ruhiger!"
„Sie können mit ihrer Zeit besser umgehen!"
„Sie nutzen ihre Zeit effizienter!"
„Der Informationsfluß ist kontinuierlicher!"
„Die Vorgesetzten haben Zeit für ihre Mitarbeiter!"
„Sie können langfristig planen. Das hängt mit langfristiger Vorbereitung zusammen!"

Solche Einschätzungen der Arbeitnehmer aus dem östlichen Mitteleuropa beziehen sich auf einzelne Elemente im deutschen Weltbild. Auf einer Seite klagen sie in der Zusammenarbeit mit deutschen Kollegen häufig über die mangelnde Nähe in den zwischenmenschlichen Beziehungen, andererseits aber bewundern sie durchaus die flachen Hierarchien, die eine sachliche Auseinandersetzung mit Vorgesetzten ermöglichen, die effiziente Arbeitsweise und den optimalen Umgang mit der Zeit, wobei sie hier auch die regionalen Unterschiede innerhalb Deutschlands stets wahrnehmen.

In den Alten Bundesländern bemerken sie eher den sachlichen, in den Neuen Bundesländern den persönlicheren, ihnen vertrauten Umgang und sind deshalb auch geneigt, neue Verhältnisse kennenzulernen.

14.2
Perspektiven und Verhaltensweisen westlicher Manager

14.2.1
Die typischen Fehler

Ein typischer Fehler westlicher Manager ist, daß sie die Länder des östlichen Mitteleuropa immer noch als Block, als homogene Einheit betrachten, und infolgedessen mit einer gewissen Überheblichkeit handeln und verhandeln. Würden sie genauer hinsehen, könnten sie feststellen, daß nicht nur zwischen den Ländern, sondern auch den einzelnen Regionen der Länder erhebliche Unterschiede existieren.

Bei geschäftlichen Vorhaben sollten diese Unterschiede hinsichtlich der Befindlichkeit, des Umgangs miteinander und der Absatzmarktsituation in Betracht gezogen werden. Das östliche Mitteleuropa, Polen, Tschechien und Ungarn, besteht aus vielen Regionen, die einer eigenen Entwicklung unterworfen sind. Sie unterliegen verschiedenen politischen, rechtlichen, sozialen und schließlich wirtschaftlichen Rahmenbedingungen.

14.2.1
Die Win-Win-Strategie

Bei dieser Verhandlungsstrategie geht es nicht darum, daß nur ein Partner Gewinner wird, sondern daß zur Zufriedenheit beider Geschäftspartner ein Konsens erreicht wird. Das sollte die Grundlage für das Handeln und Verhandeln auch mit den ausländischen Partnern im östlichen Mitteleuropa sein. Nicht nur sollten bisherige Fehler korrigiert, sondern eine Vertrauensbasis mit den Geschäftspartnern geschaffen werden, denn die Öffnung des Marktes und die Geschäftsmöglichkeiten stecken dort noch in den Anfängen. Nur das östliche Mitteleuropa hat aufgrund seiner beachtlichen Größe diesen enormen Markt für westliche Geschäftspartner zu bieten.

Polen, Tschechien und Ungarn mögen bis jetzt vielleicht ‚nur' einen Absatzmarkt darstellen. Man darf aber nicht übersehen, daß sich dieser Zustand mit zunehmender Entwicklung und Qualifizierung der Arbeitskräfte in den nächsten Jahren rasch und deutlich ändern wird. Diese Länder werden für die geschäftliche Praxis neue und vielschichtige Bereiche entwickeln. Schon deshalb sind Langfristigkeit und gute geschäftliche Partnerschaft, die sich nur durch gute interkulturelle Arbeit und entsprechendes Verständnis aufbauen lassen, von Anfang an wichtig.

Wo gegenseitiges Vertrauen die Geschäftsgrundlage bildet, muß man nicht um Geschäfte, Umsätze und Gewinne bangen. Was aber bedeutet Vertrauen für die Geschäftspartner im östlichen Mitteleuropa? Ein tschechisches Sprichwort, das es auch im Deutschen gibt, lautet:

„In der Not erkennst du deine wahren Freunde!"

Vertrauen im Geschäft bedeutet, sich in ‚Not' auf den anderen verlassen zu können, zu wissen, daß der andere die Schwächen des Partners nicht ausnutzt. Im östlichen Mitteleuropa fühlen sich viele oft unterlegen und von den überlegenen Partnern ausgenutzt – und davor haben sie Angst. Diesen Aspekt sollte man nicht aus den Augen verlieren, wenn man beabsichtigt, sich mit Geschäftsvorhaben ins östliche Mitteleuropa zu begeben, und entsprechend handeln, etwa bei Geschäftsabschlüssen auf Respekt und Gleichberechtigung Wert legen.

Man sollte aber auch nicht ‚blauäugig' aus der Vergangenheit seine Schlüsse ziehen und annehmen, daß der Partner im östlichen Mitteleuropa zwingend der Schwächere, man selbst aber, da man Kapital und Know-how besitzt, der Stärkere ist. Das ist längst nicht zwingend der Fall. In den letzten zehn Jahren haben diese

Länder trotz aller Höhen und Tiefen einen enormen Entwicklungssprung gemacht, und vieles hat sich zum Positiven entwickelt. Man hat eigene Erfahrungen gemacht und viel dazugelernt, man ist auch vorsichtiger und viel kritischer geworden.

In Verhandlungen haben die Geschäftspartner meistens gemeinsame Ziele vor Augen, jedoch unterschiedliche Vorstellungen von dem Weg, auf dem diese Ziele erreicht werden können. Wenn einer der Partner eine negative Erwartungshaltung hat, werden die Gemeinsamkeiten leicht übersehen.

14.2.2
Die Win-Lost-Strategie

Im Gegensatz zur Win-Win-Strategie steht die Win-Lost-Strategie. Diese legt beim Abschluß von Geschäften Wert auf Kurzfristigkeit. Dabei versucht ein Partner, um jeden Preis und ohne Rücksichtnahme auf den anderen zu gewinnen. Der Geschäftspartner wird als Gegner empfunden. Wer zum Beispiel nimmt schon Rücksicht auf einen Markthändler, der seine Erdbeeren verkauft? Man möchte möglichst viele frische Früchte zum möglichst niedrigen Preis kaufen, ohne einen Gedanken an langfristige Beziehungen zu diesem Händler zu verschwenden. Es kann aber durchaus sein, daß man bei diesem Händler regelmäßig Erdbeeren kaufen möchte, sich den Händler nach dessen Zuverlässigkeit sowie Qualität und Preis seiner Ware sorgfältig aussucht und sich einigt, wovon beide Geschäftspartner Vorteile haben. Hier rechnet sich das gute Klima.

Im östlichen Mitteleuropa gab und gibt es nicht nur deutsche Firmen, die die Win-Lost-Strategie gegenüber den Einheimischen anwenden, es gibt sie mittlerweile auch auf der einheimischen Seite, da man annimmt, daß diese Methode von ausländischen Firmen im allgemeinen bevorzugt wird. Dieser Eindruck ist auf mehrere Faktoren zurückzuführen:

Man darf nicht vergessen, daß die Marktwirtschaft im östlichen Mitteleuropa sehr jung ist. Die ‚jungen' Unternehmer haben viel weniger Geschäftserfahrung als ihre Kollegen aus dem westlichen Teil Mitteleuropas bzw. aus Deutschland, was zu einer Art Unterlegenheitsgefühl und Unsicherheit führt. Nach der Wende, als erhebliche Gesetzeslücken existierten, drängten viele Unternehmen ins östliche Mitteleuropa und nutzten die Lücken aus.

Es ist anzunehmen, daß die einheimischen Geschäftspartner aus diesen Erfahrungen heutzutage auf Ihre Strategie achten werden. Auch ist es für Sie als ausländischem Manager wichtig, vor und bei Verhandlungen darauf zu achten, welche Erfahrungen Ihr Verhandlungspartner in der Vergangenheit gemacht hat und mit welcher Erwartungshaltung er in die Verhandlungen geht.

KAPITEL 15

Verhandlungen mit ausländischen Partnern

15.1
Vorbereitungen

Bevor es überhaupt zu Verhandlungen mit einem Geschäftspartner aus dem östlichen Mitteleuropa kommt, sind gründliche Vorbereitungen notwendig. Sie sollten sich über die Makro- und die Mikrorahmenbedingungen sachkundig machen, über:

- Land;
- Region;
- Ort;
- Unternehmen oder Institution;
- Ihre Partner;
- die Interessen Ihres Partners;
- seine Bedürfnisse;
- seine Werte: Wie ist er als Mensch? Was war er beruflich vor der Wende? Was ist er jetzt? Welche Motive hat er? Welche Strategien benutzt er bei Verhandlungen? Worauf legt er Wert? Was ist ihm wichtig?

Außerdem sollten Sie in Betracht ziehen:

- Wurde mit diesem Partner bereits verhandelt?
- Welche positiven oder negativen Erfahrungen hat er in der Vergangenheit gemacht?
- Welche Vereinbarungen wurde bereits getroffen? Unter welchen Bedingungen?
- Gibt es Vorleistungen? Wenn ja, welcher Art? Wenn nein, warum nicht?
- Nach welchen Spielregeln wurde verhandelt?

Die Antworten auf diese Fragen sind für Sie wichtig, um sich ein Bild von der Befindlichkeit Ihres Partners machen und Ihre Geschäftsvorhaben daran anpassen zu können. Denn bei Ihren Verhandlungen kommt es nicht nur darauf an, die Ihnen vertrauten Argumente zu liefern, sondern den Partner wirklich zu überzeugen. Das können Sie nur dann erreichen, wenn Sie über die Rahmenbedingungen bestens informiert sind und sich darauf einstellen können.

Sie sollten also nicht nur sachdienliche Informationen über das Land, die Region, den Ort und das Unternehmen einholen, sondern auch über die kulturell bedingte Persönlichkeit ihrer Partner.

15.1.1
Verhaltensweisen

Bei einer Verhandlung hat die Umsetzung der gemeinsamen Ziele Priorität. Es ist deshalb wichtig, zu versuchen, ein günstiges Verhandlungsklima zu schaffen. Wir haben bereits angesprochen, daß im östlichen Mitteleuropa nicht die bloße Sachlichkeit Vorrang hat, sondern persönliche Momente einfließen können.

Zur Einleitung von Gesprächen ist es deshalb ratsam, Höflichkeiten auszutauschen, zum Beispiel über die Anreise und das eigene Wohlbefinden, und dabei die Antworten abzuwarten. Es ist sowohl in Polen, Tschechien als auch Ungarn allgemein üblich, daß man auf die Frage nach dem Wohlbefinden des Gesprächspartners eine wahrheitsgemäße Antwort bekommt. Denn diese Frage wird nicht, wie häufig in Deutschland, als Höflichkeitsfloskel begriffen. Das bedeutet, daß Ihnen Ihr Partner zunächst tatsächlich über sein Befinden berichten wird.

In Deutschland dagegen geht es bei Verhandlungen unter deutschen Geschäftspartnern vorrangig um sachliche Aspekte, unabhängig davon, ob Ihre Tante gestern verstorben ist oder Sie Vater wurden. Von seiten der Geschäftspartner aus dem östlichen Mitteleuropa wird auf eine harmonische, persönliche Atmosphäre in der Verhandlung Wert gelegt.

Zur Unterstützung eines guten Verhandlungsklimas gehört auch die Wertschätzung des Verhandlungspartners und seiner Kompetenzen. Wenn Sie darauf keine Rücksicht nehmen, könnte es durchaus geschehen, daß Ihre Art als kühl empfunden wird. Positive Äußerungen dem einheimischen Verhandlungspartner gegenüber können außerdem helfen, die Erörterung schwieriger Sachverhalte einzuleiten.

Natürlich kann niemand von einem ausländischen Partner verlangen, daß er alle Gewohnheiten und Bräuche des jeweiligen Landes und jeder Region kennt, aber schon einige Kenntnisse (aufgrund einer guten interkulturellen Vorbereitung) und die Bereitschaft, sich auf die Kultur des anderen einzulassen, werden von den einheimischen Partnern geschätzt.

Wenn Sie feststellen, daß Sie sich unwissentlich falsch verhalten haben, können Sie dies durch eine Entschuldigung beheben. Es ist immer besser, sich einmal zu viel zu entschuldigen als einmal zu wenig.

Außerdem: Falls Ihr einheimischer Partner in zurückliegenden Gesprächen negative Erfahrungen gemacht hat, können Sie diese durch einen anderen Ton korrigieren. Sie können sie auch offen ansprechen und sich gegebenenfalls für Vorkommnisse in der Vergangenheit entschuldigen. Sie wissen bereits, daß man im östlichen Mitteleuropa großen Wert auf formelles Verhalten legt. Wenn sie die üblichen Umgangsformen ignorieren, könnten Sie Ihre Chancen auf gute Geschäftsabschlüsse möglicherweise gefährden.

15.1.2
Verhandlungsziele und Verhandlungsspielraum

Bei jeder geschäftlichen Kommunikation geht es um genau bestimmte Ziele, um die Weitergabe von Informationen, mit denen Sie etwas bewegen und den anderen von Ihrer Sache überzeugen wollen.

Bei einer Verhandlung müssen Ihnen sowohl Ihre eigenen Ziele und Motivationen als auch die des Verhandlungspartners möglichst klar sein. Sie sollten sich mit diesem Thema vor den Verhandlungen genügend auseinandersetzen. Es ist durchaus denkbar, daß sich zwar ihre Ziele, nicht aber ihre Motivationen gleichen. Bereiten Sie sich auf präzise Fragen vor. Überlegen Sie gut, welche Spielräume Sie haben, wo Sie Zugeständnisse machen können. Es kann sein, daß Sie Ihr ausländischer Partner mit ein paar Ergänzungen oder Forderungen, die durch seine Unsicherheit entstehen, überraschen wird.

Viele Menschen wissen nicht, was sie wollen und wünschen. Sie wissen meistens lediglich, was sie nicht wollen, können das aber kaum in Worte fassen. Dies gilt für die Menschen aus dem östlichen Mitteleuropa oft in höherem Maß, aber nicht nur für sie. Auch Sie sollten sich damit auseinandersetzen. Schreiben Sie sich auf, was sie erreichen wollen und was nicht, und wie Sie diese Ziele positiv formulieren können. Bei Verhandlungen sollten Sie auf positive Formulierungen achten und negative Sachverhalte positiv auszudrücken versuchen.

Sagen Sie nicht: „Ich will (...)", sondern: „Sicherlich möchten Sie, daß (...)". Artikulieren Sie Ihre Ziele jedoch so klar, daß es zu keinerlei Mißverständnissen kommt. Sie können dies durch Kontrollfragen überprüfen.

Es ist nicht nur wichtig zu wissen, für wen die Umsetzung der Ziele von Bedeutung ist und aus welchen Gründen, sondern auch, welche Vorteile sich für ihn, für sein Unternehmen, und welche sich für Sie gemeinsam daraus ergeben. Dies können Sie dem Geschäftspartner verdeutlichen.

15.1.3
Die Präsentation Ihres Geschäftsvorhabens

Überzeugen Sie sich vor Ihrer Präsentation, ob alle Mittel, die Sie brauchen, zur Verfügung stehen, und bedenken Sie, daß man auch aus wenigem viel machen kann. Dem Einfallsreichtum und Ihrer Kreativität sind keine Grenzen gesetzt. Ihr Partner wird es zu schätzen wissen!

Wenn Sie Ihr geschäftliches Vorhaben bei einer Verhandlung vorstellen möchten, sollten Sie Ihren Partner mit Ihren Präsentationsmitteln nicht ‚erschlagen'! Kurz und prägnant muß diese Präsentation sein. Was nützt Ihnen eine berauschende Präsentation und die neueste technische Ausstattung, wenn der Partner Ihnen nicht folgen kann oder dadurch sogar irritiert wird? Er sollte nicht das Gefühl bekommen, daß er in einer Theatervorstellung sitzt. Die Regel lautet deshalb: „Weniger ist manchmal mehr!"

Außerdem: Lassen Sie Ihr Mobiltelefon im Hotelzimmer, und verlangen Sie das auch von Ihrem Geschäftspartner. Sie können das auf humorvolle Weise tun.

Niemand ist unentbehrlich! Und bei ständiger Unterbrechung durch das Telefon wird die Konzentration aller Beteiligten während der Präsentation gestört.

15.1.4
Der Wert persönlicher Beziehungen

Normen und Werte werden uns in der Sozialisation vermittelt. In einer individualistischen Gesellschaft sind sie sehr vielfältig. Dies hat Auswirkungen auf die zwischenmenschlichen Beziehungen. Diese Vielfalt finden Sie im östlichen Mitteleuropa nicht, die Umgangsformen werden gemäß ihrer Konformität entweder als richtig oder falsch eingestuft. Ihr Erfolg hängt von Ihrer interkulturellen Kommunikationsfähigkeit ab.

Wir haben bereits angesprochen, daß geschäftliche Kommunikation eine Übertragung von Informationen darstellt, bei der mehrere Prozesse zugleich ablaufen. Es genügt nicht, sachlich zu sein und die Sachverhalte präzise in Worte zu fassen. Im östlichen Mitteleuropa darf die emotionale Ebene nicht vernachlässigt, sondern sollte einbezogen werden. Unsere Äußerungen werden mit emotionalen Inhalten gefüllt, je nachdem, was wir äußern, bei welcher Gelegenheit und wem gegenüber. Sie werden durch Gestik und Mimik unterstützt. Das heißt, daß neben der sachlichen Kommunikation dem Gegenüber auch Emotionen übermittelt werden. Je positiver diese sind, desto besser ist die Beziehung zum Geschäftspartner, und desto besser können Sie mit ihm verhandeln und zusammenarbeiten. Fühlt sich Ihr Partner jedoch verletzt, wird es schwierig, bei ihm etwas zu erreichen. Die besten sachlichen Argumente wird er nun überhören.

15.1.5
Die Unkenntnis des ausländischen Partners

Falls Sie Ihren Partner noch nicht kennen, sollten Sie vorher Informationen einholen, d. h. von Ihren Kollegen und anderen Partnern, die ihm schon begegnet sind, denn Ihr ausländischer Partner wird genau das gleiche tun. Erinnern Sie sich: Es ist im östlichen Mitteleuropa üblich ‚vorzusondieren', sich ein vorläufiges Bild vom Verhandlungspartner und seiner ‚Umgänglichkeit' zu machen, um sich eine Verhandlungsstrategie zurechtlegen zu können.

Auf jeden Fall sollten Sie bei der ersten Begegnung einen möglichst guten Eindruck hinterlassen, denn der erste Kontakt, der erste Blick ist der wichtigste. Dies läßt sich schlecht korrigieren. Je offener Sie Ihrem Partner begegnen, desto mehr Vertrauen werden Sie bei ihm wecken. Sie werden seine Ängste, Zurückhaltung und Vorsicht abbauen und überwinden.

Versuchen Sie, die Gemeinsamkeiten herauszufinden, die sie als Menschen haben. Wenn Sie mit Ihrem Partner auf derselben ‚Wellenlänge' liegen, werden die Verhandlungen erheblich erleichtert. Außerdem werden Sie auch feststellen können, daß sich vielleicht Verhaltensweisen, Gestik und Mimik ähneln und Ihre Wahrnehmungen übereinstimmen.

Wenn das jedoch nicht der Fall sein sollte, kann es durchaus vorkommen, daß Sie Welten voneinander entfernt sind und die Verständigung sich als besonders schwierig erweist.

15.1.6
Die Wahrnehmung

Ihre Aufgabe sollte also sein, festzustellen, welche Wahrnehmung Ihr Partner hat, und genau da können Sie anknüpfen. Und vergessen Sie nicht: Die Menschen im östlichen Mitteleuropa haben eine ausgeprägte Wahrnehmung, und Kommunikation verläuft bei Ihnen gerne nonverbal und häufig auf der emotionalen Ebene.

Da es jahrzehntelang verboten war, das zu äußern, was man dachte, wurde die nonverbale Kommunikation ein wichtiges Mittel, Situationen und Menschen einzuschätzen. Wenn der Partner nicht weiß, was er von Ihnen erwarten kann, wird er seine geschärfte Wahrnehmung dazu nutzen, um Sie und die Situation einzuschätzen. Sie sollten also versuchen, Zeit zu sparen, wenn es um das Kennenlernen Ihres Partners geht.

Kontakte, die zu ausländischen Gesprächspartnern bestehen, müssen regelmäßig gepflegt werden, ansonsten geht Ihnen Ihre Kontaktperson, mit der Sie auch noch in einigen Jahren verhandeln möchten, verloren. Sie sollten bei ihr präsent sein.

15.2
Die Dauer von Verhandlungen

Sparen Sie nicht an Zeit, denn dann sparen Sie an falscher Stelle! Eine gute Geschäftsbeziehung braucht ihre Zeit. Vertrauen schafft man nicht in Minuten oder Stunden, vor allem bei langfristig angelegten Geschäftsbeziehungen. Außerdem wissen Sie bereits, daß im östlichen Mitteleuropa Zeit eine andere Bedeutung hat als in Ihrer Kultur, in der sie objektiv alle Lebensbereiche prägt. Im östlichen Mitteleuropa ist Zeit nicht immer Geld, sondern Zeit dient der (sozialen) Orientierung.

Erinnern Sie sich noch an den tschechischen Spruch „To chce klid!" (‚Immer mit der Ruhe!')? Das heißt für Sie, daß Sie damit rechnen müssen, mehr Zeit für die Vorbereitungen und die Verhandlungen zu benötigen, und das sollten Sie einkalkulieren.

Folgende Faktoren können dabei eine Rolle spielen:

- Nicht nur rein sachliche, sondern auch persönliche Momente fließen in die Verhandlungen ein (Höflichkeit nimmt Zeit in Anspruch).
- Manchmal verlängert die unzulängliche Vorbereitung der einheimischen Partner die Dauer der Verhandlungen; manchmal mangelt es an Erfahrung.
- Wenn Verhandlungen in einer Fremdsprache geführt werden und der Partner nur das sagen kann, was er sprachlich beherrscht, und nicht das, was er tatsächlich möchte, können sich die Gespräche unnötig in die Länge ziehen. Vor allem

bei diesem Punkt ist große Vorsicht geboten. Sie müssen sich immer vergewissern, daß Sachverhalte genau so verstanden werden, wie sie gemeint sind, daß Sie dieselbe Sprache sprechen! Haben die Inhalte der Begriffe, die sie selbstverständlich gebrauchen, dieselbe Bedeutung für Ihren ausländischen Geschäftspartner, und umgekehrt? Sie müssen auf Verständigungssicherung achten!

- Als nächstes könnte man erneut das Charaktermerkmal ‚Bescheidenheit' anführen. Es kann vorkommen, daß Ihr Geschäftspartner aus Schamgefühl seine tatsächlichen Wünsche nur zögernd äußert, weil er von Ihnen nicht als gierig und maßlos eingeschätzt werden möchte.

15.3
Selbst- und Fremdbestimmung

15.3.1
Lassen Sie Ihren Partner selbst entscheiden!

Ein wichtiger Faktor in der Verhandlung ist die Selbstbestimmung. Wer mag schon vom anderen etwas vorgeschrieben bekommen? Wer liebt das Wort ‚müssen'?

Vor allem im östlichen Mitteleuropa hat man Angst vor Fremdbestimmung, vor dem Ausverkauf des Eigenen ans Fremde. Auf jeden Schritt, der das Gefühl der Fremdbestimmung verursacht, wird man allergisch reagieren und somit die Verhandlungen negativ beeinflussen. Automatisch würden so Assoziationen mit früheren Zeiten, in denen alles vorgeschrieben, Bevormundung an der Tagesordnung war und Anpassung verlangt wurde, geweckt werden.

Die Verletzung des Gefühls der Selbstbestimmung kann direkt durch den Kommunikationsstil bewirkt werden, wie wir an einigen Beispielen zeigen können:

> „Passen Sie mal gut auf, was ich Ihnen jetzt sage (...)!"
> „Hören Sie mal zu, das müssen Sie anders machen!"
> „Wenn ich es Ihnen so sage, dann muß das stimmen!"
> „Sie wollen doch nicht sagen, daß wir (...)!"
> „Seien Sie doch vernünftig (...)!"
> „Sie wissen doch, daß Ihr Land (...)!"
> „Das können Sie sich doch nicht leisten (...)!"
> „Wir im Westen wissen (...)!"
> „Sie können doch froh sein, daß wir Ihnen helfen (...)!"
> „Sie können doch froh sein, daß wir Sie eingeladen haben (...)!"
> „Was würden Sie ohne uns machen (...)!"
> „Sie machen das falsch!"
> „Sie haben mich falsch verstanden!"

Natürlich kann es vorkommen, daß der Partner etwas mißversteht, was Sie korrigieren möchten. Es kommt jedoch auf den Kontext an. Häufig wird der letzte

15.3 · Selbst- und Fremdbestimmung

Satz aus o.a. Liste in der Kommunikation mit Ausländern jedoch dann benutzt, wenn dem Gesprächspartner die Argumente ausgehen und er durch diesen Schlag unter die Gürtellinie seine ‚Niederlage' zu verhindern versucht, wenn er also selbst nicht mehr weiter weiß.

Wenn Sie merken, daß Ihr Partner einen Sachverhalt tatsächlich nicht – aus welchen Gründen auch immer – verstanden hat, ist es angebracht, diese Angelegenheit aus einem anderen Blickwinkel, mit einer anderen Wortwahl und an Beispielen zu erklären. Es kann nämlich sein, daß er Sie zwar sprachlich verstanden hat, aber inhaltlich nicht, weil er aufgrund seines Kontextes andere Bedeutungen assoziiert! Es kommt darauf an, wie man etwas artikuliert und in Worte kleidet.

Auch durch Ihre innere Einstellung dem ausländischen Verhandlungspartner gegenüber können Sie sein Bedürfnis nach Selbstbestimmung beeinträchtigen. Falls Sie durch Ihre Kollegen negativ beeinflußt worden sind, werden Sie nicht frei und unvoreingenommen in die Verhandlungen gehen. Ihre Einstellung werden Sie unbewußt auf Ihren Partner übertragen. Deshalb ist es wichtig, sich selbst ein Bild zu machen!

Sie sollten Ihrem Geschäftspartner die Möglichkeit einräumen, selbst zu entscheiden, indem Sie ihm entsprechende Wege zur Zielerreichung aufzeigen. Sie können ihm Alternativen, Ideen, Fragen, Vorschläge liefern, anhand deren er selbst eine Entscheidung trifft, anstatt ihm eine bestimmte Entscheidung aufzuzwingen, selbst wenn Sie davon überzeugt sind, daß Sie recht haben und Ihr Vorschlag der bessere ist. Es kommt darauf an, wie Sie Ihre Ziele und Forderungen formulieren. Je deutlicher Sie Ihrem Partner einen Entscheidungsspielraum gewähren, desto mehr wird er dies zu schätzen wissen. Außerdem werden Sie ihm Ihren Respekt als gleichberechtigtem Partner erweisen. Er wird keinen Zwang und keine Bedrängnis empfinden, und er wird dann auch nicht stets auf seiner Meinung beharren wollen. Andernfalls wird sich ein Nein eher gegen Sie persönlich richten als die Sache selbst meinen.

Die Art, wie Sie Ihren Gesprächspartner auffordern, etwas zu tun, verdeutlicht gleichwohl Ihre Beziehung zu ihm. Unterschätzen oder überschätzen Sie ihn? Oder steht er auf der gleichen Ebene wie Sie selbst? Wenn Sie ihn bevormunden, heißt das, Sie trauen ihm bestimmte Dinge nicht zu. Blicken Sie auf ihn herab, dann halten Sie sich für etwas Besseres. Sie vermitteln ihm, daß sie ihm überlegen sind. Er wird auf diese Haltung negativ reagieren.

15.3.2
Die Überforderung des Partners

Die Grundregel lautet hier: Überfordern Sie ihn nicht! Prüfen Sie, ob Sie Ihrem Partner Ihre Ziele zumuten können. Häufig kommen Geschäftsleute mit utopischen Vorstellungen nach Polen, Tschechien oder Ungarn. Bleiben Sie lieber mit den Füßen auf dem Boden, und lassen Sie sich lieber angenehm überraschen!

Auch hier können Sie Ihrem Partner mehrere Angebote unterbreiten. Bieten Sie ihm mehrere Vorschläge und Alternativen an. Setzen Sie den einheimischen Partner mit Ihren Zielen nicht zu sehr unter zeitlichen Druck. Es hilft nichts, und Sie werden sich falsche Hoffnungen machen. Auch wenn der ausländische Partner selbst guten Willen zeigt, müssen Sie bedenken, daß auch die Rahmenbedingungen zu einer Verspätung beitragen können. Außerdem: Druck verursacht im allgemeinen eher einen Rückzug als Aktivität. Sie wissen auch bereits, daß es den Menschen im östlichen Mitteleuropa schwer fällt, ihr „Nein!" zu artikulieren, deshalb ist es sehr ratsam, nicht nur mehr Zeit einzukalkulieren und zu investieren, sondern auch den Partner nach seiner Einschätzung hinsichtlich der Realisierbarkeit zu befragen. Er wird Ihnen vielleicht nur andeutungsweise zu verstehen geben, ob Ihre Vorstellungen sich mit den Möglichkeiten decken. Dies sollten Sie aber nicht überhören.

Überfordern Sie Ihren Partner, falls er bei Ihnen zu Gast ist, auch nicht damit, daß er von Verhandlung zu Verhandlung hetzen muß! Lassen Sie ihn ‚ausatmen'! Lassen Sie in Ihrem Terminkalender ausreichend Platz für die Verhandlungen, damit er Zeit hat, die Gespräche zu verarbeiten.

15.4
Schwierigkeiten und Probleme bei Verhandlungen

Wenn es zu Schwierigkeiten oder Problemen bei Verhandlungen kommt, wird darauf oft entweder aggressiv oder mit Rückzug reagiert. Entweder gilt: „Angriff ist die beste Verteidigung", oder: „Der Klügere gibt nach".

Ziel einer Verhandlung sollte jedoch sein, eine Balance im Hinblick auf die Win-Win-Strategie herzustellen. Keiner der Partner darf seine Selbstachtung und sein Selbstwertgefühl verlieren. Wenn der Verhandlungspartner nicht bereit ist, von seinem Standpunkt abzurücken, oder wenn er sich in einer besseren Position befindet, weil die Aufträge von ihm abhängen, dann werden solche oben dargestellten Reaktionen zwangsläufig ausgelöst.

Leider neigen nicht selten die Geschäftspartner, die sich in einer besseren Position befinden, dazu, ihre Position auszuspielen, und lassen den anderen ihre Überlegenheit spüren, um ihr Ziel zu erreichen. Dadurch wird jedoch aus dem Geschäftspartner ein Gegner und aus der Verhandlung ein Kampf, in dem der andere mit allen Mitteln bekämpft wird. Es wird dann nicht mehr nur um die Sache gehen, sondern um die Wahrung des Gesichts.

15.4.1
Probleme mit Zielvorgaben

Wenn Sie Ihre Ziele nicht erreichen, sollten Sie die Folgen genauer analysieren:

- Wie groß wird der Schaden sein?
- Wo liegen die Gründe dafür?
- Welche Auswirkungen wird das auf die zukünftige Zusammenarbeit und das Geschäft haben?
- Welche Nachteile oder Vorteile wird es mit sich bringen?
- Gibt es eine Möglichkeit, später doch noch zum Ziel zu kommen?

15.4 · Schwierigkeiten und Pobleme

Mit den Folgen können Sie Ihren Geschäftspartner durchaus konfrontieren, aber nicht in Form von Vorwürfen, denn dadurch wird er die Rolle eines Oppositionspartners einnehmen. Liefern Sie ihm sachliche Informationen, erklären Sie ihm Ihre Situation. Es kann sein, daß Sie dadurch seine „emotionale Ebene", sein Gewissen erreichen, und er wird sich die Sache doch noch überlegen. Falls jedoch Ihr Geschäftsvorhaben aussichtslos geworden ist, sollten Sie rasch handeln, um große Schäden zu vermeiden oder zu vermindern.

Für die Ergebnisse von Verhandlungen spielen die eigene Persönlichkeit, der Charakter und das eigene Verhalten eine große Rolle. Bei Verhandlungen kommt es zum größten Teil auf diese persönlichen Fähigkeiten an, die zwischen Ihnen und Ihrem Geschäftspartner oft im Hintergrund wirksam sind. Es gilt diese wahrzunehmen und ihren Einfluß auf die Verhandlungen bzw. auf den Verhandlungspartner und die -situation zu erkennen.

Je mehr uns an einem Geschäft liegt, desto mehr spüren wir den Druck, unter dem wir verhandeln. Und je größer dieser Druck ist, desto größer ist die Angst vor einer Absage des Geschäftspartners, unabhängig von seinen Gründen. Wir spüren mit einem Mal, daß unsere Fähigkeit, positiv zu denken, stark eingeschränkt ist, daß wir blockiert sind. Es fehlt uns die Entscheidungsfähigkeit, und wir sind sachlichen Argumenten nicht mehr zugänglich. Die Angst führt dann zu einer negativen Erwartungshaltung, die sich auf die Verhandlung überträgt. Dadurch werden natürlich negative Ergebnisse vorprogrammiert.

15.4.2
Was für Bedürfnisse hat Ihr Partner?

- Warum sollte Ihr Partner Ihrem Vorschlag zustimmen?
- Was können bei ihm die Gründe für diese Entscheidung sein?

Die Antwort darauf liegt in seinen Bedürfnissen. Sie sind die Gründe für seine Tätigkeit.

- Welche Bedürfnisse möchten Sie bei Ihrem Verhandlungspartner stillen?
- Und vor allem, wie?

Seien Sie hiermit an die Bedürfnispyramide erinnert! „Die Liebe geht durch den Magen" – und erst dann durch den Kopf!

Neben den ökonomischen und physischen müssen auch die psychischen und sozialen Bedürfnisse gestillt werden. Bestimmte Motive leiten Ihren Verhandlungspartner zur Tätigkeit, und Sie sollten herausfinden, welche das sind. Was will der andere durch seine Zustimmung erreichen, und warum? Was leitet ihn? Was steckt dahinter? Was ist für Ihren Partner wichtig, damit er zustimmt?

Sie dürfen nicht vergessen, Hilfe und Liebe beruhen auf Gegenseitigkeit, und das kennen die Verhandlungspartner im östlichen Mitteleuropa sehr gut. Es geht nicht um ein einseitiges Nehmen, sondern um *Geben und nehmen!* Sie brauchen einander, es besteht eine wechselseitige Abhängigkeit, die sich nicht unbedingt in materiellen Gegenleistungen äußern muß, sie kann durchaus mit einer Geste bestätigt werden. Zeigen Sie Ihrem Partner, daß Sie sich revanchieren werden, bevor Sie etwas von ihm fordern. Machen Sie den ersten Schritt, bevor es Ihr Geschäftspartner tut. Im östlichen Mitteleuropa ist diese Strategie üblich.

Sie sollten auch bedenken: Falls Ihr Partner seine Großzügigkeit zeigt, sind Sie in seiner Schuld. In den Gesellschaften des östlichen Mitteleuropas existiert eine enge Beziehung zwischen Leistung und Gefälligkeit einerseits und Schuld bzw. Schuldgefühlen andererseits! Dies ist ein Teil des Sozialisierungsprozesses, auf den großer Wert gelegt wird.

Ein weiterer Grund für die Zustimmung Ihres Partners könnte die Aussicht auf zukünftige, kontinuierliche Zusammenarbeit sein.

15.5
Verhandlungssprache und Verhandlungsort

15.5.1
Die Auswahl der Sprache

Auf die Tücke der Sprachen sind wir bereits eingegangen. Deutsch eignet sich mit seiner präzisen Struktur und Differenziertheit hervorragend für Verhandlungen.

Die Frage bleibt, ob Ihr Partner diese Sprache auch so gut beherrscht und versteht, was Sie tatsächlich sagen. Umgekehrt müssen Sie prüfen, ob das, was Ihnen Ihr ausländischer Partner mitteilt, auch das ist, was er tatsächlich meint, oder ob er sich in der Fremdsprache nur schwer ausdrücken kann.

15.5.2
Der Verhandlungsort

Eine Verhandlungspartnerin aus dem östlichen Mitteleuropa berichtet, daß sie nach der Wende von zwei verschiedenen Firmen zu Verhandlungen nach Deutschland eingeladen wurde. Als sie jedoch bei der zweiten Firma ankam, wurde ihr nicht nur mitgeteilt, daß man kein Geld für Ihre Übernachtung zur Verfügung hatte, obwohl dies ursprünglich abgesprochen war, sondern sie wurde zu den Verhandlungen in einen Biergarten geführt. Dadurch fühlte sie sich als minderwertige Partnerin eingestuft. Natürlich erhielt die erste Firma den Zuschlag.

Ersparen Sie sich und Ihrem Partner solche peinlichen Situationen.

Überlegen Sie gut, ob Sie den Ort für die Gespräche richtig ausgewählt haben. Was verbindet Ihr Partner mit diesem Ort, falls er zu Verhandlungen nach Deutschland eingeladen wird? Achten Sie dabei auf die Empfindungen Ihres Geschäftspartners. Er soll sich wohl fühlen, denn ein zufriedener Verhandlungspartner ist zugänglicher.

Sie müssen weiter entscheiden, was für Ihren Geschäftspartner angemessen ist, wenn er die Reise zu Ihnen antritt. Denken Sie daran, daß sowohl ein pompöses und übertrieben teures Hotel als auch eine Spelunke Gefühle der Unsicherheit oder Beleidigung und des Mißtrauens hervorrufen kann.

Die meisten Geschäftspartner aus dem östlichen Mitteleuropa fühlen sich in ihrer gewohnten Umgebung und in ihrer eigenen Kultur sicherer. Ihr Geschäftspartner wird sehr großen Wert auf Ihr Wohlbefinden legen, wenn Sie zu ihm reisen, denn es gilt: Der Gast ist der König! Sie wissen auch: Wenn Sie Ihren ausländischen Geschäftspartner nach der detaillierten Kalkulation für Ihre Unterkunft und das Geschäftsessen fragen werden, wird er Ihnen eine ungefähre Summe nennen. Er würde Ihnen nie sagen können, daß für Sie nur zwei Gläser Wein in der Kalkulation vorgesehen waren und Sie infolgedessen das dritte Glas selbst zahlen müssen. Lieber würde er für Sie die Rechnung aus eigener Tasche begleichen. Diesbezüglich wird im umgekehrten Fall gleiches von Ihnen erwartet! Das bedeutet aber nicht, daß Geld vergeudet werden sollte, aber auf ein Glas Wein wird es niemand ankommen lassen.

15.5.3
Wo sitzt der Hauptverhandlungspartner?

Sie wissen doch: Wem der meiste Platz zur Verfügung steht, der befindet sich in einer Machtposition. Er ist meist der Entscheidungsträger. Dies hat auch im östlichen Mitteleuropa Gültigkeit, mit Ausnahme vielleicht der wissenschaftlichen Institutionen, der Universitäten und Forschungseinrichtungen.

Achten Sie darauf, daß Sie Ihrem Partner nicht den Platz wegnehmen. Er wird darauf mit Unbehagen reagieren. Beachten Sie die Sitzordnung. Wenn Sie sich nicht sicher sind, welcher Platz Ihnen zusteht, fragen Sie die Sekretärin oder Ihren Geschäftspartner.

15.5.4
Gute Manieren sind gefragt!

Konformes Verhalten dominiert die Gesellschaften im östlichen Mitteleuropa, also sind gerade hier die ‚guten Manieren' gefragt:

- Bedienen Sie sich bei der Bewirtung erst, wenn Ihnen etwas angeboten wird und Sie dazu aufgefordert werden.
- Beachten Sie die vor Ort übliche Distanz oder Nähe und richten Sie sich danach. Selbstbedienung spricht für schlechte Manieren.
- Wenn Sie sich einen Stift ausleihen, geben Sie diesen dem Besitzer nach Gebrauch zurück (– aber machen Sie bitte kein Wurfgeschoß daraus!)

15.6
Die Verhandlungen und das Rahmenprogramm

Auch für Sie wird nach der Verhandlung ein Rahmenprogramm organisiert, wenn Sie sich als Gast im östlichen Mitteleuropa aufhalten.

Falls der ausländische Geschäftspartner bei Ihnen zu Gast ist, dann möchten Sie ihm sicherlich auch etwas Gutes tun. Nach einem Verhandlungstag können Sie ihm, abgesehen vom üblichen Geschäftsabendessen, ein Kulturprogramm zur Entspannung anbieten.

15.6.1
Das Kulturprogramm

Möchten Sie Ihrem ausländischen Gast, der zu Verhandlungen nach Deutschland kommt, im Kulturprogramm etwas von Ihrer Heimat zeigen? Dann überlegen Sie, wofür sich Ihr Gast interessiert und was sie ihm ‚zumuten' können.

Sie können Ihren Gast zu einem kleinen Ausflug ins Grüne, zur Besichtigung eines Schlosses oder einer Burg in der Nähe einladen – oder zu einer Ausstellung, die dessen eigenes Heimatland zum Gegenstand hat. Ihr Gast wird es schätzen, daß Sie sich auch für sein Land interessieren. Für den Abend können Sie Karten für Theater-, Opern- oder Kabarettbesuch besorgen, aber nur wenn Ihr Gast über ausreichende Sprachkenntnisse verfügt. Ansonsten wäre etwa eine Ballettaufführung besser geeignet.

Machen Sie sich die Mühe, auch wenn Sie denken, Sie haben schon genug getan. Begleiten Sie Ihren Gast selbst, und überlassen Sie Ihren Geschäftspartner nicht sich selbst oder Ihren unterstellten Mitarbeitern, weil Sie selbst keine Lust haben.

Übrigens: ‚Begleiten' meint nicht nur, die Haltestelle zu zeigen und vielleicht die Fahrkarte in die Hand zu drücken. Vor allem bei Managerinnen sollte man ein wenig Gentleman sein. Sie wird es Ihnen nicht übel nehmen, denn ‚Emanzipation' im deutschen Sinn ist hier nicht ausschlaggebend. Bringen Sie die Dame zu ihrem Hotel, und holen Sie sie zu Verhandlungen dort ab. Halten Sie ihr die Tür auf, und lassen Sie sie zuerst durch!

15.7
Das sollten Sie beachten

- Die Menschen aus dem östlichen Mitteleuropa schätzen Ihre Art zu arbeiten.
- Betrachten Sie das östliche Mitteleuropa nicht als homogene Einheit!
- Die Win-Win-Strategie ist in Hinsicht auf langfristige Geschäfte im östlichen Mitteleuropa angebracht.
- Verwerfen Sie die Win-Lost-Strategie, es sei denn, Sie wollen nur einmal auf diesem Markt ‚einkaufen'!
- Gute fachliche und interkulturelle Vorbereitung auf Ihr Geschäftsvorhaben im östlichen Mitteleuropa sollte die Grundlage ihrer Tätigkeit sein.
- Versuchen Sie, sich konform zu verhalten!
- Überlegen Sie genau, welche Ziele Sie erreichen möchten, und wo es Spielräume gibt!
- Die Präsentation Ihres geschäftlichen Vorhabens ist keine Theatervorstellung.
- Sie sollten in größeren Zeiträumen rechnen!

15.7 · Das sollten Sie beachten

- Versuchen Sie, eine persönliche Beziehung zu Ihrem einheimischen Partner aufzubauen!
- Prüfen Sie die bereits gemachten Erfahrungen Ihres Geschäftspartners mit ausländischen Managern!
- Eine sensibilisierte Wahrnehmung für nonverbale Kommunikation sollte Ihnen ebenfalls nicht fehlen.
- Geben Sie Ihrem einheimischen Partner die Möglichkeit, selbst zu entscheiden!
- Überfordern Sie Ihren Partner nicht!
- Falls die Aussicht auf Zielerreichung schwinden sollte, prüfen Sie gemeinsam mit Ihrem Partner die Ursachen!
- Bei Verhandlungsproblemen sollten Sie versuchen, auf die Win-Win-Strategie hinzuweisen.
- Prüfen Sie die Bedürfnisse Ihres Partners!
- Achten Sie auf die Verhandlungssprache!
- Der Verhandlungsort ist wichtig für das Wohlbefinden des Geschäftspartners!
- Ebenfalls von Bedeutung sind die Hierarchieebenen.
- Geben Sie den Verhandlungen einen kulturellen Rahmen!

KAPITEL 16

Verhandlungsstrategien

16.1
Machtfunktionen

„Macht ist verführerisch", und allzu viele Menschen lassen sich gern von ihr ‚verführen', vor allem aber diejenigen, die ihre eigene Unsicherheit zu verbergen suchen.

Den Stempel in der Hand zu halten, verleiht vielen Menschen das Gefühl der Macht und der Überlegenheit. Nicht selten läßt sich beobachten, wie schon dieses kleine Machtmittel die Menschen völlig verändert. Man erkennt sie nicht wieder. Es kommt jedoch darauf an, wie man mit diesem Machtmittel umgeht.

Derjenige, der mit Macht nicht umgehen kann, benutzt sie meistens gegen andere, um sich selbst hinter ihr zu verstecken. Stets gewinnen, alles kontrollieren, sich in alles einmischen zu müssen, das letzte Wort behalten zu wollen, mit zwei Maßstäben messen, um sich schlagen und dadurch seine Stärke demonstrieren zu müssen – das verweist auf eine große Schwäche, gestörtes Selbstvertrauen und mangelndes Selbstwertgefühl. Das bedauerliche ist, daß der in der Hierarchie Schwächere dies meistens ‚ausbaden' muß. Ihm bleibt häufig keine Chance, sich zu wehren. Aber ganz so chancenlos, wie der Machthaber denkt, ist dieser doch nicht, denn „Rache ist süß".

Wenn in Verhandlungen Machtpositionen ausgespielt werden, stoßen Forderungen auf Widerstand. Wenn kein Vertrauen geweckt wird, dann wird auch kein Vertrauen geschenkt! Aus einer Verhandlung wird Kampf, und ein positives Ergebnis wird dahinschwinden, denn das gestörte Selbstwertgefühl wird den Weg unmittelbar blockieren. Es wird überflüssige Energie verschwendet und um jeden Preis recht behalten. Die Verhandlungen werden eine rein persönliche Dimension erhalten, es wird um die eigenen Positionen und Emotionen gerungen und nicht über den Gegenstand verhandelt.

Versuchen Sie, sich selbst zu prüfen und sich die Frage zu stellen: „Wie bin ich selbst?" Sie sollten sich darüber im klaren sein, welche Eigenschaften Sie selbst haben, und vor allem, wie die anderen Sie sehen! Diese zwei Sichtweisen decken sich meist nicht. Wer denkt schon schlecht von sich?

Bei jeder zwischenmenschlichen Kommunikation, also auch bei einer Verhandlung, spielen die unterschiedlichen Verhaltensweisen der Partner eine große Rolle. Sie beeinflussen sich in hohem Maß. Deshalb sollte das Ziel sein, vor allem sich selbst, den Umgang mit Ihrer Machtposition und das Verhalten des Geschäftspartners zu reflektieren. Sie sollten Ihrem Geschäftspartner das Gefühl der Gleichberechtigung und des Vertrauens geben!

Auch wenn Sie glauben, überlegen zu sein – zeigen Sie es nicht! Der Partner wird Ihnen dies zwar nicht direkt vorwerfen, sich jedoch kontraproduktiv verhalten. Sie werden keinen Gewinn daraus ziehen können.

16.2
Die Persönlichkeit der Verhandlungspartner

16.2.1
Bewußte und unbewußte Verhaltensweisen

Wenn wir mit anderen verhandeln, sollten wir den anderen nicht im unklaren über uns lassen. Durch Nachfragen können wir unsere Wirkung auf andere überprüfen. Falls wir von vornherein ein negatives Bild beim Gesprächspartner hervorrufen, ist dies schwer zu korrigieren oder zu beeinflussen. Sympathie ist zwar nicht alles, aber ein wichtiger Faktor für eine erfolgreiche Verhandlung vor allem mit einem Geschäftspartner aus dem östlichen Mitteleuropa, der Sie zunächst einmal als Menschen beurteilt und dann erst über Ihre fachlichen Kompetenzen.

In unserer Persönlichkeit verbergen sich mehrere ‚Personen'. Eine, die sich nach außen darstellt und die andere, die wir ‚versteckt' in uns tragen:

Die öffentliche Person in uns hat folgende Merkmale:

- Sie ist uns und anderen Menschen bewußt und bekannt, sie läßt uns entweder sympathisch oder unsympathisch erscheinen;
- Sie ist uns bewußt, aber anderen teilweise unbekannt. Das, was unbekannt ist, versuchen wir zu schützen.

Die verborgenen Teile unserer Persönlichkeit tragen wir nicht gerne nach außen: Sie umfaßt Eigenschaften,

- die uns und anderen unbewußt sind. Dazu gehören zum Beispiel verschiedene Bedürfnisse, die uns auch nur teilweise bewußt sein können und die wir vor anderen verstecken. Wenn sie in einer Verhandlung negativ berührt werden und ihre Persönlichkeit dadurch ‚bedroht' wird, kann das unmittelbare Folgen für die Verhandlungen haben, denn plötzlich werden wir nicht mehr Sachverhalte verteidigen, sondern uns selbst.
- die uns nicht, aber den anderen bewußt sind. Dazu gehören Eigenschaften und Verhaltensweisen, die störend wirken können, ohne daß wir sie selbst bemerken, außerdem macht man uns nicht immer darauf aufmerksam. Schon gar nicht im östlichen Mitteleuropa, weil das als direkte Kritik aufgefaßt werden könnte oder tabuisiert wird, so daß es gesellschaftlich verpönt ist, es vor Ihnen anzusprechen. Man wird aber daran denken und entsprechend handeln. Sprechen wird man davon erst, wenn Sie abgereist sind, und Sie bekommen ‚schlechte Karten'. Die Kommunikation wird gestört und den Ausgang einer

16.2 · Die Persönlichkeit der Verhandlungspartner

Verhandlung negativ beeinflussen. Nicht selten werden diese Eigenschaften von uns selbst geleugnet, „man sei doch nicht so". Selten ist man so souverän und einsichtig, daß man sich auch mit diesem Bereich, der für einen unangenehm ist, auseinandersetzt, ihn überdenkt und korrigiert.

Das Zusammenwirken der o. g. vier Ebenen macht die Persönlichkeit aus. Je nachdem, wie ausgeglichen die Mischung ist, beeinflußt sie unsere Selbstsicherheit, unsere emotionale Unabhängigkeit, aber auch unsere Befürchtungen und Ängste. In Verhandlungen kommt es vor allem darauf an, Absichten durchzusetzen und Ziele zu erreichen. Um andere zu überzeugen, braucht man eine gute Portion Selbstsicherheit.

Die Kenntnis Ihres Weltbildes und des Partners im östlichen Mitteleuropa ist ausschlaggebend für Ihre Selbstsicherheit und Einflußmöglichkeiten. Sie bestimmt das Verhältnis zwischen Ihnen und den einheimischen Partnern. Ist man unsicher, bekommt man Minderwertigkeitsgefühle und Angst. Deshalb muß es das Ziel sein, eine positive Lebensanschauung hinsichtlich beider Kulturen zu gewinnen. Dadurch gewinnen Sie eine positive Einstellung und Ausstrahlung. Das ist ein entscheidender Faktor bei einer Verhandlung, bei der es nicht nur um Argumente geht.

Positives Denken verhilft dazu, mit Schwierigkeiten umzugehen, sie zu bewältigen und die eigenen Ziele zu erreichen. Wenn Sie eher Probleme und Schwierigkeiten in Verhandlungen mit den einheimischen Partnern erwarten, beeinflussen Sie den Ablauf von vornherein negativ. Wenn Sie jedoch positiv eingestellt sind, können Sie durch Ihre Ausstrahlung die Verhandlungssituation in Richtung Erfolg steuern. Denn Sie dürfen nicht vergessen, daß Sie Ihre Gefühle unbewußt auf die anderen übertragen. Sie sollten sich darüber im klaren sein, welche Vorstellungen und Erwartungen Sie hinsichtlich einer speziellen Verhandlungssituation und Ihres Partners haben. Wenn Sie in Verhandlungen Ihren Partner beeinflussen wollen, sollten sie in der Lage sein, bestimmte Emotionen bei diesem hervorzurufen, auf ihn unbewußt Einfluß zu nehmen.

Auch wenn es prinzipiell bei einer Verhandlung um eine rein sachliche Angelegenheit geht, bedeutet das nicht, daß keine Emotionen einfließen. Diese sollten aber nicht spontan und ungebremst geäußert werden. Sie können sie vielmehr subtil in der entsprechenden Tonlage, in Mimik und Gestik und durch Ihre Körpersprache einsetzen, gerade wenn Sie jemanden von einem Geschäft überzeugen möchten.

Die Akzeptanz Ihres Angebots hängt von Ihrer persönlichen Glaubwürdigkeit, die Sie erzeugen, und Ihrer Kompetenz ab. Diese beiden Faktoren ergänzen sich gegenseitig. Sie sollten also herausfinden, wie Sie persönlich als Manager und Ihr Unternehmen von Ihrem einheimischen Verhandlungspartner eingeschätzt werden:

- Hat man zu Ihnen persönlich Vertrauen, aber zu Ihrem Unternehmen nicht, oder umgekehrt?
- Was schätzt Ihr einheimischer Verhandlungspartner an Ihnen und an Ihrem Unternehmen?

- Was ist ihm wichtig oder unwichtig?

Besprechen Sie dies mit einer dritten, neutralen Person. Akzeptanz können Sie nicht erzwingen. Sie sollten auch fähig sein, mit gesundem Menschenverstand und Gefühl zu urteilen, inwieweit Sie nachgeben können und möchten.

16.2.2
Der Verhandlungspartner

Wenn sich Ihr Partner bei einer Verhandlung nicht festlegen möchte, sollten Sie versuchen, die Gründe herauszufinden.

- Warum möchte er die Verantwortung nicht übernehmen?
- Warum hält er sich eine Hintertür offen?
- Warum möchte er unverbindlich bleiben?
- Was hat er zu verstecken?
- Gibt es evtl. eine bessere Alternative, ein besseres Geschäft abzuschließen?

Versuchen Sie durch Fragen ein Bild zu gewinnen und seine indirekten Aussagen zu entschlüsseln! Sie sollten bei ihm natürlich eine klare Entscheidung erzielen, andernfalls könnten Sie lange am Ende der Warteschlange stehen, ohne jemals an die Reihe zu kommen. Die schriftliche Form ist die beste Absicherung.

16.3
Verhandlungsstrategien und Verhaltensweisen

16.3.1
Unsachlichkeit – die Vermischung der Ebenen

Wir haben gesehen, daß sich im östlichen Mitteleuropa Sachlichkeit häufig mit persönlichen Sachverhalten mischt und sich manchmal nicht trennen läßt.

Häufig begegnet uns Unsachlichkeit dort, wo das Gefühl aufkommt, mit sachlichen Argumenten nichts mehr bewegen zu können. Diese Verhaltensweise steht natürlich im Einklang mit der wir-orientierten Gesellschaft, in der das Gemeinwohl über der Sache steht. Bei Verhandlungen erschwert diese persönliche Ebene nicht selten eine schnelle Lösung von Problemen.

Falls der Verhandlungspartner unsachlich wird, versuchen Sie, sachlich zu argumentieren. Geben Sie ihm Zeichen, daß Sie seine persönliche Lage zwar verstehen, daß es aber um die Sache an sich gehen soll. Erklären Sie ihm die Gründe und die Zusammenhänge. Lassen Sie sich durch Persönliches nicht angreifen und auf die emotionale Ebene ziehen. Behalten Sie Ihr Ziel im Auge. Versuchen Sie, Ihrem Partner die Trennung sachlich/persönlich zu verdeutlichen. Versuchen Sie herauszufinden, warum er so persönlich reagiert. Fragen Sie nach den Hintergründen, dann können Sie entscheiden, ob und inwieweit die persönliche Lage Ihres Geschäftspartners für den Abschluß eines Geschäfts eine wichtige Rolle spielt.

Geben Sie Ihrem Partner die Möglichkeit, seine Emotionen abzukühlen. Bleiben Sie sachlich. Durch persönliche Vorwürfe versucht man, sich selbst als schuldlos hinzustellen und an das Gewissen des Partners zu appellieren, gerade dort, wo Konfliktpotentiale liegen. Der Partner möchte durch diese Strategie etwas erreichen und lenkt das Gespräch in andere Bahnen, dabei versucht er, etwas zu verschweigen und vom Thema abzulenken.

Diese Ablenkungsstrategie stammt sicherlich aus der sozialistischen Vergangenheit und ist häufig anzutreffen. Es wird so lange auf den anderen eingeredet, bis der Gesprächspartner entweder sein Anliegen vergessen hat oder sich hat ‚weichreden' lassen. Das beste Rezept bleibt, einen kühlen Kopf zu bewahren und zu versuchen, die Lage aus der Distanz zu beobachten, zu beurteilen und dann zu entscheiden.

16.3.2
Vorwände

Im Abschn. 10.1.5 („Notlügen") wurde angesprochen, daß Menschen im östlichen Mitteleuropa sich gern bestimmter Vorwände bedienen, vor allem dann, wenn ihnen ein Gesichtsverlust droht. Das ist ein Schutzmechanismus.

Bei einer Verhandlung kann es geschehen, daß Sie immer wieder neue Vorwände hören, obwohl Sie Ihren einheimischen Partner überzeugen möchten und auf seine Zustimmung warten. Sie sollten dann zunächst einmal entschlüsseln, ob es sich bei den vermeintlichen Gründen tatsächlich um sachliche Momente handelt, die ihn daran hindern, auf Ihren Vorschlag positiv zu reagieren. Vorwände dienen dazu, die wirklichen Gründe für ein Zögern o.ä. zu verschleiern. Diese dürfen nicht direkt genannt werden und liegen in einer Tabuzone. Wird der Partner aber in eine Sackgasse gedrängt und muß die ‚Wahrheit' bekennen, wird er sein Gesicht verlieren.

Je nach Situation müssen Sie überlegen, ob Sie Ihren Partner dazu bringen möchten, daß die wahren Gründe ans Tageslicht kommen, und welche Konsequenzen sich dadurch für die Verhandlungen ergeben werden.

Es ist auch zu bedenken, ob Sie diese Aufdeckung lieber unter vier Augen vornehmen oder vor den anderen Mitgliedern der Gesprächsrunde. Sie können aber auch auf die Vorwände eingehen, indem Sie den Betreffenden nach folgendem Muster befragen: „Was würde passieren, wenn (...)?" – „Wie würden Sie entscheiden, wenn es diese Gründe nicht gäbe (...)?" – „Wie könnte man diese Ursachen beseitigen (...)?" Bedient er sich aber immer neuer Vorwände, werden Sie bald merken, daß er grundsätzlich nicht zustimmen will. Sie können ihm auf indirekte Weise zu verstehen geben, daß Sie die tatsächlichen Gründe hinter seinen Vorwänden erkannt haben.

Manchmal sind sich die Betreffenden der wahren Natur ihrer Vorwände bewußt, manchmal aber auch nicht. Es ist fast ein gesellschaftliches ‚Sprachspiel', ein verinnerlichter Mechanismus, denn im östlichen Mitteleuropa kann man dem anderen kaum etwas direkt abschlagen. Es fällt schwer, ein klares, direktes Nein zu äußern. Das ‚Nein!' kommt eher in den Vorwänden oder Einwänden zum Ausdruck. Es ist eine Strategie, die zwar einerseits Rücksicht auf das Wohlbefinden der Gemeinschaftsmitglieder nimmt, andererseits aber viel Zeit und Energie kostet. Sie kann von Personen aus individualistischen Gesellschaften, die nicht in dieser Gesellschaft sozialisiert worden sind, als unehrlich bewertet werden. Vielleicht aber sollten Sie sich selbst bei dieser Gelegenheit an Ihre letzte Notlüge erinnern und an das Gefühl, das Sie dazu trieb. Zwar gehört Direktheit in den Alten Bundesländern zu den Primärtugenden, aber der Gebrauch von Notlügen ist trotzdem nicht selten.

Bei Geschäften und Verhandlungen mit den Partnern im östlichen Mitteleuropa ist es Ihre Aufgabe, die wahren Gründe für Notlügen, Vor- und Einwände zu entschlüsseln. Sie sollten hellhörig werden hinsichtlich dieser indirekten Art der Mitteilung und sich dabei fragen:

- Was möchte mir mein Gesprächspartner auf diese subtile Art und Weise sagen?
- Warum darf er dies nicht direkt an- oder aussprechen?
- Wen möchte er dadurch schützen?
- Wen möchte er nicht verletzen?

16.3.3
Der Verhandlungsstil der Entrüstung – eine Strategie

Der Verhandlungsstil der Entrüstung ist sicherlich kein Spezifikum des östlichen Mitteleuropa. Reagiert der Partner auf Ihren Vorschlag mit völliger Entrüstung, ist zu prüfen, ob sie echt ist. Vielleicht haben Sie ihn durch Ihre Art oder Ihre Forderungen verletzt, vielleicht aber möchte Sie der Partner nur einschüchtern, damit Sie an Ihrem Vorhaben zweifeln und eventuell davon abrücken.

In solchen Fällen gilt: Ruhe bewahren und sich nicht aus dem Gleichgewicht bringen lassen! Falls die Entrüstung echt ist, lassen Sie Ihren Partner aussprechen, was ihm am Herzen liegt. Lassen Sie ihn zur Ruhe kommen. Besprechen Sie mit ihm offen die Gründe für seine Reaktion, und versuchen Sie ihm Ihre Erwartungen an eine sachliche Auseinandersetzung zu erklären. Fragen Sie ihn danach, wie man seiner Meinung nach zu sachlichen Ergebnissen kommen könnte.

Wenn sich Ihr Partner arrogant und herablassend Ihnen gegenüber verhält, äussert er dadurch sein Unterlegenheitsgefühl. Er möchte sich gern ‚größer' fühlen und ist bestrebt, durch dieses Verhalten sein Bedürfnis nach Anerkennung zu stillen. Dieses Verhalten ruft meistens eine aggressive Gegenreaktion hervor, aber es hat keinen Sinn, sich auf dieses Niveau zu begeben. Lassen Sie ihn ‚gewinnen'! Begeben Sie sich nicht in einen Kampf! Bestätigen Sie ihn, und schenken Sie ihm Anerkennung. Versuchen Sie dabei, dennoch zu gewinnen!

Ihr Partner wird so sehr mit sich und seinen Bedürfnissen beschäftigt und somit beeinflußbar sein. Er wird gar nicht bemerken, daß Sie Ihre Ziele längst erreicht haben.

16.3.4
Lügen

Lügen sind ganz klar von Notlügen zu unterscheiden! Lügen dienen nur dazu, sich unrechtmäßig Vorteile zu verschaffen und dem anderen direkt oder indirekt Schaden zuzufügen! Das unterscheidet Sie ganz deutlich von Notlügen!

Falls Ihr Partner lügen sollte und Sie seine Behauptungen als Unwahrheit identifizieren können, lassen Sie sich diese zunächst einmal von ihm erklären. Sprechen Sie dies mehrmals an. Wenn er sich aber nicht korrigiert, obwohl sie ihm dazu die Chance gegeben haben, ziehen Sie die Konsequenzen, konfrontieren ihn mit seinen Unwahrheiten, sofern Sie sich in einer besseren Position befinden. Falls Sie sich in der schwächeren Position befinden, können Sie Ihre Konsequenzen ebenfalls ziehen, denn Sie wissen, daß Ihr Partner nicht ehrlich ist, und daß Sie sich auf ihn nicht verlassen können. Sie sollten sich gut überlegen, ob Sie mit diesem Partner weiterhin Geschäfte machen möchten. Die beste Lösung jedoch wäre, sich nach einem anderen Geschäftspartner umzuschauen.

16.3.5
Suggestive Fragen

Sprache ist Macht, und mit ihr lassen sich Menschen manipulieren. Durch suggestive Fragen versucht man, dem Geschäftspartner die Antwort ‚in den Mund zu legen'. Die Suggestivtechnik geht von einer Unterstellung aus. Die Frage wird so gestellt, daß automatisch ein anderer Sachverhalt bejaht oder verneint wird, weil sich der Empfänger auf die Beantwortung der Frage konzentriert und die Unterstellung selbst nicht mehr wahrnimmt. Ein Beispiel für eine suggestive Frage: *„Sie sind doch der Meinung, daß der Preis niedrig ist, nicht wahr?"* Es wird unterschwellig davon ausgegangen, daß gekauft wird, und man verhandelt den Preis, als ob der Kauf bereits außer Frage stünde.

Suggestive Fragen gehören nicht zu den ‚ehrlichsten' Methoden. Es kommt darauf an, zu welchem Zweck und in welchem Kontext sie benutzt werden. In Verhandlungen ist deshalb Hellhörigkeit geboten, um nicht etwas aufgezwungen zu bekommen, das man ursprünglich gar nicht wollte.

16.3.6
Kompromisse und Zugeständnisse

Das Gemeinschaftsgefüge des östlichen Mitteleuropa erfordert es, die offene Austragung von Konflikten nach Möglichkeit zu vermeiden. Man ist fast immer bemüht, einen Konsens zu finden und sich in der Mitte zu treffen. Kompromisse zu schließen, gehört zu den Normen und Werten im Weltbild des östlichen Mitteleuropa.

Sie sollten sich jedoch darüber Gedanken machen, inwieweit Ihr Geschäftspartner bereit ist, Kompromisse zu schließen, welche Vor- und Nachteile es ihm, aber auch Ihnen bringen wird. Außerdem sollten Sie prüfen, ob Sie selbst über die

Fähigkeit, Kompromisse zu schließen, verfügen. Wieweit können, wollen und dürfen Sie gehen?

Nicht zuletzt sollten Sie die Konsequenzen, die sich aus Ihrer Kompromißbereitschaft ergeben, in Betracht ziehen. Welchen Preis zahlen Sie, wenn Sie Kompromisse eingehen? Sie sollten bei einer Verhandlung Prioritäten setzen im Hinblick auf Ihre Ziele, denn bei einer Verhandlung geht es meistens nicht nur um ein Ziel, sondern um mehrere. Der Erfolg kann eventuell nicht um jeden Preis erreicht werden. Es kann sein, daß Sie durch einen Kompromiß Ihrerseits das erreichen, was Sie wünschen. Andererseits können Sie aber auch Kompromisse und Zugeständnisse als Strategiemittel für die nächsten oder zukünftigen Verhandlungen benutzen.

Nicht außer acht lassen sollten Sie die Tatsache, daß Kompromisse manchmal auch als Schwäche gedeutet werden, nach dem Motto: „Einmal Kompromiß, immer Kompromiß!" Sie sollten also sehr gut abwägen, welche Strategie in diesem Fall die geeignetste ist. Zu schnelle Zugeständnisse können dazu führen, daß der Geschäftspartner seine Forderungen ausweitet. Zu vage Zugeständnisse können Mißtrauen hervorrufen, so daß sich der Partner aus dem Geschäft zurückzieht. Der Nutzen von Kompromissen hängt auch davon ab, wann Sie welche Zugeständnisse machen (können oder wollen). Gerade längerfristig können Sie Ihnen durchaus Vorteile bringen.

16.3.7
Gegenseitige Hilfe

„Hilfst du mir, so helfe ich dir!" – dieser Satz beschreibt nicht nur im östlichen Mitteleuropa, sondern auch in Deutschland eine beliebte Strategie, über die man aber meist nur am Rande spricht. Viele wenden sie jedoch verstärkt an. Je schlechter die wirtschaftliche Lage, desto besser funktioniert sie auch hier.

Der Grund dafür, warum sie im östlichen Mitteleuropa so hervorragend funktioniert, liegt darin, daß sie zu den Normen und Werten des dortigen Weltbildes gehört. Um gegenseitige Hilfe muß man nicht explizit bitten. Sie wird erwartet, und sie kommt von alleine. Im geschäftlichen Bereich funktioniert sie genauso wie im privaten. Hier werden geschäftliche, persönliche Kontakte vernetzt.

Diese Strategie befördert keineswegs nur die Korruption oder Bereicherung auf Kosten von Dritten, obwohl es das zweifelsohne gibt. Sie funktioniert eher nach dem Grundsatz: „Ich empfehle deine Firma, dein Produkt, und du empfiehlst meine Firma, mein Produkt." Oder: „Ich ermögliche dir meine Kontakte und rechne natürlich damit, daß du mir bei Gelegenheit deine Kontakte ermöglichst."

Wer viele persönliche Kontakte im östlichen Mitteleuropa hat, verfügt über zahlreiche Geschäftsbeziehungen, auf die er mehr oder weniger zählen kann. Man muß allerdings ganz genau wissen, was man geschäftlich und privat zu bieten hat, und welche Gegenleistungen geboten werden können.

16.4
Die eigene Persönlichkeit

Am Anfang des Buches wurde darauf hingewiesen, wie wichtig es ist, die eigene Kultur zu reflektieren, bevor man sich in eine andere begibt. Es wäre aber zu einfach, nur die Kultur im ganzen vor Augen zu haben. Maßgeblich für den Erfolg in einer anderen Kultur ist nicht zuletzt die eigene Persönlichkeit und die Fähigkeit, mit anderen Menschen in anderen Kulturen umzugehen. Bevor man also für Mißerfolge die eigene oder fremde Kultur, die Firma, eine schlechte Vorbereitung, die interkulturellen Seminare oder sogar den einheimischen Mitarbeiter verantwortlich macht, sollte man sich zunächst vor allem über sich selbst Gedanken machen.

Natürlich sind Sie mit Ihrer Persönlichkeit unverwechselbar. Vergessen Sie aber die in Deutschland, vor allem in den Alten Bundesländern, verbreitete Ansicht:

„Man muß mich so akzeptieren, wie ich bin! Ich bin, wie ich bin!"

Stellen Sie sich einmal vor, jeder würde so auf seiner Persönlichkeit beharren! Dann würden wir uns nie verständigen können, einen Konsens finden oder Kompromisse eingehen können. In den Alten Bundesländern kann man die Auswirkungen dieser Auffassung häufig an mißlungener Teamarbeit beobachten.

Eine solche Einstellung wird Ihnen im östlichen Mitteleuropa aber niemand verzeihen. Schließlich begeben Sie sich in eine gemeinschaftsorientierte Gesellschaft, in der das Gemeinwohl die größte Rolle spielt – vor den eigenen Interessen.

Bei Ihrer Arbeit im östlichen Mitteleuropa, in Verhandlungen und bei Kontakten, gleich wo sie sich befinden, wird die Einhaltung bestimmter Spielregeln erwartet. Und es ist nicht so, daß man das eigene Verhalten nicht verändern und kein anderes erlernen könnte. Das vertraute Verhalten kann ergänzt und verändert werden. Stellen Sie sich vor, Ihr Gesprächspartner würde keine Rücksicht auf die in Ihrem Land gültigen Spielregeln nehmen!

Wenn Sie die geeignete Strategie anwenden wollen, fragen Sie sich selbst, was für ein Mensch Sie sind. Wer sind Sie? Und wie werden Sie von anderen gesehen? Jeder Mensch verrät sich nicht nur durch seine Sprache, sondern auch durch die Symbole, die er trägt und benutzt. Jeder Mensch ist so entschlüsselbar. Haben Sie versucht, sich selbst einmal aus der Distanz zu betrachten?

- Welche Kleiderformen, -größen und -farben tragen Sie? Welchen Schmuck bevorzugen Sie, und welche Formen? Welche Muster haben Ihre Krawatten und Socken? Welcher Duft umhüllt Sie?
- Welches Auto fahren Sie, und welche Farbe hat es?
- Welche Utensilien benutzen Sie? Wo sind diese auf Ihrem Schreibtisch plaziert?
- Welche Dekoration steht auf Ihrem Tisch? Welche Pflanzen schmücken Ihre Fensterbank? Welche Bilder haben Sie in Ihrem Büro aufgehängt? Was sind die Motive und welche Farben haben sie?

- Was essen und trinken Sie?
- Über welche Eigenschaften verfügen Sie?
- Wie kommunizieren Sie mit anderen?
- Wie reagiert ihre Umwelt bzw. reagieren Ihre Kollegen aus verschiedenen Arbeitsbereichen auf Sie? Ignorieren Sie sie, oder spüren Sie, daß Sie beliebt sind? Was werfen Ihnen Ihre Kollegen vor? Verbreiten Sie eher Angst oder sind Sie menschlich und kollegial?
- Informieren Sie Ihre Mitarbeiter regelmäßig, oder behalten Sie alle Informationen lieber für sich, nach dem Motto: „Wissen ist Macht"?
- Beschäftigen Sie sich lieber mit Kleinigkeiten, anstatt wichtige Entscheidungen zu treffen? Untersuchen Sie lieber Briefe Ihrer Mitarbeiter mit einem roten Bleistift, und streiten Sie sich gern wegen der neuen Rechtschreibung und um einzelne Redewendungen?
- Schmieren Sie Ihrem Mitarbeiter jede Grippe aufs Brot? Sind Sie geizig oder großzügig? Fördern Sie gute Mitarbeiter? Oder möchten Sie keine Konkurrenz haben?
- Nach welchen Kriterien stellen Sie Mitarbeiter ein? Nach ihren Fähigkeiten, oder sind Ihnen biegsame Eigenschaften lieber?
- Ist Ihnen ein gutes Betriebsklima in Ihrem Unternehmen wichtig? Womit hängt es zusammen? Tragen Sie dazu aktiv bei, oder überlassen Sie dies auch Ihren Mitarbeitern, weil Sie der Meinung sind, daß ‚Kreativität keine Grenzen kennt'?
- Wie motivieren Sie Ihre Mitarbeiter? Sprechen Sie mit Ihren Mitarbeitern von oben herab, oder stechen Sie wie ein Kaktus? Haben Sie ein gutes Ohr für Ihre Mitarbeiter, oder toben Sie sich an Ihnen aus? Und machen Sie das bei allen, oder nur bei den Ihnen unterstellten und vor allem den Ihnen unsympathischen?
- Und wie ist es mit jenen aus den höchsten Etagen? Haben Sie auch Mut zur Kritik, oder verbeugen Sie sich lieber vor der Macht, oder können Sie auch Ihre Meinung durchsetzen?

Hand aufs Herz, es zahlt sich aus! Wenn Sie sich nicht sicher sind, wie Sie sind, probieren Sie doch einmal ein Spiel mit Ihrem Kollegen. Greifen Sie nach einem Stift und einem Blatt Papier, und malen Sie gemeinsam ein Haus oder einen Baum. Auf die künstlerische Darstellung kommt es dabei nicht an. Sie werden feststellen, wer die Führung übernimmt und wo die Kommunikationsschwierigkeiten liegen.

- Wo erleben Sie gemeinsame Kontakte, was führt zu Mißverständnissen?
- Was ist wichtig bei der Erfüllung der Aufgabe, für das Erreichen des gemeinsamen Ziels?
- Gibt es an einigen Stellen Spannungen, weil Sie nach rechts und ihr Partner nach links zeichnen wollte?
- Wer gibt nach und wie?
- Wechseln Sie sich ab, oder wird Ihnen die Herrschaft über den Stift überlassen, und warum?

Wenn Sie diese Selbstreflexion durchgeführt haben, werden Sie vieles über sich erfahren. Glauben Sie nicht, daß nur die anderen ihre Schattenseiten haben. Seien Sie ehrlich zu sich selbst! Dann können Sie für sich die geeignete Arbeitsweise oder Verhandlungsstrategie auswählen und Ihr geschäftliches Vorhaben im östlichen Mitteleuropa mit großer Wahrscheinlichkeit zum Erfolg führen.

16.5
Das sollten Sie beachten

- Gehen Sie mit Ihrer Macht vorsichtig um!
- Macht bedeutet nicht Kampf.
- Positive Ausstrahlung beeinflußt Ihre Verhandlungen positiv.
- Versuchen Sie, die Persönlichkeit Ihres einheimischen Partners anhand von Symbolen zu entschlüsseln!
- Überlegen Sie, welche Strategie Ihr Partner in den Verhandlungen anwendet!
- Unterscheidet Ihr Partner die sachliche und die persönliche Ebene?
- Welcher Vorwände bedient er sich, und sind diese berechtigt?
- Geschäftliche und persönliche Kontakte im östlichen Mitteleuropa sind zu pflegen, je mehr Sie knüpfen können, umso besser.
- Vergessen Sie nicht das Motto: „Hilfst du mir, so helfe ich dir!"
- Können Sie Kompromisse schließen, und wie weit können Sie dabei gehen?
- Machen Sie sich Gedanken darüber, welche Strategie und welchen Verhandlungsstil Sie anwenden!
- Vergessen Sie nicht, sich selbst nach Ihren persönlichen Eigenschaften zu befragen!
- Versuchen Sie zu erfahren, wie Sie persönlich auf den einheimischen Partner wirken!
- Wenn Sie beim einheimischen Partner Erfolg haben wollen, reicht es nicht, sich nach dem Motto zu verhalten: „Ich bin so, wie ich bin, und das sollen die anderen akzeptieren!"

16.6
Zusammenfassung

Für die Form, in der Verhandlungen in dieser oder jener Situation mit einem Partner aus dem östlichen Mitteleuropa geführt und erfolgreiche Geschäfte abgeschlossen werden können, gibt es keine Patentrezepte: „Übung macht den Meister." Die Voraussetzung dafür ist jedoch: Je besser Sie sich vorbereiten und vorbereitet werden, desto besser werden die Ergebnisse sein. Sicherlich wurde das Thema der Verhandlungen in diesem Kapitel nicht ganz ausgelotet, das würde den Rahmen des Buches sprengen. Vielmehr geht es darum, Sie für die Bedingungen und den kulturellen Kontext der Verhandlungen mit einem ausländischen Partner zu sensibilisieren. Es sollen Tips zu einigen Verhandlungsstrategien, zu verschiedenen Verhaltensmustern und Charaktereigenschaften gegeben werden, auf die Sie bei Ihren Geschäftspartnern möglicherweise stoßen werden.

Fragen Sie zunächst aber sich selbst, ob nur Sie der Gewinner sein möchten, oder ob Sie auch freiwillig die anderen einmal gewinnen lassen können. Sind Sie bereit, nachzugeben und durch Kompromisse zu einem gemeinsamen Erfolg zu gelangen? Können Sie Ihre eigenen Eigenschaften erkennen und gegebenenfalls verändern? Sollten Sie eine andere als die bisherige Strategie einschlagen? Was denken Sie über das Land, die Kultur, die Werte und Normen Ihres Geschäftspartners?

Es muß und wird Ihnen nicht alles ‚gefallen', was in diesem Zusammenhang anzusprechen ist – aber das ist auch nicht der Zweck dieses Buches. Das Ziel ist, bei Ihnen die Bereitschaft zur Akzeptanz des anderen zu wecken.

Für alle Verhandlungen gilt das Grundprinzip: Bleiben Sie gelassen, und bewahren Sie sich Ihre Ruhe! Halten Sie Distanz, bleiben Sie Herr der Lage. Sachlich entscheiden zu können, ist wichtig für Ihr geschäftliches Vorhaben.

KAPITEL 17

Die Weiterbildung

17.1
Die Weiterbildung in Polen, Tschechien und Ungarn nach der Wende

Nach der Wende begann der Westen, in Zusammenarbeit mit dem östlichen Mitteleuropa, mittels beträchtlicher Hilfen, aber auch durch Weiterbildungsmaßnahmen für die Fach- und Führungskräfte, mit dem Neuaufbau und der Umstrukturierung der Wirtschaft.

Seit über zehn Jahren wird die Qualifizierung der Fach- und Führungskräfte sowohl in der Bundesrepublik Deutschland als auch vor Ort, in Polen, Tschechien und Ungarn, durchgeführt. Sie befindet sich in der vierten Phase.

17.1.1
Die erste Phase

Die Anfangsphase bestand größtenteils aus Besucherprogrammen, um den Fach- und Führungskräften die Möglichkeit zu bieten, die westliche Welt und ihre wirtschaftliche Ordnung kennenzulernen.

Diese Aufenthalte waren für die Besucher aus dem östlichen Mitteleuropa durch einen Kulturschock gekennzeichnet. Dies konnte man eher an ihren Ängsten, ihrer Zurückhaltung und Sprachlosigkeit als an der kritischen Auseinandersetzung bemerken, als ob sie nicht glauben konnten, daß tatsächlich eine neue Ära der Annäherung und Öffnung begonnen hat. Sie befanden sich in einer neuen, den meisten völlig unbekannten Welt. Sie hatten davon nur vage Vorstellungen, die häufig vom Klischee des „Goldenen Westens" geprägt waren, wozu allerdings der Westen selbst in hohem Maß beigetragen hatte. Denn er zeigte in den Begegnungen lieber seine guten Seiten, als auch auf die Gefahren und die eigenen Fehler hinzuweisen.

Die in den Weiterbildungsseminaren behandelten Themen waren nicht selten aus dem Zusammenhang gerissen. Außerdem hatten die Partner aus dem östlichen Mitteleuropa kaum Zeit, die vielfältigen Informationen aus den einzelnen Gesprächen zu verarbeiten, denn die Programme waren teilweise mit Inhalten und Besuchsterminen überladen, so daß die Gäste nicht selten überfordert waren. Das westliche Tempo waren sie nicht gewohnt.

Für beide Seiten, sowohl für den Westen als auch für das östliche Mitteleuropa, war dies eine schwere Zeit. Sie war vor allem von zahlreichen interkulturellen Mißverständnissen gekennzeichnet, die die Kommunikation erheblich erschwerten, denn einerseits nahm man an, daß sich die Kulturen der Nachbarn jenseits der Grenze nicht von den westlichen unterscheiden, man glaubte sich doch bereits zu kennen, andererseits war man sich der Heterogenität der Länder untereinander nicht bewußt. Man faßte sie unter dem Begriff „Osteuropa" zusammen, anstatt sich während der zahlreichen Begegnungen ein je nach Land differenziertes Bild der interkulturellen Unterschiede zu machen. So hörte man damals nicht selten:

- Die Polen sind „*pflegeleicht*";
- die Ungarn sind „*schwierig*";
- und die Tschechen liegen dazwischen.

Die Besucher aus dem östlichen Mitteleuropa klagten nicht selten aus ihrer Unsicherheit und auch Unkenntnis der Kultur der Gastgeber heraus über Unverständnis und Arroganz. Diese erste Phase war von einer einseitigen Perspektive geprägt, in der sich vor allem der Westen präsentierte.

17.1.2
Die zweite Phase

Die zweite Phase war mit intensivem Lernen, mit Aneignung des Know-how aus allen gesellschaftlichen, vor allem aber betriebswirtschaftlichen Bereichen gefüllt. Der anfängliche Kulturschock löste sich langsam. Die Menschen aus dem östlichen Mitteleuropa fanden sich nach und nach in die neue Situation ein und begannen, sich zu orientieren. Sie konnten zunehmend ihre Wünsche und Ziele artikulieren und sich kritischer mit der ihnen fremden Kultur und dem ihnen fremden Wissen auseinanderzusetzen.

17.1.3
Die dritte Phase

In der dritten Phase ließ sich eine zunehmende „Normalisierung" beobachten. Das bedeutete, daß man sich an die Veränderungen in den eigenen Heimatländern gewöhnte und die erworbenen Kenntnisse und Erfahrungen in neue, eigene Vorhaben einflossen. Die Fach- und Führungskräfte aus dem östlichen Mitteleuropa gewannen an Selbstwertgefühl und Souveränität, so daß ihre Ängste hinsichtlich der Begegnungen mit dem Westen zum großen Teil abgebaut wurden.

17.1.4
Die vierte Phase

Die gesamtgesellschaftliche Entwicklung und die bereits gemachten Erfahrungen und Fortschritte im östlichen Mitteleuropa aus den vergangenen zehn Jahren kennzeichnen die vierte Phase der Weiterbildungsprogramme. Diese Phase umfaßt die Vorbereitungen zum Beitritt zur EU.

Diese Phase kennzeichnet mit zunehmender Tendenz der Ausgleich von Differenzen und Defiziten zwischen dem westlichen und östlichen Mitteleuropa. Obwohl noch in vielen Bereichen Lücken im Vergleich zum Westen bestehen, kann man dennoch im allgemeinem von einem großen Fortschritt und von einer erheblichen Entwicklung innerhalb des vergangenen Jahrzehnts sprechen. Dies läßt darauf hoffen, daß die nächste, die fünfte Phase dadurch gekennzeichnet sein wird, daß sich das östliche Mitteleuropa mit Weiterbildungsprogrammen für westliche Manager revanchieren kann.

17.2
Das Managementtraining

Das Managementtraining ist in Mode gekommen. Es ist zu einem wichtigen Wirtschaftszweig geworden, der seit der Wende auch ins östliche Mitteleuropa exportiert wurde. Die Inhalte decken dort jedoch nicht immer den tatsächlichen Bedarf ab. Häufig werden wirtschaftliche Inhalte losgelöst von den bestehenden politischen, sozialen, rechtlichen und kulturellen Rahmenbedingungen verhandelt. Nicht selten kommt es vor, daß man meint, mit rein wirtschaftlichen und westlich ausgerichteten Trainingsmethoden alle Probleme im östlichen Mitteleuropa lösen zu können.

Weiterbildung im allgemeinen sollte im östlichen Mitteleuropa der Unterstützung der Transformation dienen. Falls man durch Weiterbildung im Unternehmen vor Ort etwas erreichen möchte, sollte man die einheimischen Mitarbeiter auf der Ebene ansprechen, auf der sie zu denken und zu arbeiten gewohnt sind.

Durch Weiterbildungsseminare können Arbeitsabläufe und neue Arbeitsweisen eingeführt werden. Es sollten jedoch vermehrt Fertigkeiten vermittelt werden, mit denen bestimmte Probleme im Arbeitsleben gelöst werden können. Zunächst jedoch sollten vorhandene ‚Lücken' analysiert werden. Denn häufig ist das, was deutsche Manager als ‚normal' betrachten und worüber sie nie nachdenken würden, für den einheimischen Mitarbeiter ein völliges Novum. Nicht nur klare Grenzen sollten gezogen, sondern die unterschiedlichen kulturellen Faktoren berücksichtigt werden.

17.2.1
Die Weiterbildung der einheimischen Mitarbeiter im östlichen Mitteleuropa

Der hohe Stellenwert von Weiterbildungsmaßnahmen wurde im östlichen Mitteleuropa noch nicht erkannt. Nur wenige Unternehmen können sich die Weiterbildung ihrer Mitarbeiter auch leisten. Deshalb sind die Investitionen in die Weiterbildung minimal. Dadurch werden die einheimischen Mitarbeiter in eine kritische Lage gebracht, weil sie mit den neuesten Entwicklungen nicht mithalten können.

Nicht nur der Wissensstand leidet darunter, auch die Bewältigung der Probleme, die sich daraus ergeben.

Auch die ausländischen Unternehmen vor Ort sollten mehr Wert auf die Weiterbildung ihrer einheimischen Mitarbeiter legen, auch hier lassen sich Mängel feststellen.

17.2.2
Wer sollte weitergebildet werden?

Weiterbildung sollte als Investition in das Humankapital betrachtet werden.

Dabei stellt sich die Frage, wer weitergebildet wird. Einerseits sollten das jene Mitarbeiter sein, die Schlüsselpositionen innehaben, aber auch andere sollten einbezogen werden. Denn was nützt es, wenn sich nur Führungskräfte Wissen aneignen, ihre Mitarbeiter aber, die die Basis in einem Unternehmen bilden, in Unwissenheit gelassen werden? Können Sie sich noch an folgendes Beispiel erinnern?

Ein englischer Mitarbeiter ruft nachts in der Filiale des Mutterunternehmens in Ungarn an. Es geht um eine dringende Angelegenheit. Der Schichtleiter geht nicht ans Telefon. Warum? Weil nur die einheimischen Führungskräfte Englischkurse besucht haben. Der Schichtleiter wurde nicht weitergebildet und kann kein Englisch.

17.2.3
Wer sollte die Weiterbildung durchführen?

Die Weiterbildung sollte von qualifizierten und kompetenten Ausbildern durchgeführt werden, die über nicht nur oberflächliche Kenntnisse des jeweiligen Landes verfügen. Sie sollten ein sehr gutes Wissen über die gesamtgesellschaftlichen und interkulturellen Aspekte der jeweiligen Länder aufweisen. Weiterhin sollten sie ausreichend über den Kenntnisstand der Seminarteilnehmer informiert sein. Bei der Weiterbildung von Personen aus dem östlichen Mitteleuropa geht es nicht um eine ‚Missionierung' der Teilnehmer, sondern um die gegenwärtige und vor allem zukünftige Zusammenarbeit. Die westlichen Ausbilder sollten, sofern möglich, über Erfahrungen vor Ort verfügen. Denn Aufenthalte vor Ort ermöglichen ihnen, selbst Eindrücke von der Lage der Arbeitnehmer zu sammeln. Durch Gespräche und Diskussionen kann sich eine realistische Einschätzung der Transformationssituation und der sich daraus ergebenden Aufgaben für das Management entwickeln. Daraus können dann klare Ziele abgeleitet und neue Wege mit speziellen Weiterbildungsseminaren eingeschlagen werden. Ebenfalls ist es sehr wichtig, daß der Ausbilder über Sprachkenntnisse des jeweiligen Landes verfügt. Das erspart Mißverständnisse, Übersetzungsprobleme und vor allem Kosten. Außerdem werden die Seminare dadurch lebendiger und die Teilnehmer legen ihre Hemmungen ab.

Das Training sollte an das vorhandene Wissen der Teilnehmer anknüpfen und dieses zu einem Wissenskomplex ausbauen. Die Teilnehmer sollten nicht bei Null anfangen müssen, als ob sie vorher nichts gelernt hätten. Dieser Anspruch setzt sehr gute gesamtgesellschaftliche Kenntnisse der Ausbilder voraus. Dadurch wird gewährleistet, daß einerseits die ausländischen Unternehmen im Rahmen der Zusammenarbeit mit einheimischen Mitarbeitern ihr Geld nicht umsonst in die Weiterbildung investieren. Andererseits profitieren die Teilnehmer von einer derartigen Vorgehensweise, da sie die erworbenen Lerninhalte direkt in ihre Arbeit umsetzen können.

Im Idealfall können die Weiterbildungsmaßnahmen von einheimischen Mitarbeitern und bereits qualifizierten einheimischen Trainern geleitet werden. Sie verfügen über umfassende gesamtgesellschaftliche Kenntnisse und können damit im passenden Rahmen mit den Teilnehmern umgehen. Es entfallen außerdem hohe Honorare, Reise- und Unterkunftskosten für einen entsandten Trainer.

Dabei sollten Sie bedenken, daß Sie keinen Trainer aus einem anderen Land des östlichen Mitteleuropa oder Osteuropas verpflichten sollten. Das wird bei den Einheimischen Mißtrauen hervorrufen.

Wenn Sie erwägen, einheimischen Arbeitnehmern Weiterbildungsseminare anzubieten, sollten Sie genau überlegen, welche Dozenten diese Aufgaben übernehmen, und vor allem bedenken, daß Qualität besser ist als Quantität – wie das tschechische Sprichwort sagt:

„Wir sind nicht so reich, daß wir uns billige Sachen leisten können!"

17.3
Das sollten Sie beachten

- Der Beitrag des Westens zum Neuaufbau im östlichen Mitteleuropa ist enorm.
- Die Weiterbildung für Fach- und Führungskräfte aus allen Bereichen wird seit zehn Jahren sowohl in Deutschland als auch vor Ort durchgeführt.
- Die erste Phase war vor allem durch den Kulturschock der Menschen aus dem östlichen Mitteleuropa gekennzeichnet. Sie bestand hauptsächlich aus orientierenden Besuchsprogrammen für Fach- und Führungskräfte aus dem östlichen Mitteleuropa. Der Westen stellte sich dabei vor.
- In der zweiten Phase ging es um intensiveres Lernen und die Vermittlung westlichen Wissens. Der Kulturschock schien sich abzumildern.
- In der dritten Phase ließ sich eine „Normalisierung" beobachten, so daß die Fach- und Führungskräfte ihre Ängste und Zurückhaltung teilweise überwanden.
- Zur Zeit befindet sich die Weiterbildung für Fach- und Führungskräfte in der vierten Phase. Sie bringt mit steigender Tendenz einen Ausgleich von Differenzen zwischen dem westlichen und östlichen Mitteleuropa. Sie ist vor allem durch die Heranführung an die EU gekennzeichnet.
- Managementtrainings sollten nicht losgelöst von politischen, sozialen, rechtlichen und kulturellen Rahmenbedingungen durchgeführt werden.
- Der hohe Stellenwert der Weiterbildung wurde im östlichen Mitteleuropa noch nicht erkannt. Die mangelnden finanziellen Möglichkeiten erlauben es den ein-

heimischen Unternehmen nicht, ihre Mitarbeiter genügend weiterzubilden. Dadurch werden die Unternehmen selbst in eine schwierige Lage gebracht, weil sie international nicht mithalten können.
- Ausländische Arbeitgeber sollten mehr Wert auf Weiterbildung legen, dabei jedoch nicht nur die Führungskräfte berücksichtigen.
- Die Weiterbildung sollte von Dozenten durchgeführt werden, die die Rahmenbedingungen vor Ort gut kennen.

KAPITEL 18

Es gibt nicht nur eine Wahrheit

Zu Beginn dieses Buches wurde folgende Überlegung angestellt: Das 20. Jahrhundert war ein ereignisvolles Jahrhundert, das die europäischen Völker so oft voneinander getrennt und einander auch wieder nähergebracht hat. Wir brauchen uns nicht wie gänzlich Fremde kennenzulernen, weil wir einander als Mitteleuropäer mit derselben lateinischen Schrift, derselben Religion, mit gemeinsamen historischen und kulturellen Wurzeln zumindest schon nahe sind.

Aber fast fünfzig Jahre Sozialismus haben tiefe Gräben aufgeworfen und Spuren hinterlassen, so daß das, was für den einen selbstverständlich ist, für viele andere noch lange nicht Praxis ist. Vor allem die Verinnerlichung der demokratischen Prinzipien und Werte läßt an vielen Orten im östlichen Mitteleuropa noch Wünsche offen. Hier sollte der Westen verstärkt Hilfe leisten, denn die Umsetzung demokratischer Prinzipien und ihre Verinnerlichung garantiert die politische, wirtschaftliche und soziale Stabilität im östlichen Mitteleuropa, und nicht nur dort. Beide Seiten sollten bereit sein, voneinander zu lernen. Nicht nur das östliche Mitteleuropa sollte westliche und andere Kulturen verstehen lernen, sondern auch der Westen sollte versuchen, die Kulturen jenseits der alten Grenzen, die ihm so lange verborgen blieben, zu begreifen.

Bei Geschäften jeglicher Art handelt es sich um ein Geben und nehmen. Es geht nicht nur um den kurzfristigen und spontanen Kauf günstiger Erdbeeren auf dem Markt, um eine eingeschränkte Win-Lost-Strategie. Es geht um Langfristigkeit, um Vorteile für beide Seiten im Sinn einer Win-Win-Strategie.

Die westlichen bzw. deutschen Geschäftsleute sollten sich vom ersten Eindruck mancher kultureller Ähnlichkeit nicht täuschen lassen. Aus dieser falschen Annahme resultieren die vielen Mißerfolge bei der gemeinsamen interkulturellen Zusammenarbeit zwischen Deutschland und dem östlichen Mitteleuropa. Eine Folge ist, daß Probleme und Mißverständnisse die Erledigung von geschäftlichen Vorhaben erschweren. Die Partner reden häufig aneinander vorbei, weil sie aus mangelnder Kenntnis des anderen Landes und seiner Kultur, aufgrund des Festhaltens am eigenen Weltbild und in der falschen Annahme, daß wir uns so ähnlich sind, sich im Prinzip nicht verständigen können. Oft macht sich dann Ratlosigkeit unter den Geschäftspartnern breit, und keiner weiß genau, worin die Mißstände und schlechten Resultate begründet liegen. Dann gerät die Zusammenarbeit ins Stocken. Die Situation wird zunehmend verfahrener, und niemand sieht Lösungsansätze. Die einfachste und bequemste Art, sich diese verfahrene Situation zu ‚erklären', liegt im Griff nach den bestehenden Vorurteilen und Klischees, mit denen dem anderen die Schuld zugeschrieben wird. Das gilt für beide Seiten in gleichem Maß. Dadurch wird die Zusammenarbeit noch mehr erschwert, und die gegenseitigen Vorurteile verhärten sich zusätzlich.

Die fachmännische Vorbereitung auf einen Auslandseinsatz, die interkulturelle Kompetenz, die Kenntnisse der geschichtlichen, politischen, sozialen und kulturellen Gegebenheiten des jeweiligen Landes im östlichen Mitteleuropa und schließlich die Fähigkeit, dies alles bei der Durchführung von Geschäften zu berücksichtigen, sind schlichte Notwendigkeit.

Es wird oft der Fehler begangen, rein westliches Know-how zu übertragen, ohne zu prüfen und sich klar zu machen, ob es in dieser Form im östlichen Mitteleuropa, in den gegebenen Rahmenbedingungen anwendbar ist. Dabei sollte bei jedem Auslandseinsatz bedacht werden, daß es nicht nur die *eine* Wahrheit gibt, weder nur die westliche noch nur eine östliche. Beim Abschluß von Geschäften im östlichen Mitteleuropa sollte bewußt ein Mittelweg, ein Konsens zwischen den Kulturen gesucht werden, damit sich keine Seite dabei benachteiligt fühlen muß. Die Durchführung von Geschäften im östlichen Mitteleuropa verlangt globales Denken einerseits, kultur- und gemeinschaftspezifisches Handeln andererseits.

Das ist kein einfacher Weg, aber er sollte begangen werden. Dabei sollte man ebenfalls nicht außer acht lassen, welche ‚Tücken' ein Auslandseinsatz im östlichen Mitteleuropa für ausländische Manager in sich bergen kann. Wir haben gesehen, daß es zwischen der deutschen und der Kultur der Länder des östlichen Mitteleuropa (Polen, Tschechien und Ungarn) aufgrund teilweise gemeinsamer geschichtlicher Wurzeln zwar viele Berührungspunkte gibt. Gleichzeitig bestehen aber auch gewaltige kulturelle Unterschiede. Auch wenn die Entwicklung der Länder des östlichen Mitteleuropa nach westlichem Vorbild schnell voranschreitet und sich vieles dort geändert haben mag, läßt sich trotzdem nicht das eigene Weltbild als alleiniger Maßstab und Ansatz in der interkulturellen, geschäftlichen Zusammenarbeit und für das eigene Handeln anwenden. Denn nach den letzten zehn Jahren kann der momentane Zustand im östlichen Mitteleuropa nur als vorläufige Konsolidierung angesehen werden, nicht aber als bereits verarbeitete, verinnerlichte Übernahme westlichen Wissens und westlicher Werte. Diesbezüglich wird sich in der Zukunft noch einiges ändern. Das wird sich aus der gegenseitigen engen Zusammenarbeit vor allem mit den unmittelbaren ausländischen Nachbarn zwangsläufig ergeben. Bereits jetzt sind gesellschaftliche Veränderungen in der Übernahme westlicher Normen und Werte in gewissem Maß sichtbar. Mit voranschreitender Entwicklung, Annäherung und Einbindung in die westliche Gemeinschaft wird sich dies noch verstärken. Dazu braucht es jedoch Zeit, viel mehr Zeit, als man vor und direkt nach der Wende glaubte.

Erst nach weiteren zehn oder mehr Jahren, wenn die junge Generation herangewachsen ist, wird man sagen und sehen können, welche Richtung die Entwicklung tatsächlich genommen hat, welche Normen und Werte übernommen wurden und inwieweit eine Angleichung stattfand. Für vorzeitige Schlüsse diesbezüglich ist es noch zu früh. Die Normen und Werte, die bis zum heutigen Tag übernommen wurden, sind nur jene oberflächlichen, die meist nicht reflektiert wurden und von denen man annimmt, daß sie im Westen gelten.

Es kann durchaus sein, daß einige dieser Werte in der nächsten Zukunft herausgefiltert und abgelehnt werden, und daß man sich auf seine eigenen ursprünglichen zurückbeziehen wird. Andere, neue Werte dagegen werden endgültig verinnerlicht, weil man sich ihnen gar nicht entziehen kann.

Heute, etwa zehn Jahre nach dem Zusammenbruch der sozialistischen Systeme und nach der Wende besteht trotz voranschreitender Entwicklung, Umgestaltung und Transformation der Länder des östlichen Mitteleuropa in den Denk- und Verhaltensweisen noch ein enormer Unterschied zu Deutschland. Denn eine gesellschaftliche Wende bedeutet nicht, daß sich Menschen von heute auf morgen völlig verändern (können), alles Vergangene hinter sich lassen und alles Neue annehmen. Diese Blauäugigkeit können wir uns nicht mehr erlauben. Nicht zuletzt ihre Geschichte und ihre Sozialisation in dieser geschichtlich geprägten Gesellschaft hat sie stark geformt.

Der Ansatz für das Handeln der Menschen aus dem östlichen Mitteleuropa beruht auf einem Wir-Denken, im Gegensatz zum deutschen Ich-Denken. Daher rühren die meisten Mißverständnisse, wenn diese gegensätzlichen Auffassungen vom Leben und Arbeiten aufeinandertreffen.

Die Kulturen der Staaten Ostmitteleuropas weisen trotz gesamtgesellschaftlicher Unterschiede auch gemeinsame Normen und Werte, Persönlichkeitsstrukturen und Verhaltensweisen auf. Ihre Gesellschaften weisen in vielerlei Hinsicht die gleiche Grundorientierung auf, viele Verhaltensmuster ähneln einander mit kleinen Abweichungen und Schattierungen sehr.

18.1
Die Globalisierung als interkulturelle Herausforderung

Die Globalisierung schafft Bedingungen, die die nationalen Grenzen verschwinden lassen. Wir treten in allen Bereichen des gesamtgesellschaftlichen Lebens noch enger miteinander in Kontakt. Tagtäglich erreichen uns Nachrichten von Fusionierungen. Wir sind noch nie so eng miteinander verbunden gewesen. Bereits in dieser Hinsicht muß uns klar werden, daß wir noch weltoffener werden müssen.

Die Globalisierung erzeugt aber auch gleichzeitig Ängste vor dem Verlust der nationalen Identität, sowohl im westlichen als auch im östlichen Mitteleuropa. Denn es läßt sich beobachten, daß sich immer mehr Völker und Nationen der kulturellen Veränderungen bewußt werden, sich gegen diese Angleichung zu wehren versuchen und sich auf ihre Wurzeln zurückbesinnen. Eine kulturelle Angleichung ist auf allen Ebenen des gesellschaftlichen Lebens sichtbar, und es ist nicht auszuschließen, daß durch die Fusionierungen und den teilweise erzwungenen intensiven kulturellen Kontakt ein Identitätsverlust droht.

Es bleibt nichts übrig als abzuwarten und uns darauf so gut und so schnell wie möglich vorzubereiten, indem wir uns unsere kulturellen Normen und Werte bewußt machen und die der anderen gründlich verstehen lernen. Die Globalisierung bzw. die wirtschaftliche Fusionierung macht es nötig, daß Menschen, die unterschiedliche kulturelle Normen und Werte vertreten, miteinander kommunizieren, handeln und verhandeln können. Dazu braucht es kulturelles Verständnis auf beiden Seiten. Gerade diejenigen, die sich im Ausland beruflich betätigen, sollten kulturgerechtes Management anwenden. Soziale und vor allem interkulturelle Kompetenzen in dieser Hinsicht werden heutzutage von uns allen in wachsenden Ausmaß erwartet, vor allem aber von den ausländischen Führungskräften, die Unternehmen, Niederlassungen, Join-ventures, Vertretungen und Büros leiten – aber auch von denjenigen, die dienstliche Belange nur für kurze Zeit ins Ausland führen.

Vor allem das 21. Jahrhundert wird uns durch die wirtschaftliche, politische, soziale und kulturelle Entwicklung noch näher zusammenrücken lassen. Es ist unumgänglich, sich auf diesen Weg vorzubereiten. Und es liegt im allgemeinen Interesse, daran zu arbeiten und voneinander zu lernen.

18.2
Deutschland versus östliches Mitteleuropa

Sowohl die deutsche Gesellschaft, und hierbei vor allem die Alten Bundesländer, als auch die Kultur des östlichen Mitteleuropa wurden hier in überzeichneten Umrissen dargestellt. Nur durch diese Methode einer teilweisen Überzeichnung eröffnet sich die Möglichkeit, klare Positionen und Aussagen zu formulieren und die Unterschiede zwischen den Kulturen und Geschäftspraktiken auf den Punkt zu bringen.

18.2.1
Deutschland

Die besten Beispiele für die Charakterisierung des Lebensstils in Deutschland können nur von ihren Einwohnern selbst geliefert werden. Die folgenden Aussagen entstammen einer Ketten-E-Mail, die ein mir unbekannter Absender verschickte und die zufällig auch in meine Mailbox gelangt ist.

Der Titel lautet: „Du hast genug von den 90ern, wenn (...)", und die Aussagen dazu:

(...) du versuchst, beim Mikrowellenherd Dein Passwort einzugeben.
Du spielst seit Jahren kein Solitaire mehr mit echten Karten.
Du fragst Deine Arbeitskollegen am Tisch nebenan via E-mail, ob sie Lust auf ein Bier haben, und sie antworten via E-Mail: „O.k., gib mir 5 Minuten!"
Du hast 15 verschiedene Telefonnummern, um Deine dreiköpfige Familie zu erreichen.
Du chattest mehrmals pro Tag mit einem Typen in Südamerika, hast aber dieses Jahr noch nie mit Deinem Nachbarn gesprochen.
Du kaufst Dir einen neuen Computer, und einen Monat später ist er veraltet.
Der Grund, warum Du den Kontakt zu einigen Freunden verlierst, ist, daß sie keine E-mail-Adresse besitzen.
Du kennst die Post-Tarife für einen Brief nicht mehr.

18.2 · Deutschland versus östliches Mitteleuropa

Für Dich bedeutet organisiert sein, verschiedenfarbige Post-It-Kleber zu besitzen.
Die meisten Witze, die Du kennst, hast Du in den E-mails gelesen.
Du meldest dich mit dem Firmennamen, wenn Du zu Hause am Abend das Telefon abnimmst.
Du mußt zu Hause die „0" drücken, um beim Telefonieren rauszukommen.
Das schlimmste am Computerabsturz ist der Verlust Deiner Bookmarks.
Du gehst zur Arbeit, wenn es dunkel ist, Du kommst von der Arbeit, wenn es dunkel ist – und das auch im Sommer.
Du hast ein konfigurierbares Programm, das Dir die Anzahl der Tage bis zur Pensionierung berechnet.
Deine Eltern beschreiben Dich mit: „Er arbeitet mit dem Computer."
Ein Leben ohne Handy kannst Du Dir nicht mehr vorstellen.
Du erkennst Deine Kinder dank der Photos auf dem Schreibtisch.
Du hast diese Liste gelesen und dauernd genickt.
Du überlegst Dir bereits, wem Du diese Liste forwarden kannst.

Die westlichen Wohlstandsgesellschaften, zu denen Deutschland gehört, haben durch die technische Entwicklung, durch den Einsatz elektronischer Medien bereits in der Vergangenheit (in der Zukunft wird es noch extremer sein) eine viel schnellere und komplexere Lebensweise entwickelt als das östliche Mitteleuropa. Damit hängen die hohen Anforderungen an die Menschen insgesamt, vor allem aber ihre starke Leistungsorientierung zusammen. Die oben aufgeführten Aussagen beklagen dies auf ironische Weise. Dahinter lassen sich Sehnsüchte nach etwas Verlorengegangenem, nach mehr „sozialer Wärme und Geborgenheit" seitens der Autoren vermuten. Ein Vergleich mit einer ähnlich zirkulierenden E-mail aus dem östlichen Mitteleuropa wäre sicherlich interessant.

Zusammenfassend läßt sich feststellen: Je höher die Leistungsanforderungen sind, desto besser muß sich der Mensch selbst organisieren, um diesem gesellschaftlichen Druck gerecht werden zu können. Das bezieht sich nicht nur auf den Beruf und Alltag, sondern auch auf die Freizeit. Dort ist der Mensch ebenfalls geneigt, seine Leistungsfähigkeit, in welcher Form auch immer, unter Beweis zu stellen.

Die technische Entwicklung hat die Umwelt vollkommen verändert, sie wird zunehmend künstlicher. Für die Menschen aus dem östlichen Mitteleuropa ähnelt sie in dieser Form eher einer Darstellung in einem Versandhauskatalog. Was auf den ersten Blick auffällt, ist, daß kaum noch etwas eine gewisse Natürlichkeit besitzt. Die Menschen, die Umwelt, die Nahrungsmittel müssen dem Schönheitsideal von ‚Makellosigkeit' und ‚Ewigkeit' entsprechen. Vor den Toren mancher Dörfer meint man seine Schuhe ausziehen zu müssen, um den Bürgersteig nicht zu verunreinigen. Sogar die Bäume müssen gerade wachsen. Wenn sie das nicht tun, erhalten sie ein Gerüst, damit sie gerade oder nach einer vordefinierten Norm wachsen. Wenn das nicht gelingt, werden sie durch neue ersetzt.

Bei manchen modernen architektonischen Werken aus Stahl, Glas und Beton hat man durchaus das Gefühl, man würde sich in Mausoleen für Lebende befinden. Aber man spricht hier von Transparenz. Bei den älteren, rein funktionalen Bauwerken aus ‚natürlichem' Beton kann man sich des Eindrucks nicht erwehren, daß man in die Katakomben geraten ist.

Auf der geistigen Ebene zeigt sich diese Tendenz in der Verwissenschaftlichung. Fast alles wird erforscht und analysiert, egal, ob es sich um die Frage handelt, wie effizient man die Mitarbeiter klonen kann, damit die Teamarbeit besser gelingt, ob sich Krokodile tatsächlich die Zähne putzen oder wie gerecht man die Sonne unter den Nationen aufteilen könnte. Jeder Gedanke wird aufgegriffen und wissenschaftlich ergründet.

In der Medienlandschaft läßt sich beobachten, daß sich die Menschen zunehmend nach den Zeiten ‚Adam und Evas' sehnen. Vielleicht ist es die Sehnsucht nach der Natur? Der Mensch ist doch eine Schöpfung der Natur und nicht der Technik.

Die schnelle und technisierte Lebensweise, der Druck der Leistungsorientierung verstärken zwangsläufig die Konkurrenz unter den Menschen. Sie verlangen eine besondere, technisierte Art, zu reagieren und mit anderen umzugehen. Der Mensch gerät unter einen enormen Druck. Es ist der rund um die Uhr, sowohl im Berufs- als auch Privatleben ununterbrochen auf ihn einprasselnde Regen an Informationen. Er ist wieder „Jäger und Sammler" geworden – Jäger und Sammler von Daten und Informationen. Er muß fähig sein, sich ständig neu zu orientieren; er muß sich ständig unter Kontrolle haben und sich genauestens konzentrieren. Er muß fähig sein, mehrere Dinge gleichzeitig zu tun, d. h. ständig die Ebenen zu wechseln. Er muß permanent planen; er muß immer erreichbar sein; er muß immer wieder seinen Alltag in bezug auf bestimmte Zeitabläufe optimieren, denn Zeit wird knapp und knapper, und seine Ansprüche steigen ständig mit dem stetig wachsenden Lebensstandard. Die materiellen Güter, mit denen Leistung belohnt wird, braucht das Individuum einerseits, um mit den steigenden Lebensansprüchen mithalten zu können, um erreichbar, mobil und leistungsfähig zu sein; andererseits braucht der einzelne diese Dinge als Anerkennung und Motivation, um noch mehr zu leisten. Er braucht sie zu seiner eigenen, persönlichen Befriedigung, um sie anderen als Beweis der erbrachten Leistung vorweisen zu können. Vor allem aber braucht er sie, um seine Angst vor dem Versagen zu beruhigen bzw. sein Bedürfnis nach Sicherheit zu stillen. Denn das Versagen ist gesellschaftlich verpönt. Jede Unvollkommenheit und Unsicherheit verursacht Ängste. Die Sicherheit verwandelt sich somit in allen Bereichen seines Lebens zwangsläufig in eine Ware, im positiven wie im negativen Sinn.

Aufgrund der hohen Leistungsanforderungen fühlen sich die Menschen nicht selten wie Maschinen, die Angst vor dem Unvorhergesehenen und eigenen Versagen ist weit verbreitet. Das Leistungsprinzip verlangt vom einzelnen eine besondere Art zu handeln. Er muß besser sein als die anderen, er muß konkurrenzfähig sein, das heißt: Er muß selbständig und möglichst unabhängig von seiner sozialen Umgebung leben können. Das bedeutet aber auch, daß er seine Emotionen unterdrücken können muß.

Neben seinem Können und Wissen braucht er eine gute Portion Durchsetzungsvermögen und Souveränität, um im Vergleich mit anderen bestehen zu können. Er muß fähig sein, so effizient wie nur möglich zu arbeiten. Der Umgang miteinander muß möglichst kurz und prägnant sein, weil er keine Zeit verlieren darf, um den Anforderungen und Zwängen, denen er ausgesetzt ist, gerecht zu werden.

Für diese hohen Anforderungen zahlt er auch seinen Preis, wie das oben angeführte E-Mail wortreich beklagt. Er bezahlt mit zunehmendem Streß, mit Reizbarkeit und Nervosität, die bei vielen Menschen kaum übersehbar ist und sich aufgrund der häufig in den Wohlstandsgesellschaften auftretenden Krankheitsbilder, wie etwa dem Herzinfarkt, belegen läßt.

Man kann schlußfolgern, daß dieser Mensch in seiner technologisierten, verwissenschaftlichen Lebensweise kaum einen psychischen Ausgleich kennt. Den sucht er entweder im Leistungssport oder in Entspannungsseminaren, auch bei Psychologen und Psychotherapeuten, durch die Einnahme von Beruhigungsmitteln, in der Kaufsucht – denn vom ‚Sammeln' der Konsumobjekte verspricht er sich eine Erfüllung seiner Sehnsüchte nach dem ewigen Glück und dem Paradies. Er sucht nach Erfüllung, und woher mag sonst die große Zahl der sogenannten „Aussteiger" rühren? Das sind jene, die ihr „Glück" entweder in anderen Ländern suchen oder sich Sekten anschließen und auf esoterische und übernatürliche Kräfte verlassen. Der Markt der Esoterik blüht.

Und wie macht sich diese Lebens- und Arbeitsweise bei Geschäften mit dem Ausland bzw. mit dem östlichen Mitteleuropa bemerkbar?

Jedem Menschen, der in einer komplexen und zunehmend ‚unnatürlichen' Wohlstandsgesellschaft aufwächst, muß zwangsläufig die ‚Unvollkommenheit' anderer Gesellschaften stark auffallen. Wenn man dann noch an seinem Weltbild festhält, müssen die anderen negativ bewertet werden und als ‚zurückgeblieben' erscheinen. Das macht sich ab und zu bemerkbar, vor allem bei den westlichen bzw. deutschen Managern, die mit diesen für sie üblichen Anforderungen und Zwängen nach Polen, Tschechien oder Ungarn kommen und diese auch dort vorfinden und gelten lassen möchten. Vielleicht kennen sie manche ‚Tücken', die sie vor Ort erwarten, vom Hörensagen, versuchen sie aber dennoch in ihrem Sinn zu bewältigen. Vor Ort erfahren sie dann viele böse Überraschungen, denn sie werden nicht verstanden und werden selbst nicht verstehen, weil das Verhalten und Handeln, die Art, miteinander zu verkehren, ein anderes Weltbild zur Grundlage hat, das von dem ihrigen weit entfernt ist.

18.2.2
Das östliche Mitteleuropa

Das östliche Mitteleuropa ist erst auf dem Weg zu einer wohlstands- und konsumorientierten Gesellschaft. Die vergangenen 50 Jahre glichen dem Dornröschenschlaf, denn die technische Entwicklung und der Fortschritt, die Steigerung im Informationsfluß und Lebensstandard, die auf die soziale Entwicklung in ähnlichem Ausmaß wie im Westen hätten einwirken können, blieben in den Ländern des östlichen Mitteleuropa während des Sozialismus aus. Die Menschen haben ihr Dornröschen nicht wecken können und konnten sich niemals vorstellen, daß es jemals wieder aufwacht. Wie auch? Sie haben es aber nie vergessen, letztendlich befreit und sind nun dabei, das von den spitzen Dornen umwachsene Schloß freizulegen.

Der einzige Freiraum, der hier fast fünfzig Jahre bestand, lag in den sozialen Beziehungen der Familie und einem engen Freundeskreis verborgen. Wenn Streß, Reizbarkeit und Ängste bestanden und bestehen, dann jedoch aus ganz anderen Gründen. Sie erwuchsen in der Vergangenheit den verschiedensten Mängeln, den Lebensverhältnissen und diktatorischen Lebensbedingungen.

In der Gegenwart sind die Menschen enormen und unvorstellbaren Veränderungen und ganz neuen Lebensverhältnissen ausgesetzt, an die sie sich anzupassen versuchen. Diese neuen Bedingungen drängten sich ihnen nach der Wende auf, ohne daß sie darauf vorbereitet gewesen wären. Dadurch verloren sie die Orientierung und einen Teil ihrer Identität.

Die ihnen bis dahin vorenthaltenen, nun auf sie einstürzenden Informationen verlangten von ihnen einen neuen, sich ständig anpassenden und wechselnden Lebensstil, Tag für Tag. Ihr Leben wurde beschleunigt und wird noch schneller, als sie es jetzt schon gewohnt sind. Auch hier ist der Mensch enormen neuen Anforderungen ausgesetzt. Aufgrund eines neuen, während des Sozialismus unbekannten Gefühls der Existenzangst kommt es zwar zu psychischen Zusammenbrüchen unter den Menschen. Man kann aber nicht behaupten, daß die gesamte Gesellschaft im Vergleich zu Deutschland unter einer großen Angst vor der Unsicherheit leidet und ein starkes Bedürfnis nach Sicherheit entwickelt hat. Die Sicherheitsbedürfnisse sind bis heute noch keine gängige und wohlfeile Ware geworden. Denn die Natur der Menschen im östlichen Mitteleuropa, ihre in der Vergangenheit gemachten Erfahrungen und der nach wie vor vorhandene soziale Zusammenhalt ermöglichen den Menschen, mit den Dingen des Lebens entspannter umzugehen und Risiken auf sich zu nehmen. Der gesamte Umbruch und die Wende waren mit erheblichen Risiken behaftet – die Menschen gingen sie ein, ohne zu wissen, wie die Sache ausgeht. Es war keine Sicherheit abzusehen, im Gegenteil. Diese Einstellung verschafft den Menschen Handlungsspielräume und erleichtert ihnen die Einsicht, daß es Dinge im Leben gibt, die man nicht ändern kann, die man annehmen und ertragen muß und die zum Leben gehören. Sie vermittelt ihnen Leichtigkeit und stoische Ruhe und bewahrt ihnen den Humor – schwarzen Humor, aber auch Sarkasmus und Ironie. Dieses Weltbild und diese Lebenseinstellung wirken sich sowohl auf das Berufs- als auch Privatleben aus. Insofern fühlen sich die Menschen im östlichen Mitteleuropa nicht wie Maschinen, die rund um die Uhr Leistung bringen, erreichbar sein und vor dem Unvorhersehbaren Angst haben müssen. Diejenigen jedoch, die den psychischen Ausgleich nicht finden, suchen ihn anderswo, im Alkohol, in Drogen – oder gehen in den Freitod.

Die Mehrheit findet den Rückhalt nach wie vor in der Familie, in der Verwandtschaft, in den engen Freundschaften. Rückhalt bedeutet hier eine gegenseitige Hilfe, oft in Form eines Mit-Denkens, ohne ausdrückliches Bitten und Fragen. Hier gilt das Lebensmotto: *„Do it together!"* – und nicht: *„Do it yourself!"*

Die Tatsache, daß Leistung erbracht werden muß, ist mittlerweile jedem im östlichen Mitteleuropa klar geworden, aber eine Leistungsorientierung ‚um jeden

Preis', wie sie in Deutschland vorherrscht, entwickelt sich erst noch und betrifft noch nicht die gesamte Gesellschaft. Das Zeit- und Selbstmanagement hat in diesem Sinn immer noch eine ganz andere Bedeutung. Auch wenn sich die Menschen so organisieren wollten, wie es in Deutschland üblich ist, wäre es ihnen nicht möglich, weil die gesellschaftlichen Rahmenbedingungen das nicht erlauben. Das beklagen vor allem diejenigen Manager, die das Leistungstempo und die westliche Lebensweise aus eigener Erfahrung kennen. Es bleibt also nichts übrig, als in dieser gemeinschaftsorientierten Gesellschaft auf die sozialen Beziehungen zu setzen.

Das soll nicht ausschließen, daß sich die Menschen nach materiellen Dingen sehnen und diejenigen, die sich das leisten können, dem Kaufrausch verfallen. Es handelt sich dabei aber um eine Minderheit. Die Mehrheit der Gesellschaft gehört nicht zu den Wohlhabenden, sondern ist in einem sozialen Sinn aufeinander angewiesen.

Bezüglich der Unterschiede zwischen Deutschland einerseits und Polen, Tschechien und Ungarn andererseits läßt sich vorhersagen, daß sich die Denk- und Verhaltensweisen der Menschen im östlichen Mitteleuropa in Richtung zunehmender Individualisierung entwickeln werden. Erste Anzeichen lassen sich vor allem bei der jungen Generation beobachten. Ein Hinweis darauf sind die sinkenden Geburtenraten, ein höheres Heiratsalter, individuellere Lebensweisen und ein ‚bunteres' Straßenbild.

Zeit ist jedoch noch nicht so knapp, daß die sozialen Beziehungen oberflächlicher und der persönliche Umgang miteinander versachlichter würden. Im Gegenteil, noch müssen die sozialen Beziehungen aufgrund der wirtschaftlichen und politischen Bedingungen gepflegt werden, wo immer das möglich ist.

18.3
Die Bedeutung gegenseitigen Respekts

Sie müssen sich nicht lieben – Sie sollen sich gegenseitig respektieren. Es hilft Ihnen nichts, wenn Sie sich über den Partner im östlichen Mitteleuropa ärgern. Sie sollten lernen, die Gegebenheiten, auf die Sie vor Ort stoßen, zu akzeptieren. Es ist wichtig, die Strukturen, Hintergründe und den Partner zu begreifen, um einen Mittelweg zu finden. Dabei sollten sich beide Seiten vor der Durchführung von Geschäften einig darüber sein, daß man mittels Tricks keine guten Geschäfte abschließen kann.

Falls Sie in das internationale Geschäft mit dem östlichen Mitteleuropa neu einsteigen, sollten Sie sich in die kulturellen Rahmenbedingungen, in die Denk- und Handlungsweise der Einheimischen einfühlen können. Helfen können Sie den Menschen, indem Sie ihnen die demokratischen Prinzipien nahebringen. In diesem Bereich sind noch viele Mißstände zu verzeichnen. Demokratische Prinzipien und Ordnung werden theoretisch gewünscht, aber die Praxis zeigt an vielen Stellen, daß noch einiges an Aufklärung nötig ist, um diese zu verwirklichen.

Als ausländischer Geschäftspartner sollten sie versuchen, ihre Partner vor Ort so zu motivieren, daß diese bereit sind, mit ihnen langfristig zusammenzuarbeiten. Der beste Weg dazu führt, wie Sie bereits erfahren haben, über eine persönliche

Beziehung. Wenn Sie das Vertrauen bereits gewonnen haben, können Sie zum Sachlichen übergehen.

Sie wissen auch, daß sich die Menschen im östlichen Mitteleuropa anders zu helfen wußten, wenn es wieder an allem fehlte: Mit Ideen, Kreativität, Phantasie, Erfindergeist und Tüftlertum. Diese Eigenschaften sind bis zum heutigen Tag erhalten geblieben, und auf diese können Sie bei Ihrer Arbeit ebenfalls bauen.

Vergessen Sie nicht, daß die Konkurrenz auf dem Markt im östlichen Mitteleuropa zunehmend wächst, und daß die internationalen Konzerne dort ein- und ausgehen.

18.4
Know-how und was noch wichtig ist

Seminare oder spezifische Arbeitsmethoden sind geeignete Mittel, nicht nur für die Vermittlung von Know-how, sondern auch zur Motivation. Bei Weiterbildungsangeboten muß vor allem auf Qualität Wert gelegt werden. Nicht nur bloße Inhalte sollten vermittelt werden, sondern vor allem Antworten auf das Warum, auch wenn diese Fragen nicht laut artikuliert werden. Denn das bedeutet nicht, daß man die Antwort bereits kennt. Die Inhalte sollten an den vorhandenen Wissensstand anknüpfen. Das bedeutet, daß man zunächst einmal ermitteln muß, welche Kenntnisse vorhanden sind. Dies ist ein wichtiger Aspekt, den Sie unbedingt beachten sollten. Nicht zu selten ist die Neigung sichtbar, die Seminarteilnehmer von Grund auf zu ‚missionieren'. Denken Sie dabei daran, welche Emotionen das bei Ihnen im umgekehrten Fall verursachen würde.

Die zu vermittelnden Inhalte sollten in ihrem Kontext erklärt und daraufhin geprüft werden, ob und wie sie verstanden wurden. Nur so wird sichergestellt, daß man dieselbe Sprache spricht.

Die Seminarteilnehmer sollten aber auch auf die Gefahren bzw. Fehler, die der Westen in der Vergangenheit gemacht hat, hingewiesen werden, denn sie haben keine anderen Vergleichsmöglichkeiten. Aber lassen Sie die Mitarbeiter sich auch selbständig damit auseinandersetzen, Verantwortung tragen und entscheiden, welche Normen und Werte sie in welcher Form übernehmen wollen.

Nicht nur Sie, die Manager aus dem Westen bzw. aus Deutschland müssen mehr über die Kultur und das Weltbild des östlichen Mitteleuropa lernen. Umgekehrt gilt dies auch, denn auch Sie haben Anspruch darauf, daß man Ihre Kultur und Ihr Weltbild versteht und akzeptiert.

18.5
Rezepte für kulturgerechtes Management

Für ein kulturgerechtes Management gibt es *kein allgemein gültiges Rezept*. Jede Gesellschaft, jeder Mensch ist etwas besonderes. Jede Gesellschaft, auch die des östlichen Mitteleuropa, hat ihre eigene Kultur, ihre Normen und Werte, die durch geschichtliche Entwicklungen geprägt wurden. Keine Gesellschaft ist besser als die andere. Daß sich Mißverständnisse aus der Begegnung verschiedener Kulturen ergeben, ist menschlich. Aber Sie sollten als Geschäftsleute schon im eigenen Interesse bemüht sein, diese so weit wie möglich zu vermeiden. Sie können durch eine bessere Vorbereitung mögliche Quellen für Mißverständnisse erkennen und beseitigen und somit den Erfolg Ihrer Arbeit vor Ort maximieren, wenn Sie tiefgehende Kenntnisse Ihrer eigenen Person, Ihrer kulturellen Wertvorstellungen und der des östlichen Mitteleuropa haben.

Sie sollten nicht mit westlichen Handlungsmustern ins östliche Mitteleuropa kommen, in der Annahme, daß sie universell einsetzbar sind, daß nur rationale Lösungen möglich sind, die zur Effizienzsteigerung und Effektivität beitragen. Es gibt auch andere Werte, die im östlichen Mitteleuropa einen hohen Stellenwert haben und zum Erfolg beitragen.

Diese Aspekte sollten im interkulturellen Kontext berücksichtigt werden, auch wenn die hohe Arbeitsbelastung der westlichen Manager dies häufig nicht zuzulassen scheint.

Nicht Ethnozentrismus, sondern globales Denken und regionales Handeln sollten Ihr Motto sein. Wenn Sie vorhaben, nach rein westlichen Ansprüchen im östlichen Mitteleuropa zu arbeiten, wäre es besser, Sie würden Ihre Idee aufgeben. Es würde Sie selbst demotivieren und Ihre einheimischen Mitarbeiter auch.

Was Sie für eine Geschäftsreise ins östliche Mitteleuropa im Gepäck haben sollten?

- Humor;
- Geduld;
- Enthusiasmus;
- Pfadfindergeist;
- Erfahrung;
- Weisheit; und vor allem
- Zeit.

Was Sie zu Hause lassen sollten?

- Vor allem ‚kleinkarierte Hemden'; und
- Ihre Stoppuhr.

18.6
Das Paradies existiert nirgendwo auf dieser Welt

Wenn Sie ein natürliches Verhältnis zur anderen Kultur gewonnen und die andere Lebensart zu verstehen gelernt haben, dann werden Sie bei Verhandlungen und Ihrer Tätigkeit im Ausland, in Polen, Tschechien und Ungarn Erfolg haben. Oberflächlichkeit diesbezüglich ist kurzsichtig.

Nirgendwo auf der Welt, weder im westlichen noch im östlichen Mitteleuropa, existiert das ‚Paradies auf Erden'! Wenn Sie aber ein Paket aus positiven Einstellungen, ein wenig Idealismus, Nachsicht, Geduld, Mut und Neugier auf eine andere Kultur schnüren, dann ist Ihre Entscheidung, sich geschäftlich im östlichen Mitteleuropa zu betätigen, richtig. Sie werden willkommen sein. Und Sie werden sicherlich reicher, in jeglicher Hinsicht!

Frohes Schaffen!

Geschichtliche Chronik im Überblick

Polen

ca. 400 n.Chr.	Besiedlung durch slawische Stämme – Polani
966	Bekehrung zum Christentum
1226	Herzog Konrad I. von Masowien ruft den deutschen Orden gegen die Preußen zu Hilfe
1241	Einbruch der Mongolen; Wiederaufbau durch deutsche Siedler
1386–1572	Dynastie der Jagellonen (die polnisch-ungarische Königstochter Jadwiga heiratet den litauischen Großfürsten Jagiello)
1410	Niederlage des Deutschen Ritterordens bei Tannenberg
1569	„Lubliner Union" (Realunion zwischen Polen und Litauen)
1586–1660	Krieg gegen Schweden und Brandenburg – Frieden von Oliva
1654	Ukraine stellt sich unter die Herrschaft des russischen Zaren
1697–1733	August I. der Starke, Kurfürst von Sachsen wird König von Polen
1700	Eroberung Polens durch Karl XII. von Schweden
1733–1763	August II. von Sachsen wird König von Polen
1764–1795	Stanislaw II. Poniatowski letzter König von Polen
1773	Erste Aufteilung Polens unter Rußland, Österreich, Preußen
1793/1795	Zweite bzw. dritte Teilung Polens – Ende Polens als Staat
1916	Wiederherstellung des Königreichs durch die Mittelmächte im Ersten Weltkrieg
1939	Ausbruch des Zweiten Weltkriegs; Polen besetzt
1944	Warschauer Aufstand
1945	Vertrag mit der Sowjetunion
1947	Ende der parlamentarischen Opposition
1952	Neue kommunistische Verfassung
1963	Abkommen über deutsche Handelsmission in Warschau
1974	10-Jahresabkommen über wirtschaftliche, industrielle und technische Zusammenarbeit mit der Bundesrepublik Deutschland
1978	Kardinal Karol Wojtyla wird Papst Johannes Paul II.
1980	Die unabhängige Gewerkschaft „Solidarität" wird genehmigt; Vorsitzender: Lech Walesa
1981	Kriegszustand

1983	Kriegsrecht aufgehoben
1983	Lech Walesa erhält den Friedensnobelpreis
1989	Verhandlungen zwischen Regierung und Opposition; Neuordnung staatlicher und politischer Institutionen; grundlegende Verfassungsänderungen
1991	Vertrag der Bundesrepublik Deutschland und der Republik Polen über gute Nachbarschaft und freundschaftliche Zusammenarbeit
1993	Deutsch-polnischer Vertrag über militärische Zusammenarbeit
1994	Assoziierungsvertrag mit der EU; Partnerschaftsvertrag mit der NATO
1995	Währungsumstellung (Streichung von vier Nullen)
1999	Aufnahme in die NATO

Tschechien

ca. 550 n. Chr.	Einwanderung der Tschechen in Böhmen
Ende 9. Jh.	Böhmen, Mähren und die Slowakei werden in einem Königreich zusammengefaßt
ca. 1250	Deutsche Besiedlung unter böhmischen Königen
1346–1378	König Karl I., römischer Kaiser (Karl IV.)
1419	Hussitenkriege
1471–1526	Böhmen, Polen und Ungarn unter den litauischen Jagellonen
1526	Ferdinand, erster habsburgischer König von Böhmen
1618	Prager „Fenstersturz"
1619	Kurfürst Friedrich V. von der Pfalz König von Böhmen
1848	Prager Slawenkongreß
1883	Tschechische Mehrheit im böhmischen Landtag
1918	Die Tschechoslowakische Republik erlangt die Souveränität
1939	Verlust der Souveränität an das faschistische Deutschland
1948	Die Kommunisten gelangen durch einen Umsturz an die Macht
1955	Beitritt der Tschechoslowakei zum Warschauer Pakt
1960	Proklamation der Tschechoslowakischen Sozialistischen Republik
1968	„Prager Frühling" – Intervention des Warschauer Paktes in der Tschechoslowakei
1970	Aufnahme der diplomatischen Beziehungen zur Bundesrepublik Deutschland
1975	Abkommen der CSSR mit der Bundesrepublik Deutschland über Zusammenarbeit
1989	Massendemonstrationen und Generalstreiks; Vaclav Havel wird zum Staatspräsidenten
1990	Teilung der Tschechoslowakei in Tschechische und Slowakische föderative Republik CSFR; freie Parlamentswahlen
1991	Deutsch-tschechoslowakischer Nachbarschaftsvertrag; Assoziierungsabkommen der CSFR mit der EG

1992	Privatisierung (Kupon); Auflösung der CSFR zum 111.1993
1993	Vaclav Havel wird Tschechischer Präsident; Assozierungsabkommen mit der EU
1999	Aufnahme in die NATO

Ungarn

im 9. Jh.	Das Reiternomandenvolk der Magyaren siedelt sich im Karpatenbecken an
um 1000	Die Ungarn werden unter dem Staatsgründer Stephan I. christianisiert
1241	Der Mongolensturm prägt die Zeit des mittelalterlichen Königreichs Ungarn
15. Jh. (1.H.)	Der erste Habsburger besteigt den Thron
1526	Niederlage Ungarns gegen die Türken bei Mohac; Ungarn wird dreigeteilt in den Nordwesten (Habsburgische Herrschaft), Siebenbürgen im Osten (unter Oberhoheit der Osmanen), Zentral- und Süd-Ungarn (Osmanisch)
1683–1699	Großer Türkenkrieg; Befreiung Ungarns
1687	Die Erblichkeit der Krone im Hause Habsburg wird anerkannt
1703	Rakoczi-Aufstand gegen Habsburg
1848/49	Ungarische Revolution unter Kossuth; Unabhängigkeitserklärung; Wenige Monate später wird Ungarn von Österreich (Neoabsolutismus) und Rußland unterworfen
1867	Entstehung der Österreichisch-Ungarischen Monarchie
1914–1918	Erster Weltkrieg: Österreich-Ungarn verbündet sich mit Deutschland
1918	Ungarn wird Republik; Ablösung von Österreich
1920	Frieden von Trianon; Ungarn muß erhebliche Landesteile an die Tschechoslowakei, Rumänien, Jugoslawien, Österreich und Italien abtreten
1920–1940	Ungarn von schweren politischen und wirtschaftlichen Krisen gezeichnet
1938	Anlehnung zunächst an Italien, dann an Deutschland, in der Hoffnung, die verlorenen Gebiete zurückzuerhalten; Die südliche Slowakei wird ungarisch; Rumänien gibt Ost-Ungarn und einen Teil Siebenbürgens zurück
1941	Ungarn tritt an der Seite Deutschlands in den Krieg gegen die Sowjetunion ein
1944	Besetzung Ungarns durch die sowjetischen Truppen
1948	Errichtung der stalinistischen Volksdemokratie
1956	Volksaufstand (Massenemigration und Verfolgung des Widerstands); die Ära des Kadarismus beginnt

1968	Ungarische Truppen beteiligen sich an der militärischen Intervention in der ehemaligen Tschechoslowakei
seit 1968	„Liberalisierung" der Wirtschaft
1970	Handels- und Zusammenarbeitsabkommen mit der Bundesrepublik Deutschland
1972	Abkommen über technisch-wissenschaftliche Zusammenarbeit mit den USA
1974	Zehnjahresabkommen über wirtschaftliche, industrielle und technische Zusammenarbeit mit der Bundesrepublik Deutschland
1982	Wirtschaftliche Liberalisierung; Begünstigung der Privatbetriebe
1984	Erstes Joint-venture zwischen Ungarn und Dänemark in Sopron
1987	Abschaffung der meisten Beschränkungen für West-Reisen
1988	Konstituierung des „Ungarischen Demokratischen Forums"; Handels- und Kooperationsvertrag mit der EG
1989	Ungarn öffnet seine Westgrenze für DDR-Bürger; Proklamation der Republik Ungarn
1990	Freie Parlamentswahlen
1991	Übergang zur Marktwirtschaft; Assozierungsabkommen mit der EG
1992	deutsch-ungarischer Freundschafts- und Nachbarschaftsvertrag; Kündigung des Vertrages mit der CSSR über den Bau der Kraftwerksanlage Gabcikowo-Nagymaros
1993	Freihandelsabkommen zwischen Ungarn, Polen, der Tschechischen Republik und der Slowakei
1994	Unterzeichnung des Partnerschaftsvertrages mit der NATO
1999	Aufnahme in die NATO[1]

---

[1] Internationales Handbuch – Länder aktuell, Munzinger Archiv 12/97, Ravensburg; Rehder P (Hrsg): Das neue Osteuropa von A-Z. Droemer-Knaur, München 1993.

Die wichtigsten Institutionen

Polen

Anschriften in Deutschland

Botschaft der Republik Polen
Unter den Linden 72
10117 Berlin
Tel.: 030/229 17 29
Fx.: 030/229 03 58

Außenstelle der Polnischen Botschaft
Lindenallee 7
50968 Köln
Tel.: 0221/937 30 298
Fx.: 0221/34 30 89, 937 85 40

Deutsch-Polnische Wirtschaftsförderungsgesellschaft AG (TGW)
Am Karlsbad 11
10785 Berlin
Tel.: 030/25 45 92-0
Fax: 030/25 45 92-99

Anschriften in Polen

Botschaft der Bundesrepublik Deutschland
ul. Dabrowiecka 30
PL-03-932 Warschau (Warszawa)
Tel.: 0048/22/617 30-11 bis -15
Fax: 0048/22/617 35 82

Rechts- und Konsularabteilung der Botschaft der Bundesrepublik Deutschland
ul. Jazdow 12b
PL-00-467 Warschau (Warszawa)
Tel.: 0048/22/621 92-31 bis -36
Fax: 0048/22/629 48 03

Deutsch-Polnische Industrie- und Handelskammer
Postanschrift:
Polsko-Niemioecka Izba
Przemyslowo-Handlowa
P.O.Box 62
PL-00-952 Warszawa
Büroanschrift:
ul. Miodowa 14
PL-00-246 Warszawa
Tel.: 0048/22/635 33 53, 635 80 34
Fax: 0048/22/635 81 06, 635 40 01
E-mail: publikacje@piniph.com.pl
Internet: www.piniph.com.pl

Polnische Agentur für Auslandsinvestitionen (PAIZ)
Informationszentrum
Al. Roz 2
PL-00559 Warschau (Warszawa)
Tel.: 0048/22/621 62 61, 622 61 67, 621 89 04
Fax: 0048/22/621 84 27
Internet: www.paiz.gov.pl

Hauptzollamt
ul. Swietokrzyska 12
PL-00-916 Warschau (Warszawa)
Tel.: 0048/22/826 71 55, 826 55 63, 694 49 46
Fax: 0048/22/827 34 27

Tschechien

Anschriften in Deutschland

Botschaft der Tschechischen Republik in der Bundesrepublik Deutschland
Wilhelmstr. 44
10117 Berlin
Tel.: 030/226 38-0
Fax: 030/229 40 33

Anschriften in Tschechien

Botschaft der Bundesrepublik Deutschland
Vlasska 19
CZ-12560 Praha 1

Tel.: 004202/53 23-51 und -56
Fax: 004202/53 12 31

Deutsch-Tschechische Industrie- und Handelskammer
Post- und Büroanschrift:
Cesko-nemecka obchodni a prumyslova komora
Masarykovo nabrezi 30
CZ-11000 Praha 1
Tel.: 00420/2/24 91 52-16 und -17, 29 80 51
Fax.: 00420/2/24 91 38 27
E-mail: info@dtihk.cz

Ungarn[2]

Anschriften in Deutschland

Botschaft der Republik Ungarn
Politische Abteilung
Markgrafenstr. 36
10117 Berlin
Tel.: 030/203 101 00
Fax: 030/294 13 85
Konsularabteilung
Taubenstr. 20
10117 Berlin
Tel.: 030/229 16 66, 229 27 85
Fax: 030/294 13 85

Generalkonsulat der Republik Ungarn
Hausmannstr. 22
70188 Stuttgart
Tel.: 0711/238 93 20
Fax: 0711/238 93 22

Anschriften in Ungarn

Deutsch-Ungarische Industrie- und Handelskammer
Lövohaz u. 30
H-1024 Budapest
Tel.: 0036/1/345 76 00

---

[2] Die Angaben beruhen auf Angaben der jeweiligen Botschaft vom 27.10.1999, Änderungen sind nicht auszuschließen.

Fax: 0036/1/315 06 38
E-mail: ahkung@ahkungarn.hu

Deutsche Botschaft in Ungarn
Stéfania út 101-103
H-1143 Budapest
Tel.: 0036/1/251 89 99
Fax: 0036/1/160 19 03

Ungarische Wirtschaftskammer
Kossuth Lajos ter 6-8
Postf. 106
H-1389 Budapest
Tel.: 0036/1/153 33 33
Fax: 0036/1/153 12 85

Wirtschaftsministerium
Honved u. 13-15
1055 Budapest
Tel.: 0036/1/302 23 55
Fax: 0036/1/302 23 94

Ungarische Nationalbank
Szabadsag ter 8-9
H-1054 Budapest
Tel.: 0036/1/269 47 60, 3 32 25 21
Fax: 0036/1/132 39 13
Internet: www.mnb.hu

Literaturhinweise

Bundestelle für Aussenhandelsinformation (bfai): Osteuropa, 4. Jahrg., 24. Sept. 1998, Nr. 20, Köln

Bundestelle für Aussenhandelsinformation (bfai): Osteuropa, 4. Jahrg., 22. Oktober 1998, Nr. 22, Köln

Bundestelle für Aussenhandelsinformation (bfai): Osteuropa, 4. Jahrg., 8. Oktober 1998, Nr. 21, Köln

Bundestelle für Aussenhandelsinformation (bfai): Osteuropa, 4. Jahrg., 2. Juli 1998, Nr. 14, Köln

Bundestelle für Aussenhandelsinformation (bfai): Osteuropa, 4. Jahrg., 13. August 1998, Nr. 17, Köln

Deutscher Sparkassen Verlag GmbH (Hrsg): Ungarn, Merkblatt 11B/98. Stuttgart 1998

Deutsch-Ungarische Industrie- und Handelskammer (Hrsg): Wirtschaftsnachrichten, Ungarn, 1/11/98. Budapest

Filar D: Allmählich bringt der Markt allen Vorteile. In: Dialog, Deutsch-Polnisches Magazin, 10 (1996), Nr. 3–4/Dezember, S. 85–86

Fuchs W, Klima R, Lautmann R, Rammstedt O, Wienold H (Hrsg): Lexikon zur Soziologie. 2., verbesserte und erweiterte Auflage. Westdeutscher Verlag, Opladen 1978

Gründel E, Tomek H: Tschechien. Richtig reisen. Dumont, Köln 1995

Havel V: Dálkový výslech, Melantrich. Praha 1990

Heinisch I: Wie die Deutschen uns sehen. In: Dialog, Deutsch-Polnisches Magazin, 10 (1996), Nr. 3–4/Dezember, S. 90–91

Hofstede G: Lokales Denken, globales Handeln, Kulturen, Zusammenarbeit und Management, Beck-Wirtschaftsberater. Dtv, München 1997

Institut für Management-, Markt- und Medieninformationen, FAZ (Hrsg): Länderanalyse Ungarn, Februar 1999. Frankfurt/M 1999

Institut für Management-, Markt- und Medieninformationen, FAZ (Hrsg): Länderanalyse Polen, Februar 1999. Frankfurt/M 1999

Jone K, Rahn C: Warschau und Krakau. Peter Rump Verlags- und Vertriebsgesellschaft, Bielefeld 1992

Kohls RL: Survival Kit for Overseas Living. 3 Auflage. Yarmouth, Maine 1996

Machowski H: Die Osterweiterung der EU. Eine unendliche Geschichte? In: Dialog, Deutsch-Polnisches Magazin, 12 (1996), Nr. 2/Oktober, S. 28–29.

Merrit G: Abenteuer Osteuropa. Die zukünftigen Beziehungen zwischen der Europäischen Gemeinschaft und Osteuropa. Verl. Moderne Industrie, Landsberg/Lech 1991

Mitten in Europa. Rückkehr von Polen, Tschechien, der Slowakei und Ungarn, Dokumentation, 4. Forum der Landeszentrale für politische Bildung (Hrsg), 13.–15. Oktober 1994. Bad Urach/Stuttgart 1995

Munzinger-Archiv, Internationales Handbuch – IH-Länder aktuell: Polen 12/97, Tschechien 8/96, Ungarn 28/96. Ravensburg

Otto Benecke Stiftung (Hrsg): Kulturelle Konfrontation oder interkulturelles Lernen. Geistes- und sozialwissenschaftliche Ausbildung für Studenten aus Ländern der Dritten Welt. Heft 6. Nomos Verlagsgesellschaft, Baden-Baden 1997

Pieper R: Management in Osteuropa. Neue betriebswirtschaftliche Forschung. Gabler, Wiesbaden 1992

Rehder P (Hrsg): Das neue Osteuropa von A-Z, Droemer-Knaur, München 1993

Salska-Kaca M: Ein Hamburger dialog. Eine Polin und eine Deutsche unter sich. In: Dialog, Deutsch-Polnisches Magazin, 12 (1998), Nr. 1/Mai, S. 100

Zeutschner H: Ungarn, Verlag Michael Müller, Erlangen 1991

Index

A

Amerikanisierung 28
Angst 15, 19, 21, 27f, 30f, 33, 36f, 42, 46-53, 55, 60, 70, 81, 103, 106, 110, 134, 142, 145, 153, 160
Arbeit 3, 14, 20, 27, 29, 31f, 39, 61, 65, 71-73, 75, 78, 106, 109f, 114, 116, 119, 124-126, 130, 134, 159
Arbeitsplatz 33, 61, 72f, 76, 128
Arbeitsstelle 33, 72
Ausbildung 27, 30, 66, 78, 131, 190

B

Benehmen 26, 62, 66
Bescheidenheit 35f, 76-78, 122, 142
Besitz 74, 77f
Bewerber 78, 122f, 131
Beziehung 23, 56, 59, 72, 91, 106, 109, 118, 140, 143, 146, 149
Bildung 23, 30, 34, 48f, 67, 77, 95, 190
Bürokratie 30-32, 67-71, 83

D

Datenschutz 37, 75, 76
Deutschland 2f, 10, 19-24, 26, 29, 31f, 34f, 37, 39, 40f, 45, 47, 50f, 54-57, 60, 62, 64f, 70, 72f, 75f, 80-82, 85, 88, 91, 96, 105-107, 110, 113f, 117-120, 122, 127-129, 133, 135, 138, 146, 148, 158f, 163, 167, 181-187
Distanz 23f, 39, 43, 71, 76, 92, 106, 147, 155, 159, 162

Dolmetscher 95, 97, 100
Duzen 39, 106f

E

Emanzipation 23, 26-28, 60-62, 83, 148
Einladungen, geschäftliche 89
Enttäuschung 7, 50

F

Fachbegriffe 99f
Familie 15, 24, 27, 29, 31, 33, 46, 51-64, 67, 72, 78, 80, 83, 89, 91, 93, 94, 126
Fehler 1, 17f, 31, 41, 93, 96, 116, 133f, 163
Freiheit 7, 22, 48, 50-52, 76, 79
Freizeit 34, 42, 78
Fremde 26, 28, 40, 80, 142
Führung 7
Führungskräfte 2, 17, 69f, 117, 119, 120, 125, 163f, 166-168

G

Gegenwart 5
Geld 29, 42, 46, 49, 58, 64f, 69, 77, 83, 89, 97, 115, 120, 141, 146f
Gemeinschaftsorientierung 48, 59, 126
Geschäfte 2, 26, 59, 71, 105, 115, 126, 129, 134, 144f, 153f, 158
-, Abwicklung 17
-, Erfolg 14
-, ertragreiche 15
-, gute 17, 28, 46
-, Handel 2
-, illegale 77

-, international 17
-, Mißerfolg 18
-, negative 17
-, Partner 7
-, Verhandlung 9
Geschäftsbriefe 59
Geschäftsessen 90f
Geschäftsleben 91
Geschäftsleute 15, 17
Geschäftspartner 7, 17f, 90, 91, 95, 98, 100, 115, 134f, 138-140, 142-148, 152, 157f
Geschäftsreisen 17
Gesellschaft 2, 6, 19, 20, 21, 22, 23, 24, 25, 26, 28, 29, 30, 32, 33, 35, 36, 39, 42, 45, 46, 50, 51, 52, 53, 55, 56, 58, 61, 62, 63, 64, 67, 72, 73, 76, 77, 78, 80, 82, 86, 88, 90, 91, 103, 109, 114, 116, 122, 123, 140, 154, 159
Gesetz 36, 37, 43, 74
Globalisierung 10, 46, 116, 118f, 124f, 131

H

Hierarchie 23, 54f, 59, 76, 129, 151

I

Individualismus 24f, 39, 42, 45, 47, 57f, 65, 78, 110
Infrastruktur 21, 61, 65, 71, 80, 130

J

Jovialität 39

K

Kommunikation 9f, 17f, 23, 38, 57, 100, 106f, 128f, 139-141, 149, 151f, 164
Kompetenz
-, interkulturelle 9f, 13, 17f, 115, 117
-, soziale 40, 128
Kompromiß 28, 158
Konsum 29, 34, 45, 51, 73, 77
Kontakt 6, 10, 53, 70, 91, 96, 106, 140, 158

Kriminalität 7, 76
Kritik 22, 40, 82, 128f, 131, 152, 160
Kulturschock 5f, 13-16, 18, 22, 49, 116, 119, 163, 167
Kunden 33, 71, 99, 122, 130

L

Leistung 21, 30-32, 34, 42, 50f, 71f, 109, 113, 129, 146
Leistung, Zahlen 114
Lernen 62, 164, 167, 190
Lügen 81, 157

M

Macht IX, 7, 23, 35, 62, 69f, 103, 127, 131, 151, 157, 160f, 182
Manager 2f, 16, 70, 113-120, 122, 126, 128, 133, 135, 153, 165
Mauer 20-22, 81
Mitteleuropa, östliches IX, 134f

N

Notlügen 105-107, 155-157

O

Ordnung 20, 23, 38, 42, 50, 56f, 80, 83, 86, 163

P

Partner 11, 16f, 24, 33f, 66, 70, 72, 95, 99f, 107, 114, 116, 120, 128, 131, 135, 137-147, 149, 151-158, 161, 163
Persönliches 34, 40, 58
Polen IX, 1-7, 20, 41, 47-49, 52f, 55, 58, 64, 67, 73, 75, 79-81, 85f, 89-91, 94f, 98-100, 104, 107, 117, 123, 134, 138, 143, 163f, 181f, 184f, 189f
Privilegien 35, 76
Probleme 5f, 37, 45, 89f, 128, 144, 153, 165f

Index

Produkte	1, 26, 32, 34, 73f, 80, 88, 99, 116, 121
Pyramide	54, 70, 123, 131

R

Recht	6, 35f, 43, 66, 72, 74, 83

S

Sachliches	13, 58, 104
Schule	48, 54, 66, 98
Sekretärin	69f, 127, 131, 147
Sicherheit	18, 21, 31f, 36, 38, 42, 51f, 109f, 118, 130
Siezen	106f
Souveränität	43, 78, 164
Sozialisation	16, 24f, 40, 55, 61-63, 67, 69, 140
Sozialismus	6f, 13, 22, 42, 51f, 55, 60-63, 66f, 71, 78, 80, 82, 109f
Sprache	2, 13, 22, 28, 36, 38, 41, 49, 53, 59, 80, 87, 90, 93-101, 104f, 107, 110, 116, 134, 142, 146, 157, 159
Stil	66, 126
Strategie	126, 134f, 144, 146, 148f, 155f, 158f, 161f
Struktur	67, 94, 96, 146

T

Tschechien	IX, 1-3, 6, 20, 47, 52, 55, 67, 73, 75, 79-81, 85f, 89, 98f, 104, 107, 117, 123, 134, 138, 143, 163, 182, 186, 189f

U

Umbruch	5
Umgang	10, 23, 25, 30, 38f, 41, 43, 54, 62, 65, 69, 71, 81f, 103f, 106, 109f, 113, 116, 119, 122, 126, 128, 133, 151
Umgangsformen	59, 72, 85, 129, 138
Ungarn	IX, 1-3, 6f, 20, 41, 47-49, 51-53, 55, 58, 64, 67, 69f, 73, 75, 79-81, 85-, 89-91, 95, 98-100, 104, 107, 117, 123, 134, 138, 143, 163, 164, 166, 182-184, 187-190
Unsicherheit	19, 21, 30f, 33, 36, 38f, 42, 45, 49, 52f, 71, 74, 81f, 110, 135, 139, 147, 151, 164
Unternehmen	1, 10, 18, 31, 33, 41, 65, 73, 113, 115, 117, 121, 123-127, 129, 131, 135, 139, 153, 160, 165f, 168

V

Verwaltung	17, 30f, 67, 120
Volk	52, 183
Vorurteile	41, 80

W

Wahrnehmung	13, 15, 54, 62, 106, 140f, 149
Weiterbildung	121, 163, 165-168
Weltbild	10, 16, 19, 21, 45, 47, 93, 95, 114, 126, 129, 156, 157
Wende	IX, 1, 5, 22, 42, 48f, 52, 61, 63, 66, 69, 71f, 74, 76f, 79, 82, 86, 90, 109, 115, 121, 130f, 135, 146, 163, 165
Wirtschaft	10, 18, 30, 40, 42, 67, 103, 113, 120, 163, 184
Witze	90, 99

Z

Zeit	5, 14-16, 20, 22, 27, 29f, 32, 33f, 38, 42, 46, 52, 56, 59, 63-65, 70-72, 78-81, 83, 91, 96, 109f, 113f, 117f, 120, 123, 125, 129, 131, 133, 141, 144, 156, 163, 165, 167, 183
Ziele	7, 11, 29, 51, 125, 130, 138f, 143f, 148, 153, 156, 158, 160, 164

If you have any concerns about our products,
you can contact us on
ProductSafety@springernature.com

In case Publisher is established outside the EU,
the EU authorized representative is:
**Springer Nature Customer Service Center GmbH
Europaplatz 3, 69115 Heidelberg, Germany**

Printed by Libri Plureos GmbH
in Hamburg, Germany